살아 있는 이야기

그리스 로마 신화

살아 있는 이야기

그리스 로마 신화

2017년 08월 20일　초판 1쇄 인쇄
2017년 08월 28일　초판 1쇄 발행

저　자 : 문윤덕
발행인 : 류수경
발행처 : 도서출판 영민

등　록 : 2001. 7. 16　제1-2888호
주　소 : 서울시 성북구 보문동 7가 70-1
전　화 : 02-904-7204
팩　스 : 02-921-7202

ISBN 978-89-6341-268-9　03840　정가 16,000원

살아 있는 이야기

그리스 로마 신화

| 문윤덕 저 |

YOUNG MIN PUBLISH
도서출판 영민

머리말

지구촌의 대다수 민족들은 나름대로 독자적인 신화를 갖고 있다. 그리스 신화에 등장하는 크레테Krete 섬의 미노스 왕, 뮈케네Mykene의 페르세우스와 헤라클레스, 아테네의 왕 테세우스 그리고 트로이 전쟁에 등장하는 수많은 영웅들의 이야기들은 어디까지 사실이고 어디까지 허구인지에 대한 의구심을 자아낸다. 이러한 영웅 모험담들이 초기에는 구전되어 오다가 고대 그리스와 로마 작가들의 문헌을 통하여 오늘날 우리에게까지 전해져 오고 있다.

구전되어 오던 역사적 사실의 일부는 신화가 되고, 일부는 전설로, 다른 일부는 민담, 즉 옛날이야기가 되었다. 신화는 인간에게 있어서 본질적 의미를 갖는 존재들이 어떻게 생성되었는가 하는 그 기원에 관한 설화이다. 따라서 신화는 인간들의 생활과 연관되어 종교생활과도 밀접한 관계를 갖는다. 전설은 신화와는 달리 태초에 일어났던 일을 이야기하는 것이 아니고, 특정한 시기에 실제로 존재했다고 믿어지는 인물들이 일정한 장소에서 벌였던 사건들을 이야기한 것이다. 따라서 전설은 신화보다 그 존재의 의미가 약하기 때문에 종교적 색채가 부족하고 현실에 대한 구속력도 약하다. 그 대표적인 예로서 트로이 전쟁 또는 미노스 왕의 전설이 있는데, 이들은 상당히 구체적인 역사성을 띠기도 한다. 반면에 옛날이야기는 언제 어디서나 일어날 수 있는 전형적인 사건을 '옛날 옛적 어느 곳에…'라는 형식으로 주로 흥미와 교훈적인 내용을 담고 있다. 이러한 민담은 신화나 전설과는 달리 어떤 지역에서 한번 유행하기 시작하면 언어나 지리적 경계를 초월하여 무한정 퍼져 나간다. 예를 들어 〈신데렐라〉와 같은 이야기는 세계 도처에서 전해지고 있지만 그 현실성이 빈약하여 역사적 사실이라고 보기 어렵다.

고대 그리스인들은 신화나 영웅전설과 같이 구전된 이야기들을 뮈토스mythos라고 하였다. 뮈토스는 '이야기'라는 뜻으로 그 내용은 신들에 관한 것일 뿐만 아니라 자연현상과 인간의 생활에 관해 사람들은 이야기하고 또 믿고 있던 것들을 모두 포함한다. 또한 그 이야기들은 신들의 암시나 경고를 지니기도 한다. 신들이나 초자연적 요소가 일상적 사실은 아니지만 그리스 신화에서는 이 모든 것들이 그리스인 특유의 미화美化 과정을 거쳐 의인화되면서 인격신으로 표현되고 있다.

신화를 접하는 방법은 크게 두 가지가 있다. 첫째는 신화를 옛날이야기처럼 가벼운 마음으로 읽는 것이다. 고대인들은 그들 나름대로 수호신을 섬겼고 그 신들은 서로 친화적이면서도 대립과 반목을 거듭하였다. 이들은 보통사람들처럼 헐뜯고 시기하였으며 사랑도 하고 싸움도 하였다. 그들의 관계를 인간에게 그대로 비추어보면 허무맹랑한 내용도 많이 있기 때문에 신화에 등장하는 신들의 관계는 그 자체로만 인식되어야 한다. 또한 뛰어난 영혼을 지닌 영웅들은 신의 반열에 오를 수 있다고 전함으로써 신화는 인간들에게 꿈과 희망을 주기도 하였다. 이는 신화가 신들의 관계에만 국한된 것이 아니라 신과 인간의 밀접한 관계를 나타내는 것이다. 그래서 그들의 관계가 사랑과 미움, 생로병사가 있는 인간의 삶에 그대로 투영된다고 볼 수 있다.

둘째는 신화란 기본적으로 역사적 산물이라 여기어 해당 지역의 문화와 역사적 배경을 이해하고 분석하며 읽는 것이다. 신화는 단순한 교훈적인 이야기 또는 잘 꾸며진 허구가 아니라 과거에 있었던 역사적 사실이나 한 집단이 경험했다고 여겨지는 이야기들이다. 특히 그리스 신화는 발칸반도 원주민들의 신화와 지중해 주변에 거주하였던 여러 민족의 신화가 혼합된 것이고, 일부는 시간의 흐름에 따라 변형되어 이루어졌기 때문에 그 내용이 다양하다. 이렇게 만들어진 신화 속에는 그 민족이 가지고 있는 역사 문화적 경험뿐만 아니라 그 집단이 지향하고 있는 무의식적 이상도 포함되어 있다. 이런 모든 것을 종합해서 논리정연하게 체계화시킨 것이 바로 요즈음 신화학자들이 주장하는 신화의 정의이다. 그러니까 신화는 단순히 재미있는 이야기라든가 고대 작가들이 만들어 낸 허구 또는 비합리적인 이야기라는 관념은 바뀌어야 한다.

그리스 신화는 오늘날까지 문학과 예술, 건축뿐만 아니라 거의 모든 분야에서 그 생명력을 유지하고 있다. 이는 신화 속에 담겨져 있는 이야기들이 단순한 흥미를 유발할 뿐만 아니라 시간과 공간을 초월한 인간심리의 비밀을 지니고 있기 때문이다. 다시 말해, 신화의 가치는 삶과 죽음, 선과 악, 전쟁과 평화 등과 같이 인간생존에서 가장 중요한 문제들에 필요한 지식을 제공하는 원천이 된다는 것이다. 시대와 지역을 막론하고 신화는 존재하였다. 그중에서 그리스 로마 신화가 가장 널리 알려져 있고, 이는 유럽 문화를 올바르게 이해할 수 있는 지침서라 할 수 있다. 오늘날 그리스 신화 속에 등장하는 올림포스Olympos 신족들을 믿는 사람은 없지만, 그들은 여전히 여러 장르를 통하여 우리에게 전해지고 있기 때문에 그 존재감은 지속적으로 유지될 것이다.

2017년 8월 3일

문 윤 덕

▍차 례▍

제1장
신화의 기본이해

제2장
신들의 탄생

제3장
올림포스 신족

제4장

영웅 모험담

제5장

생활 속의 신화

제1장

신화의 기본이해

▎호메로스의 대관식 ▎

장 도미니크 앵그르(1827) 作, 바티칸 교황청 서명의 방

그리스 신화와 로마 신화

그리스 신화

그리스 신화에는 신들의 이야기뿐만 아니라 신과 인간의 자손, 즉 영웅들의 모험담이 매우 다채롭게 꾸며져 있다. 신화와 영웅전설은 단순히 신들의 계보나 영웅들의 공적만을 전하는 것뿐만이 아니라 오이디푸스 전설처럼 복잡한 인간의 심리나 행동을 설명하는 것도 있다. 그밖에 트로이 전설처럼 어느 정도 역사적 사실을 바탕으로 한 것이라든지, 각 지역에서 구전된 이야기나 이를 해석한 것 또는 여러 자료들이 모아져 창작된 이야기들도 있다. 모든 신화나 전설은 그 이야기 하나 하나가 점차 확대되어 일련의 계보를 이루고 있다. 신화와 전설에 관한 설화들은 시간이 흐르면서 변형과 윤색을 통하여 끊임없이 수정 보완되었고, 신화의 이러한 요소들은 2-3천여 년 동안 인류의 상상력을 자극하는 하나의 위대한 문화유산이 되었다.

그리스 신화는 인간의 출생에 관해서도 기술하고 있다. 대지의 여신 가이아에서 태어난 신들이 흙으로 인간을 만들었기 때문에 대지에서 태어난 인간은 신들과 동족이 되는 셈이다. 헤시오도스에 의하면, 올륌포스 신의 요구에 따라 인간이 만들어졌다고 한다. 제우스의 명령으로 프로메테우스가 보이오티아 지역의 파노페이아에서 신의 형상을 본떠 진흙으로 인간을 만들었고, 아테나는 인간에게 생명을 불어 넣었다는 것이다. 이렇게 탄생한 인간들은 초기에 신족들과 함께 어울려 생활하면서 향연도 즐겼다.

아르고나우타이Argonautai 전설은 이아손을 중심으로 헤라클레스, 오르페우스 등을 포함한 50명의 영웅들이 '재빠른'이란 뜻을 지닌 아르고 호號를 타고 동쪽 끝에 위치한 콜키스의 황금양털을 찾아 원정을 떠나는 항해 모험담이다.

테바이Thebai 전설은 카드모스에 의해 건국된 테베 왕가와 그의 자손과 관련되며 신들의 저주를 받아 가장 비극적인 삶을 산 왕가의 이야기다. 오이디푸스 왕의 기구한 운명, 그의 왕위를 계승하려는 두 아들 에테오클레스와 폴뤼네이케스 사이의 테베 전쟁, 선친들의 복수를 위하여 테베를 다시 공격한 일곱 영웅들의 아들들에 의한 제2차 테베 전쟁 등과 같은 일련의 이야기들이 담겨있으며, 이러한 이야기들은 그리스 비극작가들에게 작품의 소재가 되었다.

트로이아Troia 전설은 황금사과를 발단으로 트로이 왕자 파리스가 스파르테의 왕비 헬레네를 납치함으로써 시작된다. 그녀를 되찾기 위하여 아가멤논을 총사령관으로 한 그리스 연합군의 트로이 원정에서 용장 아킬레우스와 지장 오뒷세우스의 활약, 그 유명한 트로이 목마 그리고 트로이 함락 후 귀향하는 오뒷세우스의 항해 모험담 등은 여러 작품에서 나타나고 있다.

헤라클레스 전설은 그리스 신화 가운데 최고의 영웅 모험담으로 여기에 여러 이야기들이 덧붙여지거나 변형되어 또 다른 전설들이 생성되었다. 헤라클레스의 공적을 찬양하는 이야기는 수많은 민간 전승의 이야기부터 종교적 유래를 지닌 설화에 이르기까지 다양한 내용을 포함하고 있다. 그밖에도 헤라클레스의 모험담과 유사한 테세우스의 모험담 그리고 고르고 메두사를 퇴치하는 페르세우스의 모험담 등이 있다.

로마 신화

엄밀한 의미에서 로마 신화는 없는 것이나 마찬가지이다. 물론 고대 로마 고유의 신화가 없었던 것은 아니지만 그것은 그리스 신화로 대체되었다. 로마인들이 그리스인과의 접촉을 통하여 그리스 문학을 알게 되고 그리스 신화의 신들, 즉 인간과 같은 생활하는 인격신들을 받아들임으로써 로마 고유의 신들도 그 모습과 성격이 변모하였다. 유피테르, 유노, 미네르바, 마르스 등은 이름만 다를 뿐 그리스의 신과 거의 같은 존재들이었다. 이는 로마인들이 그리스 신족의 이름들에 라틴어 또는 로마식 명칭을 가져다 붙인 것이다. 이렇게 하여 서로 비슷한 성격을 지닌 그리스의 신들과 로마의 신들이 연계되어 '그리스 로마 신화'라는 명칭으로 불리게 되었다.

그밖에 로마 건국에 관한 전설도 있다. 예를 들어, 영웅 아이네이아스가 이탈리아로 건너와서 로마의 시조가 되었다는 로마의 건국신화가 있는데, 이 또한 엄밀히 말하자면 그리스 신화와 로마 신화의 융합에 불과하다. 트로이 성이 함락되기 바로 직전에 아프로디테의 도움을 받은 아이네이아스가 7년간 지중해를 떠돌다가 이탈리아로 들어간다. 이 과정에서 그는 신탁에 따라 예언녀 시빌레의 안내를 받아 저승을 다녀온다. 아이네이아스는 로마의 남쪽에 라비니움 왕국을 건설하고, 그곳의 왕 라티누스의 딸 라비니아와 결혼하여 로마의 시조가 되었다.

신화의 출처

선사시대에 부분적으로 이미 형성된 그리스 신화에는 크레테 섬의 미노아 문명, 아카이아의 뮈케네 문명, 도리아의 아크로폴리스 등과 같은 이주민과 발칸반도의 원주민 문화가 고대 그리스 문화와 신앙에 혼재됨으로써 자연스럽게 여러 가지 요소가 뒤섞였다. 그렇게 그 이야기가 다양해져서 내용의 불일치나 모순을 내포하고 있는 점도 그리스 신화가 지닌 특징의 하나라고 할 수 있다.

불멸의 신들과의 관계에서 전설 속의 영웅들을 노래하였던 호메로스, 사람들이 어떻게 살아야 할 것인지에 대한 인간의 본분과 정의가 무엇인지를 노래하면서 신들의 탄생과 계보를 소개하였던 헤시오도스, 자신만의 독특한 감성과 새로운 가치관을 노래하였던 여성시인 사포, 그리스 문학사에서 서사시와 서정시의 특성들을 웅장하고 조화롭게 결합하였던 핀다로스가 있었다. 또한 그리스 신화를 뛰어난 형태로 전한 아이스퀼로스, 소포클레스, 에우리피데스와 같은 고대 아테네 3대 비극작가와 희극작가 아리스토파네스도 있었다. 비극작품과 희극작품들은 그리스 신화를 그대로 전해 주었을 뿐만 아니라 이성적 고찰을 통해 전승됨으로써 후세에 커다란 영향력을 끼치고 있다.

호메로스(Homeros, BC 800-750)

그리스 최고의 시성詩聖으로 평가되는 호메로스는 시각장애를 지닌 유랑시인이었다. 이오니아 지역의 문화적 뿌리를 거슬러 올라가면 그곳에 그리스 문학의 정신적 원조라 할 수 있는 호메로스가 있었다. 호메로스가 활동하였던 이오니아 지역은 일찍이 문화가 상당히 발달한 지역이었다. 그리스 신화가 인류의 공동재산으로서 오늘날 우리에게 전해지고 있는 것은 호메로스의 서사시 덕분이다. 그의 두 작품, 〈일리아스〉와 〈오뒷세이아〉가 비록 그리스 신화를 체계적으로 서술하고 있지는 않지만 신들과 영웅들의 생생한 모습을 표현함으로써 그리스 신화에 생명을 불어넣었다고 할 수 있다.

〈일리아스Ilias〉는 '일리오스의 이야기'라는 뜻이고, 일리오스는 트로이의 또 다른 별칭이었다. 이 작품은 비극작품처럼 하나의 사건을 집중적으로 조명하여 10년간의 트로이 전쟁을 50일간의 이야기로 담아냈다. 특히 트로이 전쟁 마지막 해에 일어난 아가멤논과 아킬레우스의 갈등부터 헥토르의 죽음까지의 사건들을 묘사하고 있다. 이 작품은 과거를 돌아보고 미래를 암시함으로써 비극성을 강조하였고 자연계와 인간계의 관계를 다양하게 표현하였다.

〈오뒷세이아Odysseia〉는 '오뒷세우스의 노래'라는 뜻을 지닌다. 지리적 명칭, 시에서 묘사한 생활상 등 여러 가지 증거로 미루어 보아 이 작품은 〈일리아스〉보다 뒤늦게 나온 것으로 평가되었다. 트로이 전쟁을 마친 오뒷세우스가 귀향하는 길에 겪게 되는 10년간의 해상 모험을 그린 이야기이다. 〈일리아스〉와 마찬가지로 40일간의 사건으로 처리된 이 서사시는 시간의 흐름에 따라 기술된 것이 아니라 일련의 플래시백 형식으로 구성되었고 그 줄거리는 〈일리아스〉보다 더 복잡하며 기교적이다.

그리스인들은 〈일리아스〉와 〈오뒷세이아〉를 문학작품 이상으로 평가하였고, 이는 그리스의 국민 서사시가 되어 그리스 교육의 일익을 담당하였다. 더 나아가 그의 두 작품은 이탈리아뿐만 아니라 유럽 서사시의 모범으로서 문학, 교육과 사고思考에 커다란 영향을 주었다. 18세기 후반 월프Wolpe가 〈호메로스 서설, 1795〉을 발표하면서 2대 서사시가 과연 소경이었던 호메로스의 작품이었는가에 대한 진위 여부가 시비되기도 하였지만 결국은 그의 작품으로 판명되었다.

헤시오도스(Hesiodos, BC 750-680)

부농의 아들이었던 헤시오도스는 호메로스를 중심으로 한 이오니아 파派와 대조를 이루는 보이오티아 파派의 서사 시인이었다. 오락성이 짙고 화려한 이오니아 파派에 반하여 헤시오도스의 작품은 종교적,

교훈적, 실용적 내용이 두드러진다. 그는 농민시인으로 그리스 문학사상 특이한 지위를 차지하였다. 현존하는 그의 작품은 아버지의 사후에 쓴 자서전 성격을 띤 〈신통기〉와 〈노동과 나날〉 두 편이다.

〈신통기Theogonia〉는 헬리콘 산의 무사Mousa 여신들이 들려준 이야기를 노래하였다. 고대 시인들이 시의 도입부에서 신들에 대한 찬가로 시작하는 것은 당시에는 지극히 일반적이었다. 이 작품에서도 무사 여신들이 헤시오도스 앞에 나타나서 자신을 음유시인으로 만들었고, 그에게 먼저 여신들에 대한 찬가를 부르라고 지시했다고 밝히고 있다. 이 작품은 그의 독창적인 사색을 바탕으로 천지창조와 신들의 탄생을 매우 소박한 세계관에 입각하여 계통적으로 잘 서술하였다.

〈노동과 나날Erga Kai Hemerai〉은 뇌물과 부정한 행위로 헤시오도스의 상속분까지 가로채려는 동생 페르세스를 훈계할 목적으로 쓰였다. 여기서는 노동의 신성함과 농경기술에 대하여 잘 묘사하고 있으며, 그는 지나치게 인간적이었던 호메로스의 신들을 종교적으로 순화하였다. 제우스가 관장했던 정의에 대한 신뢰로 살아가려고 힘쓴 헤시오도스의 사상은 후세까지 그리스인의 윤리관을 잘 떠받치고 있다.

사포(Sappho, BC 612-?)

레스보스 섬에서 귀족의 딸로 태어난 사포는 주로 서정시를 많이 썼고 그녀의 명성은 호메로스와 견줄 만큼 높았다. 조화가 넘치는 우애의 환희를 노래하면서 전통적 남성주의에 여성이 지닌 영혼의 정열과 고결함을 부가시켰다. 그녀의 시는 추상세계에서 방황하지 않고 참된 정열이 감각의 세계를 통해 영혼을 밑바닥에서부터 뒤흔들어 놓고 있음을 묘사하였다. 여기에서 우러나오는 무한한 비애가 그녀의 시에 순박하고 우울한 아름다움과 비극이 지닌 카타르시스를 불어넣었다. 플라톤은 예술을 관장하는 9명의 여신 다음으로 사포를 10번째 무사로 불러야 한다고 극찬하면서 그녀의 예술적 재능을 신의 반열까지 올려놓았다. 〈아프로디테 찬가〉는 거의 완전한 형태로 전해지고 그 외에도 많은 단편들이 남아 있다.

핀다로스(Pindaros, BC 518-438)

보이오티아 지역의 테베 명문가 출신으로 고대 그리스의 왕족과 귀족들을 위한 찬미시를 지었던 대표적인 시인이었다. 특히 그는 자기 개인의 사사로운 경험이나 감정을 노래하기 보다는 신들을 위한 고대 그리스의 4대 제전과 축제 그리고 운동경기에서의 우승자들을 찬양하는 승리의 축가를 지었다. 그는 합창시 형태의 축승가에서 신뿐만 아니라 제전에서 빛나는 활약을 보이며 우승한 승리자들을 찬미하였다. 칭송받을 만한 사람에게 합당한 찬가를 보내는 일, 특히 힘들고 어려운 경기를 통해 탁월한 체력과 기술을 보여준 운동선수들에게 축가를 짓는 일이 시인의 임무로 여겼다. 이와 같은 그의 믿음은 4대 제전에 대한 〈올륌피아 찬가〉, 〈네메아 찬가〉, 〈퓌티아 찬가〉, 〈이스트미아 찬가〉에서 찾아볼 수 있다.

아이스퀼로스(Aischylos, BC 525-456)

아테네 서쪽 엘레우시스 출신의 아이스퀼로스는 40세에 처음으로 비극 경연대회에서 우승하였고 그 후로 12번이나 더 우승을 차지했다. 아이스퀼로스는 신들의 정의를 믿었고 인간의 정의가 언젠가는 신의 정의와 일치한다는 주제를 노래하였다. 그가 90여 작품을 쓴 것으로 전해지지만 남아있는 작품은 〈오레스테이아〉, 〈테베를 공격한 7인〉, 〈탄원하는 여인들〉, 〈결박된 프로메테우스〉 등 7편의 비극뿐이다.

그의 최대 걸작 〈오레스테이아Oresteia〉는 '오레스테스의 이야기'라는 뜻을 지니며 〈아가멤논〉, 〈제주를 받치는 여인들〉, 〈자비를 베푸는 여신들〉의 3부작으로 구성되었다. 당시 매년 열리는 연극제전에는 4부작, 즉 3편의 비극과 1편의 사티로스극이라고 불리는 광대극이 하나의 작품으로 출품되었다. 〈오레스테이아〉는 부정한 어머니에게 아버지가 죽임을 당하자 두려움에 떨던 오레스테스와 엘렉트라 남매가 피신하였다 성장하여 어머니와 그의 정부에게 복수를 한다는 내용이다. 이 작품은 견실한 구성보다는 분위기가 중시되었고 웅장한 합창단의 노래로 전체 분위기가 조성되었다.

소포클레스(Sophokles, BC 496-406)

아이스퀼로스에게 가르침을 받은 소포클레스는 그리스 비극의 완성자로 여겨진다. 정치가로서도 탁월한 식견을 지녀서 델로스 동맹의 재무장관에 임명되어 페리클레스와 함께 10인의 지휘관에 선출되기도 하였다. 신앙심 또한 두터워 자신의 저택 안에 아스클레오피스의 신전을 세웠다고 한다. 그의 비극작품은 세 단계로 나눌 수 있다. 초기는 아이스퀼로스의 영향으로 장중하고 화려한 분위기였고, 중기는 엄밀한 기교주의였으며, 후기는 원숙기로서 등장인물의 성격과 일치하는 문체로 쓰였다. 비극 경연에서 24회나 우승하였던 소포클레스가 123편의 작품을 썼다고 하나 현존하는 것은 7편과 다수의 단편들이다. 〈아이아스〉, 〈안티고네〉, 〈오이디푸스〉, 〈필록테테스〉, 〈엘렉트라〉 등이 전해지고 있다.

에우리피데스(Euripides, BC 484-406)

소포클레스를 그리스 비극의 완성자라 한다면, 에우리피데스는 정통을 벗어나 데카당스적 요소를 지닌 작가라고 할 수 있다. 생전에는 비교적 불우했던 것으로 전해지지만, 사후에 그의 명성은 아이스퀼로스와 소포클레스를 압도하였다. 고대 후기의 그리스 시대에 헬레니즘 시대가 다가오면서 정치적이고 종교적인 아이스퀼로스나 소포클레스의 비극보다 명백한 감정과 선정적 효과를 지닌 에우리피데스의 비극이 더 큰 호소력을 가졌기 때문이었다. 그의 작품은 인간의 정서를 주제로 한 것이 특징이며, 특히 여성의 심리를 묘사하는 기법에서는 그를 따를 사람이 없었다. 하지만 에우리피데스는 부도덕한 여인들을 무대에 세움으로써 여성을 혐오했다는 비난을 받으며 모독죄로 고발되기도 하였다. 실제로 오늘날까지 남아 있는 그의 작품들에서 성질이 드세거나, 정직하지 못하거나, 부정한 짓을 저지르거나 또는 이 세 가지 나쁜 점을 모두 갖추고 있는 여주인공을 쉽게 볼 수 있다. 그의 작품은 92편으로 알려졌지만, 그 중에서 〈메데이아〉, 〈펠레아스의 딸들〉, 〈알케스티스〉, 〈힙폴뤼토스〉, 〈엘렉트라〉 등 19편이 전해지고 있고 유일하게 온전한 형태로 남아 있는 〈퀴클롭스〉가 전해지고 있다.

아리스토파네스(Aristophanes, BC 445-385)

다양한 문학작품에서 활동하였던 아리스토파네스는 아테네 출신으로 고대 그리스 최고의 희극작가로 평가되었다. 그는 한 작품 안에서 일관된 행위를 통하여 통쾌한 웃음을 주면서도 그 행위에 자기의 주장을 관철시켜 당시의 시사문제를 풍자하였다. 그의 극에는 당돌한 요소도 많았지만, 끝없는 상상력, 떠들썩한 웃음과 거리낌 없는 행동 등이 그를 당시 희극의 대표자로 부각시키는 요소가 되었다. 〈여자의 축제〉는 에우리피데스를 야유하였고, 〈개구리〉에서는 에우리피데스와 아이스퀼로스를 비교하였다. 공상극 〈새〉, 에우리피데스의 비극을 모호하게 만들었던 〈테스모포리아의 여자들〉, 교육이념과 현실의 부조화에서 터무니없는 목적을 그럴 듯하게 설정하고 이를 성취하기 위하여 매우 과장된 온갖 수단을 연출하였던 〈구름〉 등이 있다.

아폴로도로스(Apollodoros, BC 180-?)

아테네 출신의 문법학자 아폴로도로스는 알렉산드리아에서 아리스타르코스에게 가르침을 받은 뒤 아테네에서 학문연구 활동을 하였다. 그의 대표적인 작품 〈도서관Bibliotheke〉은 신화 속의 이야기를 선택하여 다룬 것이 아니라 여러 작가들의 작품을 빠짐없이 정리하여 백과사전 형식으로 집필되었다. 그리스 지역에 따른 영웅들의 주요 가계도, 아르고 호號에 탑승했던 영웅들, 오뒷세우스의 부인 페넬로페에게 구혼하였던 백여 명의 이름과 출신 지역, 트로이 전쟁에 참가한 영웅들, 그들의 함선과 병력의 규모, 영웅들의 부인과 그 자손들을 상세하게 묘사하는데 중점을 두었다. 비록 문학적 작품성이 떨어진다는 평가를 받았지만 많은 작품들이 소실됨으로써 현존하는 그리스 신화 가운데 가장 신뢰할만한 작품으로 간주되고 있다.

베르길리우스(Vergilius, BC 70-19)

아우구스투스 황제로부터 로마건국을 다룬 작품의 집필을 권고 받은 베르길리우스는 말년까지 11년에 걸쳐 장편서사시 〈아이네이스〉를 썼지만 완성을 보지 못하였다. 그의 작품이 서유럽 문학에 미친 영향은 헤아릴 수 없이 크며 그의 애국심과 종교적 경건함, 교양 시인으로서의 풍부한 기교가 모든 면에서 완벽하다는 평가로 그는 문자 그대로 고대 로마 최고의 시성으로 대우 받았다. 하지만 그는 평소에 건강이 좋지 않아 소식을 하고 술도 거의 마시지 않으며 독신으로 생활하였다. 베르길리우스는 그리스 여행을 떠나면서 만일 자신에게 변고가 생기거든 〈아이네이스〉의 원고를 불살라 없애라고 친구에게 부탁하였다. 그의 예감대로 그는 여행 도중에 열병에 걸려 귀국하자마자 숨을 거두었고, 이 작품은 아우구스투스 황제의 명으로 불태워지지 않았다.

〈아이네이스Aineis〉는 12권으로 구성되어 있으며 '아이네이아스의 노래'라는 뜻으로 영웅 아이네이아스의 전설에 바탕을 두었다. 아이네이아스가 자신의 어머니 아프로디테의 뜻에 따라 트로이 전장에서 빠져나와 7년 동안 지중해 각지를 떠돌다가 천신만고 끝에 라비니움을 세우고 로마의 시조가 된다는 내용이다. 이 작품은 로마의 건국역사를 신화의 영웅과 결부시키려는 웅대한 구상에서 나왔으며, 로마제국의 찬가라고도 할 수 있다. 베르길리우스는 이 서사시에서 다른 작가들의 소재를 인용하였는데, 특히 최고의 서사시인 호메로스의 〈일리아스〉와 〈오뒷세이아〉의 구성을 바탕으로 집필하였다. 이 작품은 르네상스시기에 서사시의 최고 걸작으로 호메로스와 함께 그 명성을 누렸고, 유럽의 시성으로 추앙받았던 단테가 〈신곡〉에서 지하세계와 연옥의 안내자로 그를 언급할 만큼 베르길리우스는 위대한 시인이었다. 그 외에도 〈시선〉, 〈농경가〉 등이 전해진다.

오비디우스(Ovidius, BC43-AD17)

베르길리우스가 근엄하고 진중하였다면 오비디우스의 작품은 다채롭고 자유분방하다. 〈여걸들의 서한〉, 〈사랑의 노래〉, 〈사랑의 기술〉, 〈사랑의 치유〉에서 여자를 유혹하는 법, 남자를 유혹하는 법, 실연을 극복하는 법과 같은 연애기술에 대하여 노래하였다. 당시 유행하였던 연애시로 명성을 얻었던 그는 연애의 농락기술을 교훈시풍으로 엮은 〈사랑의 기술〉이 당시의 풍속을 문란케 하였다는 이유에서 아우구스투스 황제의 노여움을 사기도 하였다.

연애시를 그만두고 서사시에 몰두하면서 15권의 〈변신이야기 Metamorphoses〉가 완성되었다. 이 작품은 천지창조부터 율리우스 카이사르가 신이 되는 과정까지의 수많은 이야기를 신화와 전설 속의 '변신'이라는 주제로 기술하고 있다. 이는 풍부한 상상력에 의하여 회화적인 묘사가 넘쳐흐르고 신화를 다루면서도 등장인물은 당시 상류사회의 귀족남녀를 느끼게 한다. 그 외에도 현존하는 작품으로 〈달력〉, 〈사랑의 치료법〉, 〈여자의 화장법〉 등이 있다. 그의 작품에 사상적인 깊이는 없어도 세련된 감각을 지닌 수사학이 풍부하기 때문에 르네상스 시대에 널리 읽혔고 후대에도 커다란 영향을 주었다.

신전의 건축양식

고대 그리스인들에게 신은 가장 완벽하고 이상적인 존재였다. 신상은 인간의 가장 아름다운 모습으로 조각되었고, 신전은 인간이 머물 수 있는 공간 중에 가장 아름답고 완벽하게 건축되었다. 따라서 신과 신전은 인간이 꿈꾸었던 가장 이상적인 형태를 띠고 있다.

신전은 신이 주거하는 곳으로 신상이 모셔져 있지만, 맑고 화창한 날씨 때문에 신들을 위한 제례의식은 신전 밖에서 치러졌다. 신전은 제례장소가 아니었기 때문에 내부의 공간미보다는 외형적인 아름다움을 중시하였다. 초기의 건축 재료는 목재로 쓰였다가 점차 석회석으로 대체되었고, 후에는 대리석으로 건축되었다. 신전의 공간은 전실, 주실, 보고로 구성되었다. 고대의 신전은 원래 신탁의 장소였지만 대부분의 신전들이 오늘날의 은행 역할도 하였다. 기록에 따르면 신전이 경제적 지원을 위하여 돈을 융자해주고 이에 대한 이자를 받았다고 하는데, 심지어는 돈 많은 사람들이 이를 통하여 이자놀이를 하였다고 한다. 신과 관련된 기념품을 판매하였다는 사실도 매우 흥미롭다.

그리스 신전은 외부의 형태를 중요시하였기 때문에 수평과 수직의 비율을 중요시 하였을 뿐만 아니라 완벽하고 이상적인 건축형태를 위하여 착시현상까지 고려하였다. 수평선의 경우 중앙부가 처지는 현상을 고려하여 중앙부를 약간 솟아오르게 한 솟음Rise 기법, 수직기둥의 경우 중앙부가 오목해지는 현상을 피하기 위하여 중앙부를 불룩하게 한 배흘림Entasis 기법, 건물기둥의 상단 모서리가 바깥쪽으로 벌어져 보이는 것을 피하기 위해 양측 기둥의 모서리를 안쪽으로 기울이는 안쏠림 기법을 사용하였다. 또한 건물정면에서 볼 때, 기둥의 간격이 바깥으로 갈수록 벌어져 보이는 것을 피하기 위하여 양측 모서리로 갈수록 기둥간격을 좁게 하였고, 양측 모서리에 있는 기둥이 가운데 기둥보다 가늘어 보이기 때문에 모서리 기둥의 직경을 보다 굵게 하였다. 고대 그리스 신전의 건축양식은 초기의 도리스 양식, 중기의 이오니아 양식 그리고 말기의 코린트 양식으로 구분된다.

도리스 양식

기원전 7-5세기에 주로 도리아인들이 살던 펠로폰네소스 반도에서 시작하여 그리스 본토와 이탈리아 남부 그리고 시칠리아까지 퍼졌다. 도리스 양식의 특징은 기둥이 간소하고 힘차며 굵기 때문에 중후한 남성적 양식이라 할 수 있다. 간소하고 힘찬 취향은 우아한 이오니아 양식에 비해 그리스인들의 특성을 잘 나타내고 있다. 기둥에는 밑받침대가 없어 마치 땅에서 솟아오르는 분위기를 연출하며, 지붕을 받치는 기둥 끝에는 사각형의 판관과 접시모양의 주관이 올려져있다. 기둥의 높이는 직경의 4.5-6배에 이르고 주신에는 16-20개의 세로 줄무늬가 있다. 가장 오래된 신전으로 올림픽 경기를 위한 성화의 채화가 이루어지고 있는 올림피아의 헤라 신전과 제우스 신전, 델포이와 코린토스의 아폴론 신전, 파에스툼의 헤라 신전과 포세이돈 신전, 아테네의 테세이온 신전 등이 있다.

아테네 아크로폴리스의 파르테논 신전은 도리스 양식의 최고 완성품일 뿐만 아니라 민주주의의 상징으로 그리스 건축에서 가장 빛나는 기념비적 걸작이다. '처녀 신전'이란 뜻을 지닌 이 건축물은 페리클레스의 왕명으로 건축되었으며 한때 델로스 동맹의 금고로도 사용되었다. 6세기에는 성모 마리아에 봉헌된 교회로, 1460년부터는 오스만 튀르크의 사원, 즉 모스크로 사용되었다. 1687년 신전 안에 쌓아놓은 화약 더미가 베네치아 군의 포격으로 폭발하면서 크게 훼손되었다. 건축 재료는 종전과는 달리 대리석이 사용되었고, 외부에 46개의 기둥과 내부에 23개의 기둥이 있었다. 본당에는 당대 최고의 조각가 페이디아스에 의해 아테나 여신상이 상아와 금으로 제작되었다. 페이디아스는 아테나 여신상의 방패에 왕과 자신의 모습을 새겨 넣는 불경을 저질렀기 때문에 자신은 독살되었고 페리클레스 왕도 전염병으로 객사하였다고 한다.

이오니아 양식

기원전 7세기 소아시아의 에게 해海 연안에서 발달하였던 이오니아 양식은 기원전 6세기에 아테네를 비롯한 그리스 전역으로 확산되었다. 도리스 양식이 중후하며 남성적인데 반하여, 이오니아 양식은 오리엔트 세계의 영향을 받아서 여성적인 경쾌함과 우아함을 지니며 기둥의 높이는 직경의 10배 정도로 가늘고 긴 기둥이 그 특징이다. 또한 배흘림 기법이 약하고 섬세하며 아름다운 표현이 두드러진다. 건축에서는 기둥과 기단사이에 밑받침대가 있고, 지붕을 받치는 기둥 끝에 두 개의 소용돌이 모양의 주관이 받치고 있다. 주요 건축물로는 에페소스의 아르테미스 신전과 사모스 섬의 헤라 신전이 있고, 그 외에도 아크로폴리스의 에렉테이온 신전과 니케 신전이 대표적인 건축물로 꼽힌다.

에렉테이온 신전은 페르시아 전쟁의 승리를 기념하기 위하여 건축되었으며, 신전의 명칭은 아테네 전설의 왕 에릭토니오스의 이름

에서 유래하였다. 이곳에서는 아테나, 포세이돈, 에릭토니오스를 위한 제사가 지내졌다. 이 신전의 뒷면은 6명의 카뤼아티데스가 머리로 지붕을 바치고 있다. 카뤼아티데스는 '카뤼아의 처녀들'이라는 뜻으로 오늘날 '여인상의 돌기둥'이라는 건축용어로도 쓰인다. 6개의 카뤼아티데스 중에서 4개는 아크로폴리스 미술관에, 1개는 에렉테이온 신전의 지하보관소에, 나머지 1개는 런던 영국박물관의 엘긴 마블 전시관에 보관되어 있다.

코린트 양식

기원전 4세기 도리스 양식의 건축물 내부에서 부분적으로 채택되었다가 후기에 와서 건물외부에 사용되었다. 기둥머리는 원뿔형을 가운데서 잘라 뒤집어 놓은 모양을 하고 있고, 종려나무 잎 모양의 주두가 특징이다. 주초와 주신은 이오니아 양식에 가깝지만 한층 더 우아하고 화려하다. 코린트 양식은 비교적 자유분방한 스타일로 화려한 장식효과를 즐기던 로마인들에게 계승되었고, 복잡하게 구성된 콤포지트 양식으로 발전하였다. 대표적인 건축물로는 아테네의 제우스 신전과 판테온 신전이 있다.

판테온은 그리스어 판테이온Pantheion에서 유래한 말로 '모든 신들에게 바쳐진 신전'이라는 뜻이고, 이 신전은 로마제국 전역에 존재하는 모든 신들을 위해 세운 성전으로 로마인의 관용정신을 상징한다. 하드리아누스 황제에 의해 재건된 이 신전은 둥그런 돔 형식의 지붕에 태양을 상징하는 둥근 구멍이 뚫려 있다. 신전의 지붕은 화산재가 섞인 콘크리트 돔으로 지어졌고, 천정의 높이와 직경이 똑같이 43.30m로 완벽한 비율을 이루고, 지붕은 정확하게 건물 내부 높이의 반을 차지한다. 판테온은 현재 로마에서 존재하는 가장 오래된 돔 구조이다. 신전의 입구는 16개의 코린트식 화강암 원기둥으로 된 주랑현관으로 되었다. 판테온 신전은 608년 보니파시우스 교황에 의해 성당으로, 르네상스 시기부터 근대까지는 왕족과 여러 예술가들의 무덤으로 사용되다가 오늘날은 가톨릭교회의 성당으로 사용되고 있다.

	신 이름 대조표		
	그리스어	로마어(라틴어)	영어
Titan 신족	크로노스Kronos	사투르누스Saturnus	새턴Saturn
	레아Rhea	퀴벨레Cybele	시빌레Cybele
Olympos 신족	제우스Zeus	유피테르Iup(p)iter	주피터Jupiter
	헤라Hera	유노Iuno	주노Juno
	포세이돈Poseidon	넵투누스Neptunus	넵튠Neptune
	하데스Hades 플루톤Plouton	하데스Hades 플루토Pluto	헤이데스Hades 플루토Pluto
	헤스티아Hestia	베스타Vesta	-
	데메테르Demeter	케레스Ceres	세레스Ceres
	아프로디테Aphrodite	베누스Venus	비너스Venus
	아테나Athena	미네르바Minerva	-
	헤파이스토스Hephaistos	불카누스Vulcanus	벌컨Vulcan
	아레스Ares	마르스Mars	-
	아폴론Apollon	아폴로Apollo	아폴로Apollo
	아르테미스Artemis	디아나Diana	다이아나Diana
	헤르메스Hermes	메르쿠리우스Mercurius	머큐리Mercury
	디오뉘소스 Dionysos 바코스Bakchos	바쿠스Bacchus	바커스Bacchus
	에로스Eros	쿠피도Cupido	큐피드Cupid
	페르세포네Persephone	프로세르피네Proserpine	-

제2장

신들의 탄생

▌우라노스의 거세▐

조르지오 바사리(1560) 作, 피렌체 베키오 궁전

태초의 신과 자연의 신

카오스(Chaos) - 계보 1

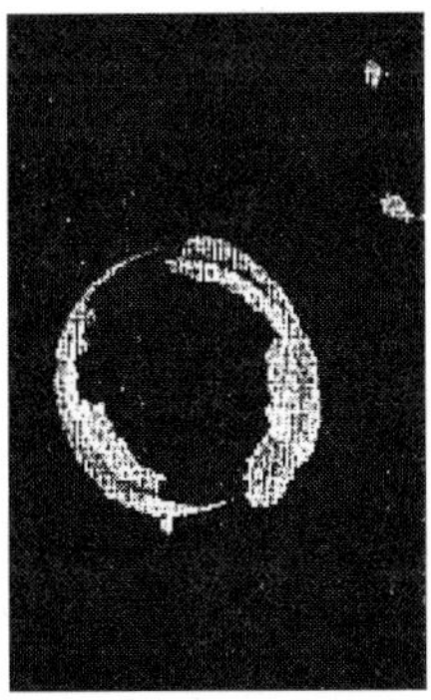

헤시오도스의 〈신통기〉에 따르면, 태초에 카오스가 있었다고 한다. 다른 설에 의하면, 태초에 스스로 존재하는 것은 안개였고 여기에서 카오스가 태어났다고 한다. 또한 카오스와 함께 가이아도 있었다고도 한다. 카오스는 만물생성 이전의 원초상태로서 여기서 모든 것이 생겨났다. 카오스는 원래 거대한 틈, 즉 우주가 들어갈 '캄캄하고 텅 빈 공간'을 의미하였다. 오비디우스는 카오스를 만물이 생성할 수 있는 생명력이 잠재하고 있는 공간으로 보았다. '혼돈'으로 해석된 것은 그리스 철학에서 4원소설이 발생하면서 태초의 카오스도 4원소가 뒤섞인 상태라고 여겨졌기 때문이었다. 〈신통기〉에서는 온 세상이 어둠에 쌓여 있었던 카오스에서 뉙스와 에레보스, 가이아, 타르타로스와 에로스가 출생하였다고 한다.

뉙스(Nyx)

밤의 여신 뉙스는 많은 신들을 홀로 낳아 자손들을 번창시켰다. 죽을 운명의 신 모로스, 죽음의 신 타나토스, 죽음의 여신 케르, 잠의 신 휘프노스, 비난의 신 모모스 등 사람들이 추상명사라고 부르는 존재들이었다. 공포의 대상이 되는 많은 신들이 밤의 여신에게서 태어났기 때문에 인간들이 어둠을 두려워하는 것인지도 모른다. 그 외에도 오케아노스 건너편에서 황금사과를 지키는 서쪽의 요정들 헤스페리데스나 영웅들에게 죽임을 당하는 괴물들도 뉙스의 자식으로 알려져 있다. 신화에 자주 나타나는 불화의 여신 에리스와 복수의 여신 네메시스도 뉙스에게서 태어났다.

에레보스(Erebos)

암흑의 신 에레보스는 '그윽한 어둠'을 뜻하며 지하세계로 들어가는 긴 통로 그 자체를 의미한다. 에레보스가 갖는 유일한 에피소드는 뉙스와의 결합이었다. 두 신 사이에서 낮의 신 헤메라, 대기의 신 아이테르, 지하세계 입구의 강에서 영혼들을 건네주는 뱃사공 카론이 출생하였다. 카론은 바닥이 없는 소가죽의 배로 영혼을 강 건너에 있는 저승으로 건네주었는데, 이때 동전을 내야만 이 배를 탈 수 있었다. 그래서 고대 그리스인들은 세상을 떠난 사람의 몸에 동전을 넣어 주었다.

지하세계는 에레보스와 타르타로스로 구분된다. 에레보스는 죽은 자들이 잠시 지나는 곳으로 하데스의 궁전까지 이르는 중간의 어두운 공간을 가리키고, 타르타로스는 가장 깊은 곳에 있는 무한지옥을 말한다. 그러나 하데스란 이름이 터부시되었기 때문에 신화에서 아무런 인격적 에피소드를 갖고 있지 않은 에레보스를 하데스로 비유하기도 한다.

가이아(Gaia, lat. *Tellus*)

아폴로도로스의 〈도서관〉에서는 '게Ge'로도 표현되는 가이아는 대지의 여신으로 그리스 신화의 신족 중에서 나이가 가장 많다. 가이아는 원래 신석기 시대부터 대지를 숭배해온 것에서부터 시작되었고, 후에 인도와 유럽의 영향으로 헬레니즘화 된 것으로 보인다.

뉙스가 많은 자식을 낳자, 만물의 어머니로 인격화된 가이아는 스스로 아들들을 출산하였다. 따라서 가이아는 모든 신을 낳은 원초적 생명력으로 간주된다. 그녀는 자신을 덮어줄

하늘의 신 우라노스, 자신을 두르고 있을 바다의 신 폰토스, 산과 산맥의 신 우레아 세 아들을 낳았다. 폰토스는 '바다'를 의미하며 소아시아 지역의 흑해를 지칭하다가 하리스 강 동쪽 지역의 명칭이 되었다.

가이아와 우라노스(Ouranos, lat. *Uranus*) - 계보 1

가이아는 장남 우라노스와 결합하여 헤카톤케이레스 3형제, 퀴클롭스 3형제, 티탄 12신족을 낳았다. 이들은 모두 거인족으로서 올림포스 신들의 시대가 열리기 이전의 대자연을 상징한다. 다시 말해, 첫 번째 절대자 우라노스의 시대에 하늘과 땅이 자리를 잡고, 이어서 폰토스와 우레아가 태어나면서 바다와 산들이 생성되었다는 것이다.

헤카톤케이레스 3형제는 콧토스, 브리아레오스, 귀에스로서 '100'을 뜻하는 헤카톤과 '손'을 뜻하는 케이르가 합쳐서 100개의 팔과 50개의 머리를 가진 백수百手 거인족을 말한다. 이들은 하나같이 거대하고 힘이 센 100개의 팔을 지니고 있어서 능히 백 명의 장사들을 상대할 만 하였다. 우라노스는 그런 이들을 별로 달가워하지 않아 타르타로스에 가두어 버렸다. 이후 가이아는 이마에 커다란 눈이 하나씩 달린 외눈박이 퀴클롭스 3형제를 낳았고 이들은 '둥근 눈'을 의미한다. 이 거인족들은 날씨를 주관하였는데 브론테스는 천둥, 스테로페스는 번개, 아르게스는 벼락을 담당하였다. 호메로스의 〈오뒷세이아〉에서 이들은 바다 가운데의 섬에서 양을 기르며 살고 사람을 잡아먹는 거인으로 묘사되기도 한다. 또한 거대한 성벽을 쌓는 기술자로 알려져 있는데 뮈케네의 성벽도 이들이 쌓은 것이라고 한다. 그러나 헤카톤케이레스 형제들과 마찬가지로 퀴클롭스 형제들도 아버지 우라노스의 미움을 받아 타르타로스에 갇히게 된다. 타르타로스는 본래 가이아 몸의 깊숙한 곳이라 제 자식들을 그런 곳에 가두어 놓은 가이아는 몸과 마음이 모두 편치 못했다. 우라노스는 6형제와 6자매의 티탄신족을 낳고 나서야 비로소 못된 버릇을 되풀이하지 않았다.

가이아와 폰토스(Pontos) - 계보 2

가이아는 또다시 자신의 아들이자 바다의 신 폰토스와 결합하여 물을 관장하는 신과 요정들을 낳았다. 이들 사이에서 네레우스, 포르퀴스, 케토, 타우마스 그리고 많은 바다 괴물들이 태어났다.

네레우스는 가이아와 폰토스의 맏아들이었다. 그는 호메로스가 '바다의 노인'이라고 부른 바다의 신으로 현명하고 인정이 많으며 예언의 능력을 지녔다. 그는 선원들의 보호자이고 자신의 모습을 마음대로 바꿀 수 있었다. 네레우스는 흰 수염에 삼지창을 손에 들고 포세이돈의 아들 트리톤 위에 올라앉은 모습으로 표현되었다. 그는 대양의 신 오케아노스의 딸 도리스에게서 50명(또는 100명)의 딸 네레이스들을 얻었고, 이들은 바다의 요정으로 주로 에게 해海에서 지냈다. 이들은 악기 연주에 맞춰 노래하고 춤추며 해마海馬 또는 바다 짐승의 등에 올라타고 바다 위를 행렬하였다. 뱃사람들이 어려움을 당했을 때 구해 준다고 하여 이들은 해안 지역이나 섬사람들의 숭배를 받았다. 이들 가운데 아킬레우스의 어머니가 된 테티스, 포세이돈의 부인 암피트리테, 외눈박이 거인 폴뤼페모스가 연모하던 갈라테이아 등이 잘 알려져 있다.

포르퀴스는 바다의 신이고, 케토는 '바다의 괴물' 또는 '고래'를 뜻하는 바다의 여신이다. 포르퀴스는 누이 케토와 결합하여 고르고 3자매와 그라이아이 3자매, 100개의 용머리를 가진 괴물 라돈, 반인반조半人半鳥의 세이렌 자매들을 낳았다. 타우마스는 대양의 신 오케아노스의 딸 엘렉트라와 결합하여 헤라의 시녀이자 무지개의 여신 이리스와 반인반조 괴물 하르퓌이아 자매를 낳았다.

타르타로스(Tartaros)

'무한 지옥'이란 뜻을 지닌 타르타로스는 저승의 가장 깊숙한 곳으로 중죄를 지은 자들이 갇혀있는 명계이다. 제우스에 항거한 티탄 신족들, 신을 기만한 탄탈로스, 신을 모독한 시쉬포스, 최초로 인척을 살해한 익시온, 레토를 겁탈하려던 티튀오스 그리고 결혼 첫날밤에 남편들을 살해한 49명의 다나이스 자매들이 이곳에서 영원한 벌을 받고 있다. 지상에서 타르타로스까지의 깊이는 하늘과 땅의 거리와 비슷하다. 타르타로스는 죽은 자들의 영혼만이 갈 수 있지만 살아서 육신을 지닌 채 다녀온 영웅들이 있었다. 헤라클레스, 테세우스, 오르페우스, 오뒷세우스 그리고 아이네이아스가 바로 그들이었다.

가이아와 타르타로스의 결합

훗날 제우스가 우주를 정복하고 그의 형제들과 모든 권력을 나누어가지자, 이에 분노한 가이아는 타르타로스와 관계를 갖고 튀폰과 에키드나를 얻었다. 튀폰은 사나운 바람으로 무서운 목소리로 울부짖으며 입으로는 불을 뿜는 100개의 용 머리를 가진 거인으로 나타났다. 또한 그는 여러 신들의 말투뿐만 아니라 소와 사자의 울음까지 그대로 흉내 내어 울부짖는 것으로 알려졌다. 튀폰은 가이아의 지시에 따라 올림포스 신족들을 공격하지만 제우스에게 제압당하고 만다. 튀폰Typhon에서 태풍typhoon이라는 단어가 생성되었다.

헤시오도스에 의하면, 에키드나는 튀폰과 함께 태어났다고 한다. 다른 설에 의하면 크뤼사오르와 오케아노스의 딸 칼리르로에 또는 케토와 포르퀴스의 딸이라고도 한다. 그녀의 상반신은 여성의 몸이고 하반신은 거대한 뱀인 인신사족이었다. 신화에서 인신사족이란 선천적 소아마비를 의미한다. 그녀는 튀폰과의 사이에서 케르베로스, 레르나의 휘드라, 키마이라, 오르토스를 출산하였고, 자신의 아들 오르토스와 결합하여 스핑크스, 네메아의 사자, 멧돼지 파이아를 얻었다.

에로스(Eros)

에로스의 출생에 관해서는 여러 가지 설이 있다. 아리스토파네스에 의하면, 검은 날개를 가진 뉙스가 에레보스의 가슴 속에서 스스로 알을 하나 낳았는데, 그 속에서 황금의 날개를 가진 에로스가 태어났다고 한다. 헤시오도스의 〈신통기〉에 따르면, 에로스는 카오스의 아들로서 태초에 출생하였다. 에로스는 이성간의 사랑을 의미하며 신들과 인간을 모두 지배하는 위대한 신으로 혼돈 속에서 질서를 낳는 원동력이었다. 이때의 에로스는 일반적으로 알려진 큐피드의 화살을 지닌 사랑의 신이 아니라 생명력을 출산하는 생산의 신이었다. 아프로디테의 아들 에로스는 올림포스 시기에 남녀 간의 만남과 이별을 중재하는 사랑의 메신저로 알려졌다.

티탄(Titan) 12신족

오케아노스(Okeanos)와 테튀스(Tethys) - 계보 3/ 계보 6

오케아노스는 우라노스와 가이아 사이에서 태어난 티탄 신족의 장남이었다. 그는 모든 바다와 강 그리고 하천들의 아버지였고, 후에 포세이돈에게 바다의 지배권을 넘겨주었다. 영혼불멸을 주장하는 오르페우스 전승에서 오케아노스와 테튀스가 모든 신들의 조상으로 나타난다. 세계가 평평한 원형의 대지라고 생각하였던 고대 그리스인들은 오케아노스를 그 대지의 끝을 둘러싸고 흐르는 무한 대양의 신으로 여겼다. 오케아노스는 점차적으로 지리적 개념으로 바뀌면서 서쪽에 있는 대서양을 의미하게 되었다. 오케아노스에서 〈ocean〉이 유래하였다.

오케아노스는 누이 테튀스를 아내로 맞아 서쪽 대지 끝에 살았다. 이들 사이에서 바다, 강, 하천을 관장하는 3천 명의 아들과 오케아니데스라는 3천 명의 딸들이 태어났다. 강의 여신 테튀스는 헤라를 키웠기 때문에 양육의 여신으로 여겨지기도 하였다. 아킬레우스를 낳은 바다의 여신 테티스Thetis와 근원이 같은 것으로 추정되기도 하지만 동일인은 아니었다.

오케아노스와 테튀스의 수많은 딸들 중에는 증오의 강 스튁스가 있다. '추워서 오싹한'이란 의미를 갖는 스튁스는 신들 조차도 두려워하였다. 그 이유는 신들이 무지개 여신 이리스가 떠온 스튁스 강물을 놓고 맹세를 하는데, 만일 그 약속을 어길 경우에는 9년간 모든 권한을 박탈당하기 때문이었다. 그 외에도 행운의 여신 튀케, 바다의 노인 네레우스의 아내 도리스, 아테나 여신의 어머니이자 지혜의 여신 메티스 등이 있다. 아들 중에서는 제우스의 연인이었던 이오의 아버지 이나코스, 증손자 중에서는 아이기나의 아버지 아소포스가 대표적인 강의 신이었다.

이나코스의 후손으로는 벨로스 왕가의 페르세우스와 헤라클레스가 있고, 아게노르 왕가의 카드모스, 디오뉘소스, 오이디푸스, 미노스, 아가멤논과 메넬라오스, 오레스테스 그리고 테세우스 등이 잘 알려져 있다. 제우스와 아이기나 사이에서 태어난 아이아코스는 아킬레우스의 할아버지가 된다.

코이오스(Koios)와 포이베(Phoibe)

코이오스와 포이베는 인격신으로서의 활동은 눈에 띄지 않지만, 이들의 두 딸 아스테리아와 레토는 잘 알려져 있다. 헤라를 존경하였던 아스테리아는 제우스의 구애를 거부하였다. 메추라기로 변신한 그녀는 제우스의 집요한 추격을 끝까지 피할 수 없다는 사실을 깨닫고 스스로 바다에 뛰어들었다. 아스테리아가 뛰어든 지점에서 섬이 솟았고, 이는 '메추라기의 섬'이라는 뜻에서 오르튀기아라는 이름이 붙었다. 제우스는 자신의 구애를 거부했다는 이유로 이곳을 불모지로 만들었다. 이곳이 바로 델로스 섬이다.

제우스와의 사랑으로 임신한 레토는 출산할 때까지 여러 지역을 떠돌아다니며 온갖 고생을 하였다. 이는 헤라가 자신이 낳은 아이들보다 레토가 낳을 아들이 더 위대해 질 것이라는 사실을 알고 레토에게 출산 장소를 제공하지 말 것을 모든 지역에 명령했기 때문이었다. 헤라의 눈을 피한 레토는 델로스 섬에서 아폴론과 아르테미스 쌍둥이를 낳을 수 있었다.

휘페리온(Hyperion)과 테이아(Theia)

휘페리온과 테이아의 활약은 거의 알려지지 않았지만, 이들의 자손인 태양의 신 헬리오스, 새벽의 여신 에오스 그리고 달의 여신 셀레네는 잘 알려져 있다. 헬리오스는 오케아노스의 딸 페르세이스와 결합하여 키르케, 파시파에, 콜키스의 왕 아이에테스와 페르세스를 얻었다. 두 필의 말이 이끄는 은마차를 타고 하늘을 나는 모습으로 표현되는 셀레네는 제우스의 사랑을 받아 헤르세와 판디아스를 낳았다.

이아페토스(Iapetos) - 계보 10

이아페토스는 오케아노스의 딸 클뤼메네를 아내로 맞아 아틀라스, 프로메테우스, 에피메테우스, 메노이토이스의 아버지가 되었다. 훗날 이들 티탄 신족들은 제우스와 싸워 패함으로써 타르타로스에 유폐된다. 아버지와 함께 제우스에게 대항하였던 아틀라스는 지구를 들고 있는 형벌을 받고 있으며, 메노이토이스는 타르타로스로 추방되었다. 하지만 예언의 능력이 있는 프로메테우스는 에피메테우스와 함께 제우스의 편에 있었기 때문에 그의 총애를 받기도 하였다. '선견지명이 있는 자'라는 뜻을 지닌 프로메테우스Prometheus에서 프롤로그prolog가 생겼고, '나중에 생각하는 자'라는 뜻을 지닌 에피메테우스Epimetheus에서 에필로그epilog가 생성되었다.

프티아 지역을 다스리던 프로메테우스의 아들 데우칼리온과 에피메테우스의 딸 퓌르라는 제우스가 보낸 홍수에서도 살아남아 헬렌Hellen이라는 아들을 얻었다. 그는 그리스인들의 조상이 되었고, 이때부터 인간들의 시대가 시작되었다. 헬렌은 산의 요정 오르세이스와 결혼하여 크수토스, 아이올로스, 도로스 세 아들을 두었고, 자신들의 지역을 헬라스라 불렀다. 따라서 고대 그리스인들은 기원전 7세기 전부터 자신들의 나라를 〈Hellas〉, 그리스어 발음으로는 '엘라스'라 불렀다. 펠로폰네소스 반도를 이어 받은 크수토스는 에렉테우스의 딸 크레우사와의 사이에서 아카이오스와 이온을 얻었다. 텟살리아 주변지역을 물려받은 아이올로스는 텟살리아 왕이 되어 스스로를 아이올레이스 족이라 불렀다. 그는 테마이코스의 딸 에나레와 결혼하여 텟살리아 왕 아타마스, 코린토스 왕 시쉬포스, 살모니 왕 살모네우스, 스파르테 왕 페리에레스, 크레테우스, 데이온, 마그네스라는 일곱 명의 아들과 그 외 다섯 명의 딸을 두었다. 파르낫소스 북쪽 지역을 차지한 도로스는 자신들의 지역을 도리스라 칭하였다.

크레이오스(Kreios)

크레이오스는 가이아와 폰토스의 딸 에우뤼비아와 결합하여 별의 신 아스트라이오스를 비롯하여 페르세스와 팔라스를 낳았다. 아스트라이오스는 새벽의 여신 에오스와의 사이에서 서풍 제퓌로스, 북풍 보레아스, 남풍 노토스, 동풍 에우로스 뿐만 아니라 샛별 에이오스포로스를 포함한 많은 별들을 얻으며 그는 모든 바람과 별의 조상이 되었다.

테미스(Themis)

제우스의 여인이 된 테미스는 '율법'을 의미하며 올림포스 산에 소집된 신들의 회의에서 연회를 주관한다. 양손에 저울과 칼을 들고 있는 모습의 테미스는 어머니 가이아로부터 예언의 능력을 이어받아 델포이 신탁소를 관리하며 아폴론에게 예언의 능력을 전수하였다. 테미스는 제우스의 두 번째 아내가 되어 계절의 여신 호라이 3자매와 운명의 여신 모이라 3자매 그리고 정의의 여신 아스트라이아를 출산하였다. '별 처녀'라는 뜻을 지닌 아스트라이아는 '정의' 또는 '바른 길'을 뜻하는 디케와 동일시되기도 한다. 제우스가 테티스에게 관심을 보이자, 그녀와 결합하게 된다면 제우스보다 더 훌륭한 아들이 태어날 것이라는 경고를 한 것도 테미스였다. 제우스는 테미스의 조언대로 테티스를 펠레우스 왕과 결혼시켰고 그녀는 아킬레우스의 어머니가 된다.

호라이 자매는 일반적으로 3명으로 봄, 여름, 겨울을 상징하지만, 때로는 2명 또는 4명으로 나타나기도 하다. 헤시오도스에서는 3명으로 에우노미아는 질서를, 디케는 정도를, 에이레네는 평화를 주관하였다. 이들의 의미는 끝없이 변하는 움직임 가운데에서도 변함이 없는 엄숙한 '질서'와 사물들 사이의 올바른 관계를 유지하는 '정도'에 의해서 사계절이 돌아가며, 그 결과 풍년의 '평화'가 찾아온다는 것이었다. '사계절의 은혜'를 가져온다고 해서 4명으로도 나타나는 호라이 자매들은 카리스 3여신들과 더불어 손을 잡고 춤추는 모습으로도 표현되기도 한다. 호메로스에서는 호라이 자매들이 올림포스의 문을 지키는 여신들로서 봄의 꽃과 이슬의 보석으로 아프로디테를 꾸며주며 태양의 신 헬리오스의 말을 수레에 매고 풀어 주는 일을 하였다. 아테네에서는 꽃의 계절을 관장하는 탈로와 결실의 계절을 주관하는 카르포의 이름으로 호라이 제의를 지냈다.

모이라 3자매는 제우스와 테미스의 딸들 또는 밤의 여신 뉙스의 딸들이라고도 한다. 이들은 사람들이 태어날 때부터 죽을 때까지의 운명을 관리하며 질서정연한 자연의 힘을 의인화한 존재들이었다. 이들은 인간의 생명을 관장하는 실을 다루었는데 클로토는 생명의 실을 뽑아내고, 라케시스는 그 운명의 실을 자르고, 아트로포스는 그 실을 인간들에게 나누어 주었다. 이들이 정하는 운명은 절대적이어서 우주의 절대자 제우스도 이미 정해진 운명은 바꾸지 못하였다. 하지만 아폴론은 아드메토스를 살리기 위해 그녀들에게 술을 먹여서 '아드메토스를 대신해 죽을 사람이 있으면 그를 살려주겠다'는 허락을 받아내어 아드메토스를 살리기도 하였다.

므네모쉬네(Mnemosyne)

테미스와 같이 제우스의 여인이 된 '기억의 여신' 므네모쉬네는 추상적인 개념이 의인화된 존재다. 피에리아에서 제우스와 9일 밤낮을 지낸 그녀는 예술을 관장하는 9명의 무사Mousa들을 낳았다. 올륌포스 산 북쪽의 마케도니아에 있는 피에리아는 이 여신들의 출생지로 이곳에서 이들에 대한 숭배가 시작되었다. 이 숭배사상은 보이오티아의 남서부에 위치한 헬리콘 산(1,749m)으로 전파됨으로써 두 곳은 무사들의 2대 성지가 되었다. 악보가 없었던 시대에 음악을 연주하는 일은 오직 기억력에 의존하는 방법밖에 없었으므로 기억을 의인화한 므네모쉬네를 통해 무사들이 태어난 것으로 보인다. 에우테르페는 피리에 의한 서정시, 테릅시코레는 뤼라에 의한 서정시, 멜포메네는 비극, 에라토는 독창, 칼리오페는 서사시, 탈레이아는 희극과 목동의 노래, 클레이오는 역사, 폴륌니아는 찬신가, 우라니아는 천문학을 주관하였다.

크로노스(Kronos)와 레아(Rhea) - 계보 4

크로노스는 티탄 신족 중 막내로서 농경을 주관하였고 로마 신화의 사투르누스와 동일시되었다. 크로노스의 아내이자 동물의 여주인 레아에 대한 숭배는 크레테 섬에서 비롯된 것으로 여겨지며 프뤼기아 지역의 퀴벨레Kybele와 동일시되기도 하였다. 따라서 고대 그리스인들은 그녀를 아그디스티스 또는 퀴벨레와 같은 지모신으로 보았고, 로마인들은 여신 옵스Ops와 동일시하였다. 레아와 결혼한 크로노스는 헤스티아, 데메테르, 헤라, 하데스, 포세이돈, 제우스를 얻었다.

우라노스와 크로노스

퀴클롭스 형제와 헤카톤케이레스 형제가 타르타로스에 갇히자, 가이아는 깊은 슬픔에 잠겼다. 그녀는 티탄신족들을 몰래 불러 모아 우라노스를 응징하고 감금된 자식들을 구출하려는 음모를 꾸몄다. 가이아가 자식들에게 자신의 계획을 말하자 모두가 겁을 먹고 아무런 말이 없었다. 그런 가운데 크로노스가 그녀의 생각에 동의하였고, 그녀는 그에게 아다마스라는 금강석으로 된 낫을 주며 구체적인 계획을 지시하였다. 우라노스가 가이아의 몸을 덮쳐오자 장남 오케아노스를 제외한 나머지 형제들이 아버지를 공격하였고, 이때 크로노스가 그의 남근을 쥐고 낫으로 거세하였다. 이로써 가이아와 우라노스는 영원히 갈라서게 되어 하늘과 땅은 더 이상 섞이는 일이 없게 되었다. 우라노스는 크로노스에게 그들이 저지른 끔찍한 일을 후에 똑같이 당하리라는 저주를 남겼다. 남근이 잘린 우라노스는 더 이상 절대자가 아니었다.

아프로디테의 탄생

우라노스의 잘린 남근에서 흐른 피에는 애증의 정기가 서려있었다. 피의 정기가 가이아의 몸에 떨어져 대지를 적시자 복수의 여신 에리뉘스 3자매, '가이아의 자식'이라는 뜻을 지닌 24명의 기가스 형제들 그리고 물푸레나무 멜리아가 태어났다. 물푸레나무는 유럽 신화에서 신목神木으로 간주되지만 그리스 신화에서는 인격적인 에피소드가 없다.

티시포네, 알렉토, 메가이라 복수의 3자매들은 뱀의 머리카락을 지니며 눈에서는 항상 피가 흐르고 손에 횃불을 들고 있다. 이들은 지하의 가장 깊은 곳에 머물고 살인범을 좇아다니며 고통을 주어서 결국 미치게 한다. 이들은 특히 친인척살해범들을 응징하는 여신들로서 제우스의 지배를 받지 않으며, 만일 피해자가 탄원을 하지 않으면 살인범에게 복수를 하지 않는 것으로 알려졌다.

헤시오도스에 의하면, 잘려진 우라노스의 생식기가 바다에서 거품으로 변하더니 거기에서 아프로디테Aphrodite가 출생하였다고 한

다. 그리스어 ⟨afros⟩는 '바다의 거품'이란 뜻이고, 이에 따라 아프로디테는 '거품에서 태어난 여인'이라는 의미가 된다는 것이다. 하지만 ⟨afros⟩에서 여신의 이름이 유래되었는지 아니면 그녀의 이름에서 ⟨afros⟩가 생성되었는지에 대해서는 아직도 논쟁의 여지가 있다.

이에 반하여 호메로스는 아프로디테가 제우스와 디오네의 딸이라고 하였다. 디오네는 제우스의 아내로 그리스 북서쪽 에페이로스 지역의 도도네에서 숭배되었다고 한다. 언어학적으로도 ⟨Dione⟩는 제우스란 말의 어근 ⟨Dio⟩에 여성 접미사 ⟨-ne⟩가 붙은 것으로 '여자 제우스'를 뜻한다. 하지만 이 지역에서 디오네와 아프로디테의 숭배 사상은 발견되지 않았다. 따라서 아프로디테는 본래 그리스가 아닌 다른 지역에서 유입된 여신이었다는 것을 알 수 있다. 다른 설에 의하면, 우라노스와 가이아의 딸 또는 오케아노스와 테튀스의 딸이라고 하는 등 아프로디테의 출생에 대해서도 의견이 분분하다.

두 번째 절대 권력자 크로노스

우라노스를 축출한 티탄 신족들은 타르타로스에 갇혀있는 헤카톤케이레스 형제들과 퀴클롭스 형제들을 구출하였다. 그리고 우라노스를 폐위하는데 결정적인 역할을 한 크로노스가 두 번째 절대자로서 신들의 왕으로 등극하였다. 권력을 쥔 크로노스는 헤카톤케이레스 형제들과 퀴클롭스 형제들이 두려워 이들을 다시 타르타로스에 가두었다.

'자신의 아들에게 쫓겨날 것'이라는 우라노스의 저주를 들었던 크로노스는 자식들이 태어나는 대로 집어 삼켰다. 포악한 남편을 두고 볼 수 없었던 레아가 가이아를 찾아가 하소연을 하자 레아는 제우스 대신 커다란 돌멩이를 강보에 말아 크로노스에게 삼키게 하였다. 크로노스가 아이들을 모두 잡아먹은 일은 시간의 속성을 나타낸다고 볼 수 있다. 즉 태어나는 모든 것들은 시간이 지나면 반드시 죽게 되는 시간의 파괴적 속성을 의미한다는 것이다. 〈Kronos〉가 '때' 또는 '시간'을 의미하는 〈chrono-〉와 유사하기 때문에 그는 시간을 주관하는 신으로 여겨지기도 한다.

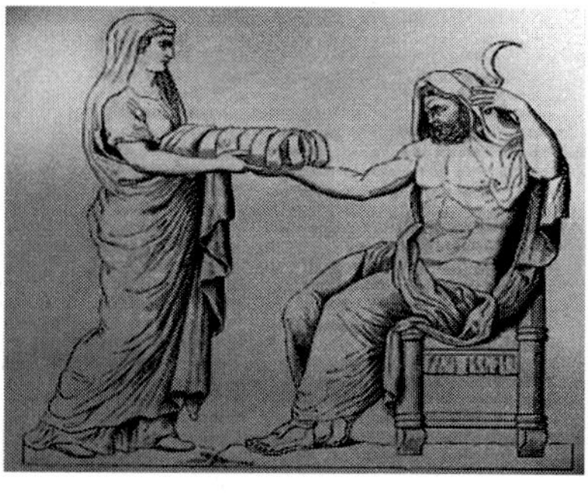

또한 크로노스는 가이아에게서 받은 거대한 낫을 소유함으로써 농업을 관장하는 신이기도 했다. 크로노스가 지배하던 시기는 인간에게 있어서 가장 행복했던 황금시대였다고 한다.

제3장

올림포스 신족

▌신들의 회의▐

라파엘로 산치오(1518) 作, 로마 빌라 페르네지아

제우스(Zeus, lat. *Iupiter*)

고대 그리스인들은 신들이 올림포스 산에서 암브로시아와 넥타르를 먹고 마시며 향연으로 나날을 보낸다고 생각하였다. 이처럼 신들의 생활은 외관상 인간의 생활과 비슷하지만 영원히 죽지 않는다는 점이 인간들과는 달랐다. 신들은 자신들 뿐만 아니라 상대방의 형체를 마음대로 바꿀 수 있는 변신의 능력도 있었다. 또한 인간과 마찬가지로 사랑, 미움, 노여움, 관용 등의 감정에 움직이는 속성을 가지며 신들에게 적의를 가진 인간들은 응징하고 존경을 나타내는 인간에게는 무한한 사랑과 호의를 보였다.

가이아와 레아의 지략으로 살아난 제우스는 크레테 섬의 이데 산 동굴에서 염소의 요정 아말테이아의 젖과 꿀을 먹으며 쿠레테스의 보살핌 속에 자랐다. 쿠레테스는 숲, 강, 바다, 불, 나무, 공기, 물을

관장하는 7명의 전령들로서 레아의 명령으로 어린 제우스에게 각별한 주의를 기울였다. 이들은 어린 제우스의 울음소리가 크로노스에게 들리지 않도록 무기를 두들겨 떠들썩한 소리를 냈다고 한다. 이 전설은 크레테 섬에서 풍년을 기원하는 제례의식에서 유래한 것으로 보인다.

성장한 제우스는 첫 번째 연인 메티스를 만났다. 그녀는 오케아노스와 테튀스의 딸이자 지혜의 여신이었고, 그녀의 재치로 크로노스에게 삼켜진 형과 누이들을 다시 구할 수 있었다.

티타노마키아(Titanomachia) 전쟁

형제들과 힘을 합친 제우스는 아버지 형제인 티탄 신족들과 10년에 걸쳐 싸움을 하는데, 이를 티타노마키아 전쟁이라고 한다. 제우스 형제들은 올륌포스 산에, 티탄 신족들은 텟살리아 남쪽에 있는 오트뤼스 산에 거점을 두고 격렬한 전투를 하였다.

티탄 신족의 모든 자녀들이 자신들의 부모를 지지하지는 않았다.

오케아노스의 딸 스튁스, 이아페토스의 아들 프로메테우스와 에피메테우스는 티탄 신족이 아닌 올림포스 신족을 지지하였다. 치열한 공방이 지속될 무렵, 타르타로스에 갇혀있는 헤카톤케이레스와 퀴클롭스 형제들의 도움이 있어야만 승리한다는 가이아의 신탁이 있었다. 제우스는 이들을 감시하던 켐페를 죽이고, 백수 거인과 외눈박이 거인들을 구출하였다. 전쟁이 끝난 후, 퀴클롭스 형제들은 자신들을 구해준 보답으로 제우스에게는 번개를, 포세이돈에게는 트리아이나라는 삼지창을, 하데스에게는 눈에 보이지 않게 하는 퀴네에라는 모자를 선사하였다.

티타노마키아 전쟁은 어떤 의미가 있을까? 크로노스와 그의 티탄 형제들은 모두 자연을 상징하는 신족들이고, 반면에 올림포스 신족들은 인격신이었다. 제우스의 형제자매 모두 하늘, 바다, 지옥, 대지 등을 의미하지만 이들은 지극히 인격적인 면모를 지녔다. 올림포스 신족이 티탄 신족을 제압하였다는 것은 인간이 자연의 실체를 파악하고 자연을 지배해나가는 것을 의미한다.

티타노마키아 전쟁에서 승리한 제우스 형제들은 대부분의 티탄 신족들을 타르타로스에 가두고 헤카톤케이레스 형제들로 하여금 이들을 감시하였다. 이아페토스의 아들 아틀라스는 하늘을 떠받치는 형벌을 받았고, 오케아노스는 세상 끝으로 쫓아내어 변방을 지키게 하였다. 크로노스가 쫓겨남으로써 우주가 평정되었다. 이탈리아로 간 크로노스는 로마의 최고신 야누스의 배려로 농업의 신으로 거듭났다. 그곳에서 사투르누스Saturnus라 불렸고, 그를 칭송한 사투르날리아Saturnalia라는 농신제가 열렸다. 그러나 오르페우스 전승에 따르면, 훗날 제우스와 화해한 크로노스는 영웅들이 사후에 산다는 엘뤼시온을 다스렸다고도 한다.

전쟁에서 승리한 제우스 형제들은 우주의 지배권을 놓고 다툼이 있었다. 하데스는 장남으로서 그리고 제우스는 누이와 형들의 목숨을 구했을 뿐만 아니라 가장 커다란 공로를 세웠다는 이유에서 선택의 우선권을 주장하였다. 결론을 내리지 못한 삼형제는 결국 제비뽑기를 하기로 했다. 고대 그리스에서는 공정한 판결이 나지 않는 경우에 주어진 운명에 맡긴다는 의미에서 제비뽑기로 결정을 내리는 관습이 있었기 때문이다. 결국 제우스는 하늘, 하데스는 지하세계, 포세이돈은 바다를 자신들의 고유영역으로 정하고 지상세계는 공유하게 되었다. 우주를 정복한 제우스는 이를 기념하기 위하여 자신을 대신하여 삼켜졌던 돌을 파르낫소스 산의 델포이 신전에 안치하였다. 고대 그리스인들은 이 지역을 지구의 중심으로 여겼고, 이 돌을 옴팔로스라고 불렀다. '대지의 중심' 또는 '지구의 배꼽'이란 뜻을 지닌 이 돌은 현재 델포이 신전의 박물관에 보관되어 있다.

우주의 지배자가 된 이들 형제들은 여신, 요정 그리고 인간들과 관계를 갖고 많은 자손들을 보았다. 제우스가 모든 실권을 쥐자, 가

이아는 제우스 자신도 그의 아들에게 똑같이 쫓겨날 것이라는 저주를 퍼부었다. 이는 메티스가 출산할 아기가 우주의 지배자가 된다는 말로 제우스의 폐위를 뜻하는 것이다. 가이아의 예언을 두려워 한 제우스는 임신한 자신의 연인 메티스를 삼켜버렸다. 얼마 후 제우스의 머리를 통하여 딸이 태어나는데 그녀가 바로 아테나 여신이었다.

기간토마키아(Gigantomachia) 전쟁

제우스가 우주의 균형을 잡기 위하여 티탄 신족들을 타르타로스에 가두자, 이에 분노한 가이아는 기가스 형제들에게 제우스를 공격하도록 하였다. 마케도니아의 팔레네에서 출생한 기가스 형제들은 사납고 힘이 센 인신사족이었다. 머리와 턱에 숱이 많은 털북숭로 발은 뱀의 비늘로 덮여 있어서 보기에도 무시무시했다. 이들은 선전포고 없이 바윗돌과 불타는 참나무를 던지며 공격을 하였는데, 이것이 바로 기간토마키아 전쟁이었다. 기가스 형제들은 가이아의 아들들답게 주로 산과 바위 그리고 나무를 무기로 삼았다. 거인들이 움직일 때마다 천지가 흔들리고 땅이 바다로 무너졌다. 지진과 해일이 범람하면서 화산이 폭발하자 지옥이 따로 없었다. 번개와 천둥을 가진 제우스가 선두에 섰고 그의 옆에 승리의 여신 니케가 따라나섰다. 나머지 신족들도 나름대로 무장을 한 뒤 치열한 전투를 벌였다. 특히 전쟁의 여신 아테나의 활동이 눈부셨다. 아테나는 기가스 형제 중에서 가장 무섭고 힘이 센 팔라스를 죽여서 그의 가죽을 갑옷의 가슴막이로 사용하였다. 헤카톤케이레스 형제들도 선두대열에서 치열한 전투를 하였다.

이 전쟁을 이기려면 인간의 도움이 필요하다는 신탁을 받은 제우스는 아테나를 보내 헤라클레스를 데려왔다. 기가스 형제 중에서 알퀴오네우스와 포르퓌리온이 힘이 세고 용감하였다. 헤라클레스가 알퀴오네우스를 활로 쏘아 쓰러뜨렸지만, 그는 대지 위에서는 불사의 몸이었기 때문에 곧바로 기운을 회복하였다. 헤라클레스는 아테나의 조언에 따라 그를 팔레네 밖으로 끌어내어 죽였다. 포르퓌리온이 헤라클레스와 헤라를 공격하자, 제우스는 그에게 헤라에 대한 욕정을 품게 하였다. 제우스는 잠시 방심한 그에게 벼락을 쳤고, 이어서 헤라클레스가 활을 쏘아 그를 죽였다. 아폴론은 자신을 공격한 에피알테스의 왼쪽 눈에 화살을 쏘았고, 헤라클레스의 화살이 나머지 오른쪽 눈을 관통하였다.

펠로레우스는 아레스의 칼에, 에우뤼토스는 디오뉘소스의 튀르소스 방망이에, 클뤼티오스는 헤파이스토스와 헤카테의 달궈진 철방망이에, 미마스는 아레스가 던진 산 무덤에, 도망치던 엥켈라도스는 아테나가 던진 시켈리아 섬에 깔려 숨졌다. 포세이돈이 폴뤼보테스에게 코스 섬의 일부를 떼어 던지자, 그는 에게 해海에 묻혔다. 헤르메스는 하데스의 모자를 쓰고 휘폴리토스를, 아르테미스는 그라티온을, 모이라 여신들은 아그리오스와 토온을 청동 몽둥이로 공격하였다. 다른 기가스 형제들은 제우스의 벼락을 맞아 쓰러졌고 이들 모두 헤라클레스의 화살에 재차 맞아 죽었다. 궁지에 몰린 기가스

형제들을 살리려고 가이아는 약초를 찾아 나섰다. 그러나 제우스가 태양의 신 헬리오스, 달의 신 셀레네, 새벽의 신 에오스에게 자신이 약초를 찾기 전에 절대로 나타나지 말라는 명령을 내리고는 가이아보다 먼저 그 약초를 찾아 없앴다. 기력을 잃고 더 이상 견디지 못한 기가스 형제들이 무너지면서 제우스를 제거하려던 가이아의 시도는 물거품이 되었다.

티타노마키아 전쟁이 자연의 실체를 파악하고 지배하려는 인간의 도전 정신을 의미한다면, 기간토마키아 전쟁은 자연을 훼손하려는 인간을 응징하는 자연재앙으로 해석할 수 있다.

튀폰(Typhon)과의 전쟁

티타노마키아 전쟁과 기간토마키아 전쟁에서 연이어 패배한 가이아는 마지막으로 타르타로스와 동침하여 100개의 머리를 가진 인신사족 튀폰과 에키드라 두 남매를 낳았다. 기가스 형제들보다 더 큰 그는 앉아 있어도 산보다 컸고, 일어서면 머리가 별에 부딪히고 손을 뻗으면 하늘의 동쪽 끝에서 서쪽 끝까지 닿을 만큼 거대하였다. 몸에는 날개가 있어 날 수 있고, 손과 허리 아래로는 검은 혀를 날름거리는 독사들이 감겨 있었다. 독사들은 끊임없이 불꽃을 뿜어 대고 듣기에도 무시무시한 온갖 굉음이 울려 퍼졌다. 눈에서는 불꽃이 튀었고 입으로는 불을 내뿜었으며 불타는 바윗돌을 던지며 공격을 하였다. 갑자기 나타난 튀폰에 놀란 올림포스 신들은 제각기 동물의 형상으로 변신하여 아이귑토스(=이집트)로 줄행랑을 쳤다. 헤라는 흰 암소, 아폴론은 솔개, 아르테미스는 고양이, 헤르메스는 까마귀, 레토는 들쥐, 헤파이스토스는 황소, 아레스는 물고기로 변신하였다. 제우스조차도 양으로 변하여 달아났다. 튀폰에 당당히 맞선 이는 아테나 여신뿐이었다.

제우스는 크로노스가 우라노스를 거세할 때 사용하였던 낫과 번개로 반격하여 튀폰에게 상처를 입혔다. 도망가는 튀폰을 쉬리아의 카시온 산까지 쫓아간 제우스는 튀폰의 꼬리에 맞아 낫을 빼앗기고, 제우스의 팔과 다리는 힘줄과 신경이 끊어져 힘을 쓰지 못하였다. 제우스를 사로잡은 튀폰은 자신의 고향 킬리키아(오늘날의 시리아와 터키의 국경지역)의 코뤼키온 동굴에 제우스의 힘줄과 신경을 숨겨 두고, 반인반수인 델퓌네라는 용으로 하여금 감시토록 하였다.

튀폰의 어머니 가이아에게서 동굴의 위치를 알아낸 아이기판과 헤르메스는 큰 소리로 용을 놀라게 한 후, 힘줄과 신경을 훔쳐 제우스에게 되돌려 주었다. 다시 기력을 회복한 제우스는 튀폰을 제압하여 시켈리아의 아이트네 산 밑에 생매장하였다. 땅속에 갇힌 튀폰이 몸을 뒤척일 때마다 온 대지가 흔들렸고, 그가 거친 숨을 몰아쉬면 뜨거운 열기가 지상위로 솟아올랐다. 이러한 그의 몸부림 때문에 지진과 화산 폭발이 일어난다고 고대 그리스인들은 여겼다. 세 번에 걸친 우주 전쟁은 제우스의 승리로 모두 끝나고 그의 자리는 더 이상 위협받지 않았다. 우주에는 질서와 안정이 깃들고 바야흐로 올륌포스 시대가 시작되었다.

헤라의 음모

크로노스가 아버지 우라노스에게 받았던 저주처럼, 제우스도 크로노스에게 '자신의 아들에게 모든 것을 빼앗긴다'는 저주를 받았다. 첫 번째 연인이었던 메티스가 임신을 하자, 제우스는 자신에게 내려졌던 저주어린 신탁이 떠올랐다. 크로노스가 그러했던 것처럼, 제우스도 메티스를 삼켜버렸다. 그 후 제우스는 그의 누이 헤라와 정식으로 결혼하였지만, 수많은 여신들과 요정 심지어는 유부녀와의 사랑으로 많은 자식들을 낳았다. 정실부인 헤라가 질투의 여신으로 평가되는 것도 당연하였다. 제우스의 바람기가 사라지지 않자, 이에 화가 난 헤라는 제우스가 잠든 사이에 아폴론과 포세이돈의 도움을 받아 그를 제거하려하였다. 그러나 테티스가 바다 깊숙한 곳에서부터 모든 신들의 존경을 받고 있었던 거인 브리아레오스를 데려와서 이 음모는 실패로 끝났다. 헤카톤케이레스 형제 중의 한 명으로 '강한 자'라는 뜻을 지닌 그에게 제우스는 이에 대한 보답으로 퀴모폴레이아를 아내로 주었다. 훗날 제우스는 테티스에게도 그녀의 아들 아킬레우스를 불사의 몸으로 만들 수 있는 기회를 주었다. 이 사건 이후 어느 누구도 제우스의 자리를 넘보지 못했다. 헤라의 폐위음모가 실패로 끝나자, 제우스에 대한 그녀의 보복은 제우스의 연인들을 향하게 된다.

제우스와 여신들 - 계보 5

메티스 : 메티스가 임신했을 때, 그녀의 아들이 자신의 왕좌를 빼앗을 것이라는 저주어린 신탁을 들었던 제우스는 그녀를 작게 만들어 삼켜 버렸다. 메티스를 삼킴으로써 제우스는 운명의 공포로부터 벗어날 수 있었고, 동시에 그녀의 지혜를 자신의 것으로 만들었다. 메티스는 지혜의 여신답게 자신의 태아를 갑옷으로 무장하여 무탈

하게 제우스의 몸속에서 성장하게 하였다. 얼마 후 그의 머리에서 지혜의 여신 아테나가 출생하였다.

레토 : 제우스는 티탄 신족 코이오스와 포이베의 딸 레토와의 사이에서 이란성 쌍둥이 아폴론과 아르테미스를 얻었는데, 이들이 바로 해와 달이었다. 헤라의 질투로 레토가 출산할 장소를 찾지 못하였고, 결국 그녀는 불모지인 델로스 섬에서 이들을 출산할 수밖에 없었다.

마이아 : 제우스와의 싸움에 패해 하늘을 지고 있는 벌을 받은 거인 아틀라스의 딸 마이아는 제우스와의 사이에서 전령의 신 헤르메스를 낳았다.

타위게테 : 아틀라스의 또 다른 딸 타위게테는 스파르테의 선조 라케다이몬을 낳았고, 이는 스파르테의 옛 이름이 되었다.

셀레네 : 휘페리온과 테이아의 딸이자 달의 여신 셀레네는 제우스의 사랑을 받아 아테네의 왕 판디아스를 낳았다.

아이기나 : 제우스가 독수리로 변하여 아이기나를 납치하는 것을 코린토스 왕 시쉬포스가 목격하였다. 강의 신 아소포스의 도움으로 시쉬포스가 아이기나와 사랑을 나누고 있는 제우스를 덮치자, 제우스는 벼락을 내려 그를 쫓아버렸다. 제우스와 아이기나 사이에서 신들에 대한 공경심으로 이름난 아이아코스가 태어나는데, 그가 트로이 전쟁의 용장 아킬레우스와 아이아스의 조상이었다.

데메테르 : 제우스를 피하려고 암소로 변신한 데메테르는 황소로 변신한 제우스와의 관계에서 비운의 여주인공 페르세포네를 출산하였다. 그녀는 숙부 하데스에게 납치되어 지하세계의 여왕이 되었고, 결국 지하세계와 지상세계를 오가며 지내게 되었다.

제우스의 연인들 - 계보 5

제우스는 요정과 인간에게도 관심을 가졌다. 위대한 신인 그가 평범한 요정이나 인간을 상대하기 위해서는 여러 가지 변신술이 필요했다. 특히 동물의 자태를 빌려서 유혹하기도 했다. 소아시아 대지의 여신 퀴벨레의 신관으로 유명한 코뤼반테스 족도 9명의 무사 가운데 맏딸 칼리오페와 제우스 사이의 아들들이었다.

제우스는 이피아낫사에게서 훗날 달의 여신 셀레네의 애인이 되는 엔뒤미온을 얻었다. 엔뒤미온은 텟살리아의 아이올레이스인들을 이끌고 펠로폰네소스 반도에서 엘리스를 세운 자로, 그가 영원한 잠에 빠진 데 대해서는 여러 이야기가 있다. 영원한 젊음을 간직하기 위하여 영원히 잠들기 바랐던 그의 소원을 제우스가 들어 주었다고도 하고, 셀레네가 그의 잠자는 모습에 끌려 그가 영원히 깨어나지 못하게 하였다고도 한다.

에우로페 : 꽃을 따고 있던 페니키아의 공주 에우로페의 아름다움에 반한 제우스가 흰 털에 초승달 모양의 뿔이 달린 황소로 변신하여 그녀에게 접근했다. 그녀를 등에 업고 바다를 건너 크레테 섬으로 납치한 제우스는 그녀와의 관계에서 미노스, 라다만튀스, 사르페돈이라는 세 아들을 얻었다. '유럽Europe'이란 말은

에우로페의 이름에서 유래하였다.

이오 : 강의 신 이나코스의 딸 이오를 납치하여 정을 통하던 제우스는 헤라의 눈을 피하기 위하여 그녀를 흰 암소로 변신시켰다. 그러나 헤라에게 발각되어 온갖 고초를 다 겪은 이오는 제우스의 도움으로 네일로스 강(=나일 강)에서 아이귑토스를 건국한 에파포스를 낳았다.

알크메네 : 테베 왕 암피트뤼온의 아내 알크메네는 가장 정숙하고 현명한 여인으로 평가되었다. 가장 훌륭한 아들을 얻고 싶었던 제우스는 암피트뤼온의 모습으로 변신하여 알크메네를 품었고, 이 사실을 모르던 암피트뤼온이 같은 날 밤 아내와 동침을 하였다. 두 남자와의 사랑으로 태어난 쌍둥이가 바로 헤라클레스와 이피클레스였다.

다나에 : 아르고스 왕 아크리시오스는 '딸이 낳은 자식에게 죽임을 당한다'는 신탁을 피하려고 외동딸 다나에를 청동으로 만든 방에 가두었다. 그러나 다나에의 미모에 반한 제우스는 황금의 비가 되어 그녀의 방에 스며들어 그녀를 품었고, 이들 사이에서 태어난 아이가 메두사의 목을 자른 영웅 페르세우스였다.

세멜레 : 카드모스의 딸 세멜레가 제우스의 아이를 임신을 하자, 헤라는 그녀에게 의심의 마음을 넣어 제우스에게 올륌포스에서의 옷차림을 보여 달라고 조르게 하였다. 세멜레는 광채에 빛나는 제우스의 모습을 보고 불에 타 죽었다. 이때 그녀의 몸속에는 디오뉘소스가 자라고 있었다. 몇 달 후 그는 제우스의 허벅지를 통해 출산되었다.

가뉘메데스 : 트로이 왕가의 선조 트로스의 아들이라고도 하고, 라오메돈 또는 다르다노스의 아들이라고도 한다. 인간 가운데 가장 아

름다운 소년으로 여겨졌다. 그의 미모에 반한 제우스는 독수리로 변신하여 그를 납치하였고, 그의 아버지 트로스에게 천마를 선사하며 아들을 잃은 슬픔을 위로하였다. 가뉘메데스는 올륌포스에서 불사의 몸이 되어 신들에게 술 따르는 시중을 들었다. 이 일은 원래 청춘의 여신 헤베의 일이었으나 그녀가 헤라클레스와 결혼하면서 가뉘메데스에게 인계되었다.

니오베 : 포로네우스의 딸 니오베는 제우스의 사랑을 받아 아르고스를 건국한 영웅 아르고스와 펠라스고이인들의 시조 펠라스고스를 낳았다. 아폴로도로스에 따르면, 니오베는 제우스가 관계를 가진 최초의 여인이라고 한다. 다시 말해, 니오베의 아버지 포로네우스는 강의 신 이나코스와 오케아노스의 딸 멜리아(또는 아르기아) 사이에서 태어난 아들로 최초의 인간이고, 니오베는 인간으로 태어난 최초의 여자라는 것이다. 아버지 포로네우스의 누이 이오는 니오베의 고모가 된다.

안티오페 : 제우스는 반인반수 사튀로스의 모습으로 잠든 안티오페와 관계를 가짐으로써 쌍둥이 형제 암피온과 제토스를 얻었다. 이들은 후에 테베의 영웅이 되었고 암피온은 니오베와 결혼한다. 니오베는 탄탈로스의 딸이자 테베의 왕 암피온의 아내로 레토를 시기하였다가 아폴론과 아르테미스에게 7명의 아들과 7명의 딸이 모두 죽임을 당했다.

제우스에게도 사랑의 쓰라린 경험이 두 번 있었다. 제우스와 포세이돈이 테티스를 아내로 얻기 위해 서로 경쟁한 적이 있었다. 그러나 테티스에게서 태어난 아들이 아버지보다 강할 것이라는 정의의 여신 테미스의 신탁을 듣자 모두 물러났다. 제우스는 이때 처음으로 사랑의 고배를 마셨다. 겁을 먹은 제우스와 포세이돈은 테티스를 인간에게 시집보내기로 합의하였고, 그녀는 펠레우스와 결혼하여 아킬레우스를 낳았다. 제우스는 요정 아스테리아에게서 두 번째 사랑의 쓴 맛을 보았다. 레토의 자매이자 아폴론과 아르테미스의 이모 아스테리아는 헤라를 숭배하였다. 제우스에게 구애를 받은 그녀는 메추라기로 변신하여 도망 다니다가 결국 스스로 바다에 뛰어들었고 그 자리에서 델로스 섬이 되었다.

헤라(Hera, lat. *Iuno*)

펠로폰네소스의 북동부에 있는 아르고스에서 숭배되었던 헤라는 이오니아 방언으로는 헤레Here라고 한다. '영웅' 또는 '전사'를 뜻하는 헤로스의 여성명사 헤라는 '귀부인'을 의미한다. 헤라의 신수는 공작이며 석류나무와 사과나무가 신목이었다. 아테네에서는 예로부터 헤라의 달 가메리온(=결혼의 달 1월과 2월)에 결혼했으며 신부에게 석류를 예물로 주는 풍습이 있었다. 헤라는 제우스의 누이인 동시에 정실부인이었다. 눈처럼 흰 팔의 소유자 헤라에게는 위엄과 정숙함이 깃들어 있다. 뿐만 아니라 그녀는 미의 여신 아프로디테, 지혜의 여신 아테나와 함께 파리스의 황금사과를 놓고 다툴 정도로 아름다웠다. 그녀는 해마다 나우플리아의 카타노 샘에서 목욕하여 처녀성을 되찾았다고 한다.

제우스와의 결혼

크로노스에게 삼켜졌다 토해진 헤라는 오케아노스와 테튀스에 의해 양육되었다. 헤라에게 반한 제우스가 사랑을 고백했지만 그의 행실을 잘 아는 헤라는 좀처럼 그의 사랑을 받아들이지 않았다. 헤라가 아르고스의 숲에 홀로 있는 것을 발견한 제우스는 천둥과 번개를 동반한 폭풍우를 내리게 하고 자신은 조그만 뻐꾸기로 변신하여 여신의 무릎에 내려앉았다. 천둥이 무서워 가련하게 떠는 작은 새를 측은하게 여긴 헤라가 그 새를 가슴에 품자 제우스는 본모습으로 돌아와 헤라를 덮쳤다. 완강한 저항에도 어쩔 수 없었던 헤라는 자신을 정실부인으로 맞겠다는 약속을 받고서 제우스를 받아들였다.

올륌포스에서의 결혼식은 성대했다. 모든 신들이 참석하여 축복을 전하였고 운명의 여신 모이라 자매들이 축가를 지어 불렀다. 9명의 무사들이 악기 연주에 맞춰 노래를 하자 카리스 3자매들이 춤을 추었다. 헤라는 제우스와의 사이에서 전쟁의 신 아레스, 청춘의 여신 헤베, 출산의 여신 에일레이튀이아를 낳았다. 헤라는 자신이 낳은 아이들 이외에도 여러 아이들을 돌보았다. 특히 아킬레우스의 어머니 테티스를 친딸처럼 키웠고 성장한 뒤에도 항상 보살펴 주었다. 또한 모든 동물의 여주인 헤라는 휘드라, 네메아의 사자, 헤스페리데스의 황금사과를 지키는 뱀 라돈 등 많은 동물과 괴물들을 돌보았다.

헤라의 질투와 응징

헤라는 결혼과 가정의 여신답게 일부일처제의 가부장적 가치관에 어긋나는 그 어떠한 행위도 용서하지 않았다. 특히 자신의 남편 제우스의 연인들은 모두 헤라의 보복을 받거나 응징을 당하였다.

제우스의 자식에 대한 헤라의 복수 중에서 가장 치열하고 집요하게 이루어진 것은 헤라클레스에 대한 헤라의 저주였다. 헤라는 요람에 뱀을 넣어 젖먹이 헤라클레스를 죽이려하였고, 그녀의 저주로 정신착란에 빠진 헤라클레스는 자신의 아들들을 죽였다. 그 대가로 인간으로서 감당하기 어려운 12가지 과업을 내린 것도 헤라의 응징이었다. 헤라의 집요한 복수는 헤라클레스의 주변 사람들에게까지 미친다. 헤라클레스가 독약이 묻은 옷을 입고 죽어갈 때, 필록테테스가 그의 고통을 덜어주기 위하여 장작더미에 불을 붙여주었다. 훗날 트로이 전쟁에 참여한 필록테테스는 헤라가 보낸 뱀에 물렸다. 상처를 치료하기 위해 바른 약에서 악취가 심하게 나자, 동료들의 버림을 받은 그는 렘노스 섬에서 휴양을 할 수 밖에 없었다.

카드모스의 증손자이자 테베의 라이오스 왕이 헤라에 대한 숭배를 게을리 하였다. 헤라는 그를 벌하기 위해 테베에 스핑크스를 보내 나라를 혼란에 빠뜨렸다. 또한 라이오스는 자신의 아들 오이디푸스의 손에 죽지만 헤라의 복수는 이에 그치지 않았다. 오이디푸스로 하여금 자신의 어머니 이오카스테와의 근친상간을 통하여 인간으로서 겪을 수 없는 최대의 비극을 만들었다. 이도 부족하여 오이디푸스의 아들과 손자들까지 골육상쟁을 벌이다 끝내 테베가 멸망에 이르게 한 것도 헤라의 복수였다.

트로이 전쟁에서 헤라는 아테나, 포세이돈과 함께 그리스 연합군을 지원하였다. 제우스 몰래 그리스를 돕기 위해 헤라는 욕정을 일으키는 아프로디테의 허리띠 케스토스를 빌려 제우스를 유혹하였다. 제우스가 헤라와 사랑을 나누는 동안 포세이돈과 아테나는 마음껏 트로이 진영을 유린하였다. 헤라가 트로이에 적대감을 갖는 이유는 파리스가 아프로디테에게 황금사과를 넘겨주었기 때문이었다. 게다가 파리스는 정당한 결혼으로 맺어진 메넬라오스의 가정을 파괴하였다. 가정 파괴범을 벌하는 것이 헤라의 직분이었기 때문에 개인적인 복수를 겸한 파리스에 대한 헤라의 처벌은 가혹했다. 파리스에게 죽음을 내린 것은 물론이고 그의 가족과 조국까지 철저하게 파괴하였다. 헤라의 복수는 이처럼 무섭고 잔인하였다.

포세이돈(Poseidon, lat. *Neptunus*)

바다의 지배자이자 '땅의 주인'이란 의미를 지닌 포세이돈은 대지를 붙잡고 있다고 해서 가이에오코스, 대지를 흔든다고 해서 에노시가이오스 또는 에노식톤이라고도 불렸다. 그는 거칠고 성격이 불같아서 화를 잘 내는 인물로 묘사되는데, 이는 바다의 날씨가 변화무쌍하여 파도가 언제 어떻게 변할지 모르는 상황을 비유한 것이다. 포세이돈은 바다 깊숙이 거대한 궁전을 가지고 있지만 대부분의 시간은 올림포스에서 다른 신들과 함께 축제와 향연을 즐겼다. 이는 그가 제우스의 자리를 탐하였기 때문에 그 기회를 엿보기 위함이라고도 한다.

포세이돈을 묘사하는데 있어서 빠지지 않는 것은 비, 바람, 구름을 상징하는 트리아이나라는 삼지창과 바다를 질주하는 백마였다.

포세이돈은 인간에게 최초로 말을 선사함으로써 숭배를 받았고, 파도치는 바다의 물결은 달리는 백마의 모습으로 형상화된다. 그의 명령에 따라 바다의 바람이 일어나고 사나운 폭풍이 일어났다. 백마가 이끄는 포세이돈의 황금전차가 물위를 달릴 때 폭풍은 가라앉고 잔잔한 평화가 바퀴를 따라 퍼져나간다. 고대 그리스의 선원들과 전사들은 자신들의 안전을 위하여 바다로 항해하기 전에 포세이돈에게 제물을 바쳐 제사를 지냈다.

포세이돈과 아폴론

크로노스는 아내 레아가 낳은 자식들을 삼켜버렸다. 헤스티아, 헤라, 데메테르, 하데스 그리고 포세이돈도 예외는 아니었다. 그러나 아카디아인들은 레아가 포세이돈을 낳았을 때, 크로노스에게 포세이돈 대신 망아지를 삼키게 했다고 한다. 레아는 로도스 섬의 주인 텔키네스와 오케아노스의 딸 카페이라에게 포세이돈을 양육시켰다.

제우스 형제들이 티탄 신족을 물리치고 함께 크로노스를 폐위한 후에 우주를 셋으로 나누어 지배하였다. 그러나 포세이돈은 자신이 바다를 차지한 것에 대하여 결코 만족을 느끼지 못했다. 그러던 중 헤라가 제우스를 폐위시키려는 음모를 꾸미자, 아폴론과 합세하여 그 일을 도모하였다. 이 계획이 실패하는 바람에 천상에서 추방된 포세이돈은 아폴론과 함께 트로이의 왕 라오메돈의 노예로서 트로이의 성벽을 건축해야만 했다. 이에 대하여 아폴론과 포세이돈이 라오메돈 왕을 시험하기 위해 인간으로 위장해서 트로이의 성벽을 쌓아 주었다고도 한다. 성벽이 완성된 후에 라오메돈 왕은 그들에게 약속한 대로 보상을 하지 않고, 오히려 두 신은 자신들의 귀를 잘라버리겠다는 위협을 받고 물러나야만 했다. 이에 화가 난 아폴론은 트로이 지역에 질병을 보냈고, 포세이돈은 바다괴물을 보내 해일과 홍수를 일게 하여 심각한 재앙을 가하였다. 라오메돈은 화해를 모색하기 위하여 델포이 신전에 사제를 보냈고, 자신의 딸 헤시오네를 바다괴물에게 제물로 바쳐야 한다는 신탁을 받았다. 헤시오네가 바닷가의 바위에 묶여져 죽음이 눈앞에 올 무렵, 이 지역을 지나가던 헤라클레스가 대가를 담보로 그녀의 목숨을 구해 주었다.

포세이돈과 암피트리테(Amphitrite)

포세이돈의 부인 암피트리테는 오케아노스의 손녀이자, 바다의 노인 네레우스와 오케아노스의 딸 도리스 사이에서 태어난 50명의 네레이스 가운데 하나였다. 포세이돈은 네레이스 중에서 테티스를 좋아하였지만, 테티스가 낳은 아들이 아버지보다 위대해진다는 신탁을 듣고 암피트리테를 선택하였다. 네레이스들이 바다에서 춤추며 여흥을 즐길 때, 포세이돈이 그녀를 납치하여 자신의 부인으로 삼으려고 하였다. 하지만 암피트리테는 포세이돈의 거친 성격이 싫어서 바다의 신 오케아노스에 가까운 바다 속으로 숨었다. 모든 지역을 다 찾아다녔지만 그녀를 찾을 수 없었던 포세이돈은 포기하지 않고 바다의 모든 동물들에게 암피트리테가 있는 곳을 찾아내도록 명령하였다. 이때 돌고래가 암피트리테를 찾아내 그녀를 설득하여 포세이돈에게 데려다 주었다. 포세이돈은 고마움의 표시로 돌고래를 천상에 올려 별자리로 만들었고, 암피트리테는 포세이돈의 부인으로 지중해의 여신이 되었다.

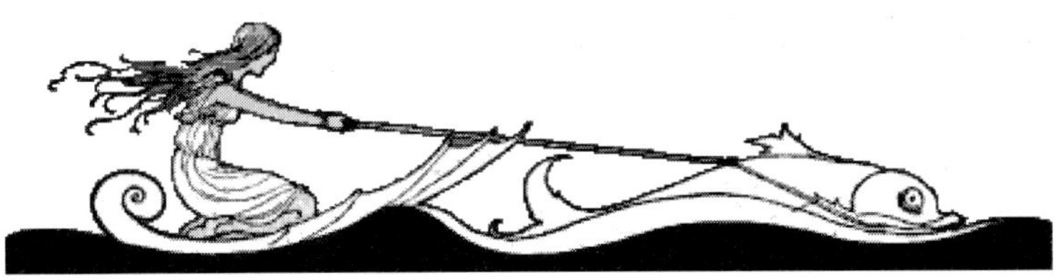

포세이돈과 암피트리테 사이에서 아들 트리톤이 태어났다. 반은 인간이고 반은 물고기의 형상의 트리톤은 바다 속 궁전에 살면서 해마를 타고 다녔다. 트리톤은 해면이 잔잔할 때는 물위로 올라와 자신의 상징물인 소라고둥을 불어 작은 물고기와 돌고래들과 함께 지내며 거친 파도를 잠재우기도 하였다. 그는 이오니아 지역에 존재하였던 '물의 신'으로 그리스 신화에서 받아들여진 것으로 보인다. 후대에는 복수형 트리토네로 바뀌어 특정 개인을 일컫는 것이 아니라 많은 트리톤 가운데 하나를 가리키기도 하였다.

암피트리테에게는 프로테우스라는 아들도 있었다고 한다. 그는 네레우스, 포르퀴스 등과 함께 초기에 바다의 신 가운데 하나였다. 하지만 올림포스 신들의 시대에는 바다의 신 포세이돈의 아들로 여겨지며, 포세이돈의 물개들을 관리하는 바다의 현자로 등장하였다. 프로테우스는 〈오뒷세이아〉에 처음 등장한 바다의 신으로 다른 바다의 신들처럼 그 모습을 자유자재로 바꿀 수 있는 변신술이 있었다. 트로이 전쟁이후 메넬라오스는 어려움을 겪자, 아이귑토스의 파로스 섬에 거주하고 있던 프로테우스의 예언을 듣기 위해 그를 사로잡았다. 그는 사자, 뱀, 표범, 늑대, 나무 등으로 변신하여 도망쳤지만 메넬라오스에게 붙잡혀 그의 귀향길을 알려주었다.

포세이돈의 연인들

포세이돈의 자식들은 대부분 성질이 포악한 악당들과 기이한 괴물들이었으나 그중 이름 있는 영웅도 있었다. 대표적인 인물이 아테네 왕 테세우스로, 그는 트로이젠의 왕녀 아이트라가 아테네 왕 아이게우스와 초야를 치루기 전에 포세이돈과 결합하여 얻은 아들이었다. 코린토스에서 아테네에 이르는 길가에서 못된 짓을 하던 악당들은 대부분 포세이돈의 자식들이었다. 이들은 포세이돈의 또 다른 아들 테세우스에게 죽임을 당한다.

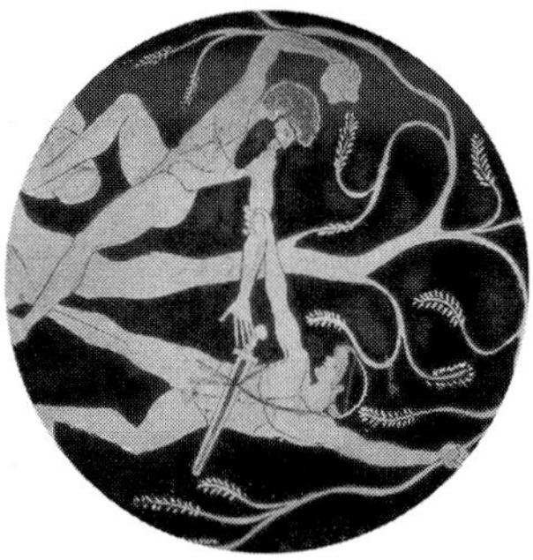

코린토스에서 지나가는 나그네를 소나무 사이에 매달아 튕겨나가는 힘을 이용하여 찢어 죽이던 시니스, 메가라 절벽에서 나그네에게 자신을 발을 씻으라고 강요하여 절벽 아래로 발로 차서 죽이던 스키론, 엘레우시스에서 나그네에게 씨름을 강요하여 죽이던 케르키온, 아테네 근교에서 침대를 놓고 나그네의 키가 침대보다 크면 그만큼 잘라내고 반대로 작으면 그만큼 늘려 죽이던 프로크루테스 모두가 포세이돈의 아들들이었다.

할리아 : 포세이돈의 첫 번째 여인으로 자신을 키워준 텔기네스의 여동생이었다. 텔키네스가 원래 사납고 포악하기 때문에 자식들도 이러한 성품을 그대로 이어받았다. 이들은 거품에서 태어난 아프로디테가 퀴프로스로 가는 도중 자신들의 섬 앞을 지나간다고 해서 그녀의 길을 방해했다. 화가 난 아프로디테는 이들이 이성을 잃고 정신착란을 일으켜 자신들의 어머니 할리아를 범하게 하였고, 그들은 그 죄로 땅속깊이 갇혔다. 포세이돈과 할리아 사이에서 로데와 여섯

명의 아들들이 태어났다. 로데는 로도스라고도 하며 여기에서 로도스 섬의 이름이 유래하였다. 다른 설에 따르면, 로데는 포세이돈과 암피트리테 사이에서 태어난 딸로서 트리톤과 남매이고 훗날 태양의 신 헬리오스의 연인이 된다.

가이아 : 대지의 여신 가이아와의 사이에서 태어난 거인 안타이오스는 리뷔에 지역을 지나는 나그네들을 붙잡아 씨름을 강요하였다. 그의 어머니가 대지의 여신이었기 때문에 그가 두 발을 땅에 대고 있는 한 천하무적이었다. 그곳을 지나던 헤라클레스에게 시비를 걸었던 안타이오스는 공중에 들려 땅에 던져져서 죽임을 당하였다.

데메테르 : 페르세포네가 하데스에게 납치되어 사라지자 식음을 전폐하고 딸을 찾아 헤매던 데메테르에게 포세이돈이 욕정을 품었다. 그가 데메테르를 덮치자 그녀는 암말로 변신해보았지만 불가항력이었다. 이들 사이에서 아리온이라는 명마가 태어났다.

에우뤼알레 : 크레테 왕 미노스의 딸 에우뤼알레와 정을 통한 포세이돈은 물위를 걷는 거인 오리온을 얻었다. 미남이었던 그에게 아르테미스가 호감을 가졌지만 오리온은 아폴론의 방해로 활을 맞고 죽었다.

메두사 : 고르고 3자매는 포르키스와 케토 사이에서 태어난 딸들이었다. 머리카락이 아름다웠던 막내 메두사가 포세이돈과 아테나 신전에서 정을 통하자 이에 분개한 아테나가 그녀를 괴물로 만들었다고 한다.

칼뤼케 : 포세이돈은 요정 칼뤼케에게 퀴크노스라는 아들을 얻었다(포세이돈의 아들 퀴크노스는 아레스의 아들 그리고 아폴론의 아

들과는 다르다). 오비디우스의 〈변신이야기〉에 따르면, 그는 그리스 군이 트로이에 상륙하고 처음 벌어진 전투에서 아킬레우스와 대적하였다. 그는 인간의 무기에 다치지 않기 때문에 아킬레우스가 던진 창이 그의 몸에 맞고 튕겨 나왔다. 아킬레우스는 칼로 공격하여 퀴크노스를 쓰러트리고는 목 졸라 죽였다. 그의 숨이 거의 끊어질 무렵, 포세이돈이 자신의 아들을 백조로 변신시켰다고 한다.

카이네 : 펠리온 산 부근의 엘라토스 왕의 딸로서 포세이돈의 구애를 받았다. 전쟁에서 큰 공을 세워 명성을 날리고 싶었던 그녀는 사랑 따위에는 관심조차 없었다. 무적의 용사가 되게 해 달라는 부탁을 받은 포세이돈은 약속대로 그녀를 남자로 만들어 주었다. 그는 어떤 무기에 의해서도 죽지 않는 불사의 몸이 되자, 이름도 카이네우스로 바꾸고 포세이돈의 사랑을 거부하였다. 천하무적이 된 카이네우스는 어떤 신에게도 대항할 수 있다는 오만함으로 올림포스 신들에 대한 숭배도 금하고 자신의 무기인 철퇴를 광장 한가운데 세워 이를 숭배하라고 명령하였다. 화가 난 제우스는 그를 응징하였다. 펠리온 산에 거주하는 반인반마 괴물 켄타우로스들이 그를 에워싼 뒤에 전나무로 사정없이 내리쳤고, 카이네우스는 상처를 입지는 않았지만 땅속에 묻혔다. 켄타우로스들은 그 위에 무거운 돌을 올려놓아 그가 다시는 나올 수 없게 하였다.

이피메데이아 : 강의 신 에피네우스의 모습을 한 포세이돈은 텟살리아 왕 트리옵스의 딸과 정을 통하여 거인형제 오토스와 에피알테스를 얻었다. 포세이돈의 아들들 중에서 가장 강력한 힘을 지녔던 형제로서 불사의 몸이었지만 아폴론과 아르테미스의 계략으로 서로 싸우다 자멸하고 말았다.

토오사 : 오뒷세우스의 술수에 하나 뿐인 눈을 잃은 거인 폴뤼페모스는 포세이돈이 요정 토오사와의 관계에서 얻은 아들이었다. 자신의 아들에게 치명상을 입힌 오뒷세우스에게 화가 난 포세이돈은 아들의 복수를 위해 그를 십 년 동안 고향에 돌아가지 못하게 하였다.

신들과의 영토분쟁

다혈질이고 흥분하기 쉬운 포세이돈은 다른 신들과 영토분쟁을 하였지만 별 소득을 얻지 못하였다. 그는 제우스와 아이기나 섬을 두고 주도권싸움을 하였지만 지략이 부족했던 탓에 그 영토를 빼앗기고 말았다. 바람처럼 빨리 달리는 명마를 놓고 제우스와 다투었을 때도 포세이돈은 끝내 양보할 수밖에 없었다. 이때 분을 삭이지 못한 포세이돈이 땅 한 귀퉁이를 떼어서 바다에 집어 던졌고, 이곳은 사르데니아와 에우보이아 섬 그리고 퀴프로스 섬이 되었다고 한다.

그리스 앗티케에 처음 발을 들여놓은 신도 포세이돈이었다. 그는 아크로폴리스에 자신의 삼지창을 긁어 바닷물이 솟아나는 샘을 만들었다. 이것이 포세이돈이 자신의 영토라고 주장하는 증거였다. 포세이돈이 아테네를 얻기 위하여 말을 선사했다는 설도 있다. 그 뒤

에 아테나 여신이 이 도시에 와서 올리브 나무를 심었다. 그리고 그들은 그 지역을 소유하기 위해 서로 싸웠다. 퀴클롭스 왕이 아테나가 올리브 나무를 심었다는 사실을 증언함으로써 아테나가 승리하였고, 그 도시는 그녀의 이름에서 〈Athens〉라 불렸다. 이 결정에 분노한 포세이돈이 바닷물을 유입하여 앗티케를 범람시키려하자 헤르메스가 이를 저지하였다. 포세이돈은 트로이젠을 놓고도 아테나와 분쟁이 있었는데, 제우스의 중재에 따라 그 지역은 중립지역으로 남았다.

코린토스의 지배권을 놓고는 포세이돈과 헬리오스가 분쟁을 벌였다. 브리아레오스의 중재로 인하여 포세이돈에게는 코린토스의 이스트모스와 주변의 땅을, 헬리오스에게는 도시 위의 하늘을 지배하도록 하였다.

강의 신 이나코스, 케피소스, 아스테리온은 아르골리스 지역의 지배권을 포세이돈이 아닌 헤라에게 주어지도록 결정하였다. 이에 분노한 포세이돈은 그들의 강에 물을 보내지 않아 강물을 말렸고, 비를 내릴 때에는 엄청난 물을 주어 강을 범람시켜 아르골리스 지역을 물바다로 만들기도 하였다.

그 외에도 늭소스 섬은 디오뉘소스에게, 그리고 델포이도 아폴론에게 양보하지 않으면 안 되었다. 원래 델포이는 가이아와 포세이돈의 공동소유였다. 가이아는 자신의 지분을 테미스에게 양도하였고, 그녀는 이를 다시 아폴론에게 주었다. 포세이돈은 자신의 몫을 포기하는 대신 트로이젠의 칼라우레이아 지역을 얻는 것으로 만족해야 했다.

하데스(Hades/ Plouton, lat. *Pluto*)

하데스는 '가리다, 숨기다, 감추다'란 뜻의 〈hide〉에서 유래되었고 '보이지 않는 자'란 뜻을 지닌다. 그는 형체가 보이지 않는 마법의 모자 퀴네에를 쓰고 다녔기 때문에 자신의 모습을 외부에 거의 노출시키지 않았다. 하데스는 퀴클롭스 형제로부터 받은 퀴네에를 다른 신들에게 빌려주기도 하였다. 예를 들어 페르세우스가 메두사를 죽일 때, 헤르메스가 기가스 형제와 싸울 때, 또한 트로이 전쟁에서는 아테나에게 빌려주어 비밀스런 임무를 수행할 수 있게 도와주었다.

하데스의 손에는 끝이 둘로 갈라진 거대한 포크가 들려져 있는데, 이는 죽은 자들의 영혼을 지하세계로 이끄는 데 사용되었다. 백마가 포세이돈을 상징한다면 검은 말은 하데스를 상징한다. 네 마리의 검은 말이 이끄는 하데스의 수레가 지하세계를 질주할 때면 지상이 흔들리기 때문에 인간들은 공포에 떨기도 하였다. 그가 죽음의 세계를 지배하기 때문에 인간이 두려워하는 존재이긴 했으나 죽음 그 자체는 아니다. 실제로 죽음을 의인화한 신은 타나토스였다.

하데스의 모습은 제우스 또는 포세이돈과 닮아서 당당하게 보이지만 머리카락이 이마까지 내려왔고 어두운 표정에 입을 꽉 다문 채 엄숙한 표정이었다. 이는 그가 자신의 영역을 얼마나 신중히 잘 지키고 있는가를 보여주는 것이었다. 하데스는 어둡고 음울한 성격 때문에 다른 신과는 달리 많은 관심을 불러일으키지는 못하였다. 하지만 성격이 냉정하여 무정하게 보일지언정 일처리에 있어서는 공명정대하였다. 하데스는 대부분의 시간을 어두운 지하세계에서 보냈기 때문에 올림포스의 12신족에 속하지 않았다.

하데스의 지하세계

이승과 저승의 경계에는 아케론이라는 강이 있고, 사공 카론이 죽은 자의 영혼을 건네주었다. 다른 설에 의하면, 이승과 저승의 경계에 증오의 강 스튁스 강이 있으며 이곳에 카론이 있는 것으로 묘사되기도 한다. 이 강을 건너면 미노스, 라다만튀스, 아이아코스 3명의 재판관이 기다리고 있다. 지하세계의 심판은 살아생전에 공정하기로 유명했던 미노스와

라다만튀스 형제가 맡았고, 아이아코스는 하데스 궁전의 열쇠를 관리하였다. 지하세계의 입구에는 영혼이 명계에서 되돌아 나가지 못하도록 세 개의 머리를 가진 케르베로스가 감시하고 있다. 헤시오도스에 의하면, 케르베로스는 50개의 머리에 청동 목소리로 짖었다고 한다.

하데스와 연인들

제우스, 포세이돈과 마찬가지로 그도 신뢰할 수 있는 남편은 아니었다. 그는 멘테라는 요정을 사랑하여 쫓아다녔으나 이에 분노한 페르세포네가 그녀를 짓밟아 헤뒤오스모스, 즉 민토라는 잡초로 만들어버렸다. 하데스는 잡초가 된 그녀를 불쌍히 여겨 좋은 향기와 약효를 지니는 식물로 만들었다. 민토는 하데스에 의해 지상으로 옮겨져 사람들에게 박하 향을 전해주고 있다.

'흰 여인'이라는 뜻을 지닌 레우케라는 요정은 불사의 몸이 아니었기 때문에 지하세계에서 죽은 뒤에 하데스에 의해 포플러 나무로 환생하였다.

올림포스에도 가지 않고, 대부분의 시간을 자신의 궁전에서 보내던 하데스가 지상으로 올라온 것은 두 차례 뿐이었다. 그 첫 번째가 뉘시온(또는 시켈리아 섬의 헨나) 평원에서 데메테르의 딸 페르세포네를 납치할 때였다. 그녀는 제우스와 농업과 작물의 여신 데메테르 사이에서 태어난 딸로서 하데스의 아내가 되었다. 그러나 그녀가 원해서 이루어진 결혼은 아니었다.

페르세포네가 평원에서 친구들과 꽃을 꺾고 있을 때, 제우스와 하데스의 음모에 가담한 가이아가 그녀 앞에 아름다운 수선화 한 송이를 피어나게 했다. 꽃의 향기는 하늘과 대지 위로 그윽하게 퍼져 나갔다. 페르세포네가 그 아름다움에 넋을 잃고 자기도 모르게 손을 뻗어 잡으려 했다. 그 순간 땅이 열리고 어둠 속에서 하데스가 검은 말이 이끄는 수레를 타고 나타나서 소녀를 낚아채고는 번개처럼 땅 밑으로 사라졌다. 다른 설에 의하면, 튀폰이 올림포스를 공격하자 하데스는 혹시 지하세계가 무너지지 않을까 걱정이 되어 지하에서 나왔다고 한다. 처음으로 지상에 모습을 드러낸 순간이었다. 모자 퀴네에를 깜박 잊고 황급히 나온 하데스를 오랜만에 본 아프로디테는 그에게 사랑의 화살을 쏘았고, 사랑에 빠진 그가 평원에서 꽃을 따고 있던 페르세포네를 발견하고는 그녀를 납치하였다는 것이다.

두 번째는 포세이돈의 아들 넬레우스가 헤라클레스의 공격을 받자 그들을 도우러 필로스에 왔을 때였다. 포세이돈의 아들 넬레우스는 자신의 쌍둥이 형제이자 이올코스의 왕 펠리아스에게 쫓겨나와 필로스를 건국하였다. 이피토스를 죽인 헤라클레스가 그에게 정죄의식을 부탁하였지만 이를 거절하였다. 이에 화가 난 헤라클레스가 필로스를 공격하여 넬레우스와 네스토르를 제외한 11명의 아들들을 죽였다. 이 전투에서 하데스는 헤라클레스의 화살에 어깨를 맞아 부상당하여 올림포스 신들의 의사 파에온에게 치료를 받았다고 한다. 파에온은 아스클레피오스의 제자 가운데 한 명으로서 스승을 능가할 정도의 실력을 지녔기 때문에 오히려 스승에게 미움을 받았다고 한다. 파에온이 하데스의 상처를 치료할 때 사용한 것이 작약의 뿌리였다. '작약' 또는 '모란'을 뜻하는 〈poeny〉는 '신들의 의사'라는 뜻을 지닌 파에온에서 유래하였다.

데메테르(Demeter, lat. *Ceres*)

데메테르는 작물이 경작되는 평야, 즉 대지의 여신으로 다산을 의미하였다. '곡물'을 뜻하는 〈cereal〉은 로마 이름 케레스Ceres에서 유래되었다. 그녀는 제우스의 누이로, 제우스와의 사이에 낳은 딸 페르세포네와 함께 아테네 근교 해안도시 엘레우시스를 중심으로 그리스 각지에서 숭배되었다.

하데스와 페르세포네

태양의 신 헬리오스는 페르세포네의 납치사실을 잘 알고 있었으나, 이 일이 제우스와 하데스의 음모인 것을 알고 모른 체하기로 마음먹었다. 절망에 빠진 페르세포네가 큰 소리로 어머니를 찾았다.

이 소리는 모든 산은 물론 바다 깊숙한 데까지 울려 퍼졌기 때문에 데메테르도 이 소리를 들었다. 딸을 잃은 어머니의 슬픔을 본 헬리오스는 주범이 하데스이고, 공범은 바로 제우스임을 데메테르에게 밝혔다. 하데스만한 신랑감도 없지 않느냐고 위로의 말을 하였지만 데메테르에게 이런 말은 전혀 위로가 되지 않았다.

제우스의 배반에 실망한 데메테르는 슬픔에 빠져 올림포스를 등지고 지상을 떠돌아다니며 밤낮으로 딸을 찾아 나섰다. 초라한 노파의 모습으로 발 닿는 대로 떠돌던 그녀는 엘레우시스에 도착했다. 엘레우시스의 왕 켈레오스의 딸들은 어딘가 위엄이 있는 할머니를 보고 어디서 온 누구냐고 물었다. 데메테르는 자신은 해적을 만나 노예로 팔릴 위기에서 가까스로 도망쳐 온 노인이라고 둘러댔다. 마침 막 아들을 낳아 유모를 구하고 있던 왕비 메타네이라가 데메테르를 불러들였다. 데메테르는 여신인지라 궁에 들어서자 머리가 천장에 닿았고, 방안은 신비한 빛으로 가득 찼다. 여신의 기품에 눌린 왕비는 자리에서 일어나 노인에게 자신의 자리를 권했다. 딸을 잃은 슬픔에 여신은 말없이 가만히 서 있을 뿐 음식을 권해도 먹지 않았다. 여신의 기분을 풀어 주려고 하녀 이암베가 음담패설에 가까운 진한 농담을 하자 여신은 자신도 모르게 그만 웃고 말았다(이암베가 치마를 들어 궁둥이를 드러내자 여신이 웃었다고도 한다). 때를 놓치지 않고 메타네이라는 데메테르에게 술을 권했지만, 아직 슬픔에서 벗어나지 못한 여신은 포도주 대신 박하 향을 가미한 보리차를 달라고 했다. 그 후 이 차는 엘레우시스 제전의 공식음료가 되었다. 데메테르를 위한 테스모포리아 축제는 여인들만 참여할 수 있는 풍년제가 되었다.

데메테르는 궁전에 머물면서 켈레오스의 아들 데모폰을 보살피는 일을 맡았다. 여신은 켈레오스 가족이 베푼 친절에 보답하기 위하여 데모폰을 불사의 몸으로 만들어 주려고 하였지만 어머니의 불경으로 데모폰은 죽었다. 데메테르는 그녀를 위로하기 위하여 맏아들 트리프톨레모스에게 날개 달린 뱀이 끄는 수레를 선사하였다. 또한 그에게 밀알을 주어 농사법을 가르치고 이를 각지에 전파시켰다. 훗날 그가 낫과 쟁기 등의 농기구를 발명했다고 한다.

데메테르는 자신의 신전을 짓고 큰 제사를 올리라고 전하였다. 켈레오스 왕은 즉시 사람들을 모아 분부대로 신전을 지어 데메테르를 모셨다. 엘레우시스를 떠나기 전 데메테르는 왕과 귀족들을 불러 모아 제전에서 자신을 어떻게 모셔야 하는지를 가르쳐 주었는데, 이것이 엘레우시스 비의가 되었다. 기원 후 4세기까지 약 1,000년간 이어져 온 이 비의는 10-11월에 열렸다. 이는 풍년을 기원하는 농신제였고, 후에는 풍년을 관장하는 지하세계 신들에게 사후의 염원까지 기원하였다. 사후세계와 관련된 비밀의식은 입문자에게만 그 교리가 전수되었다.

제우스와 하데스가 한 짓을 도저히 용서할 수 없었던 데메테르는 신전에서 두문불출하며 자신의 직분인 농사는 전혀 돌보지 않았다. 농업의 여신이 자신의 직분을 그만두자 지상에는 어떠한 작물도 자라지 못했다. 사태의 심각성을 눈치 챈 제우스는 이리스를 엘레우시스의 신전에 보내 데메테르를 달래 보았지만 소용없었다. 제우스는 하는 수 없이 헤르메스를 하데스에게 보내 지상의 황폐함을 알리고 이를 막기 위해 페르세포네를 돌려보내는 수밖에 도리가 없음을 전하라고 명령했다. 어머니에게로 돌아간다는 기쁨에 들뜬 페르세포네는 하데스가 권한 석류를 먹게 되었는데, 지하세계의 음식을 먹은 이상 그녀는 지하세계와 영원한 인연을 맺어 명계를 떠날 수 없게 되었다. 제우스는 어머니 레아를 데메테르에게 보내 페르세포네가 일 년의 절반은 지상에서 어머니와 지내고, 나머지 절반은 지하세계에서 하데스와 보내도록 합의가 이루어졌다. 데메테르가 올림포스로 돌아가서 자신의 직분을 다시 시작하자 대지에는 활기가 되살아났다. 페르세포네가 하데스와 지내는 시기에는 슬픔에 빠진 데메테르가 자신의 직분을 수행하지 못하여 농사를 지을 수 없는 겨울이 오고, 페르세포네가 어머니에게 돌아오면 다시 봄이 와서 농사를 시작할 수 있다고 고대 그리스인들은 믿었다.

데메테르와 포세이돈, 이아시온(Iasion)

데메테르가 딸을 찾아 헤매다 아르카디아 지역을 지날 때, 그녀를 본 포세이돈은 욕정을 느꼈다. 그럴 기분이 아니었던 데메테르는 말로 변신해 그곳을 지나는 말의 무리에 숨었다. 눈치 빠른 포세이돈은 자신도 수말로 변신하여 욕심을 채웠고, 이들 사이에서 명마 아리온이 태어났다.

한편, 크레테 섬을 지나던 여신은 제우스와 엘렉트라 사이에서 태어난 이아시온의 아름다움에 반해 세 번 갈아 일군 밭이랑에서 사랑을 즐겼다. '세 번 갈아 일군 밭이랑'이란 봄철에 씨 뿌릴 준비가 되어있는 밭이란 뜻이고, 이곳에서의 성교는 고대 풍년제를 의미하였다. 하지만 여신이 인간 남자에게 욕정을 느껴 사랑행위를 하는 것이 보기 싫었던 제우스는 벼락을 내리쳐 이아시온을 죽였다. 데메테르는 이아시온과의 관계에서 플루토스를 낳았다. 그의 직분은 풍성한 수확으로 사람들을 부유하게 만드는 일이었다.

데메테르의 응징

텟살리아 왕 트리오파스는 데메테르의 신전을 허물고 자신의 궁전을 지으려 했다가 주민들에게 쫓겨났다. 크니도스로 간 그는 도시를 건설하고 자신의 이름과 같이 트리오피온이라고 했다. 그는 데메테르의 노여움을 사서 아무리 먹어도 허기가 가시지 않는 벌을 받던 중 여신이 보낸 뱀에게 물려 죽었다. 트리오파스와 히스킬라의 자식으로는 에뤼식톤 이외에도 로도스 섬을 어지럽히던 뱀 떼를 소탕한 포르바스, 아레스를 청동항아리에 가두고 올림포스를 점령하려던 거인 형제 오토스와 에피알테스를 낳은 이피메데이아가 있다.

트리오파스의 아들 에뤼식톤 왕은 데메테르에게 제사를 드리지 않았을 뿐만 아니라 여신에게 바쳐진 신성한 참나무를 잘라 집을 지으려 하였다. 참나무가 잘려지자 나무와 숲의 요정들이 데메테르에게 달려가 진상을 알렸고, 데메테르는 배고픔의 여신 리모스에게 요정을 보내 에뤼식톤을 게걸 병에 걸리게 하였다. 며칠 만에 에뤼식톤의 재산이 고갈되자, 그의 딸 메스트라는 아버지의 먹을거리를 구하기 위하여 자신을 노예로 팔기 시작했다. 그녀는 결혼지참금을 받고나면 포세이돈에게 배운 변신술을 이용하여 집으로 도망가기를 반복했고, 이에 화가 난 포세이돈이 그녀를 친정으로 돌아가지 못하게 하였다. 마침내 에뤼식톤은 정신착란을 일으켜 자신의 몸까지 먹게 되었고 죽을 때까지 영원한 고통을 느꼈다고 한다.

헤스티아(Hestia, lat. *Vesta*)

불은 고대인들의 생활에서뿐만 아니라 종교적 의식에서도 없어서는 안 될 중요한 요소였다. '화덕'이라는 뜻을 지닌 헤스티아는 문자 그대로 화덕과 화로의 여신이었다. 인자하고 온화한 성품을 지닌 헤스티아는 인격신이라기보다는 화덕과 화로를 의인화한 것으로서 종교적으로 중요한 역할을 수행하였다. 화덕이 집 안 한가운데에서 부동의 자리를 지키는 것처럼, 여신도 올림포스에서 항상 조용히 머물 뿐이었다. 따라서 이 여신에 대한 인격적인 에피소드는 신화에서 언급되지 않았다. 전쟁이나 싸움에 끼어들지도 않았고, 대부분의 신들이 편을 갈라 트로이 전쟁에 참가했을 때도 헤스티아는 변함없이 올림포스에 남아 있었다.

헤스티아가 영원한 처녀의 여신으로 존재하기 때문에 여신을 섬

기는 사제들도 평생 순결을 지켜야 했다. 호메로스에 의하면, 헤스티아는 아폴론과 포세이돈의 구애를 거절하고 평생 처녀로 살겠노라 맹세하였다고 한다. 아마도 호전적인 성향의 호메로스에게 조용히 가정만을 지키는 이 여신은 매력이 없었는지도 모른다. 그 후 제우스로부터 순결을 지킬 권리와 인간이 올리는 제물을 제일 먼저 받을 수 있는 권리를 받았다. 또한 그 어떠한 잘못을 저지른 범인일지라도 여신의 신전에 들어가면 안전한 보호를 받을 수 있었다. 헤시오도스에 의하면, 헤스티아는 크로노스와 레아의 맏딸로 태어났다. 올림포스에서 이 여신의 위치는 확고부동하였고 그녀는 순수한 불꽃의 여신답게 처녀 신으로 남았다. 후대에 와서 헤스티아는 올림포스 12신에서 탈락되고, 디오뉘소스가 그 자리를 대신하였다.

헤스티아, 헤라, 데메테르 세 여신은 다른 신화에서는 찾아볼 수 없는 그리스 고유의 직분을 가졌다. 이들에 대한 신화를 살펴보면, 올림포스 신앙보다 훨씬 오래된 토착신앙에서 그들의 특성이 곳곳에 드러났다. 이들이 올림포스 시대 이전에 존재했던 그리스 토착신앙에서 유래한 신들이라면, 아테나와 아폴론 그리고 아르테미스는 비교적 후대에 생겨난 올림포스 신앙에 어울리는 전형적인 그리스 신들이라고 할 수 있다. 그래서인지 제우스도 이들에게는 명령하거나 함부로 하대하지 못하고 항상 정중하고 부드럽게 대했다.

헤스티아는 로마의 베스타와 동일하다. 그러나 신격에 있어서 두 민족의 신앙에는 차이가 있었다. 그리스에서는 헤스티아에 대해 국가적으로 제사를 지내지 않았다. 그녀는 어디까지나 안정된 가정의 질서를 수호하는 신이었다. 그러나 로마의 베스타 여신은 국가적으로 중요한 신으로 간주되었다. 나라에 전쟁과 같은 큰일이 있을 때면 로마인들은 이 여신에게 큰 제사를 지내고 국가적 길흉을 점쳤다. 로마에는 베스타 여신의 성화를 지키는 여섯 명의 여사제가 있었다. 이들은 5-8살에 선발되어 순결을 지키며 삼십 년간 봉사해야 했다. 봉사기간이 끝난 뒤에는 결혼이 허용되었으나 이들 대부분은 그대로 순결을 지켰다.

아프로디테(Aphrodite, lat. *Venus*)

다른 신과는 달리 아프로디테는 셈족 계통으로 지중해 동부에서 숭배되던 여신이었다. 아프로디테는 파도와 대지의 풍요를 주관하였던 포이니케의 달과 여성의 신 아스타르테와 유사하다. 아스타르테와 바다의 연관성은 아프로디테가 바다의 거품에서 탄생하였기 때문이고, 대지의 풍요는 성적욕망이 많은 관능적인 아프로디테를 묘사하였기 때문이다. 본래 아프로디테는 우주 전체를 지배하는 신으로서 다산과 성장을 주관하는 신이었으나, 그리스인들이 자신들의 신화에 동화시키면서 생식과 번식을 위한 사랑만이 그녀의 직분으로 남게 되었다. 헤라가 카타노 샘에서 처녀성을 되찾는 것처럼 아프로디테도 자신의 성지 퀴프로스 섬의 파포스 샘에서 목욕재계하여 처녀성을 회복하였다.

지적인 미모의 여인들에게 많은 관심을 가졌던 제우스도 태양의 신 헬리오스의 눈치를 보았다. 그러나 욕정의 허리띠 케스토스를 소유한 아프로디테는 신과 인간, 낮과 밤을 가리지 않고 자신만의 사랑을 추구하였다. 물론 여신의 직분이 사랑 그 자체이니 그녀는 자신의 임무를 다했다고도 할 수 있을 것이다. 여신에게는 순종의 여신 페이토스, 그리움의 여신 히메로스, 욕망의 여신 포토스, 청춘의 여신 헤베, 조화의 여신 하르모니아, 계절의 여신 호라이, 음악을 관장하는 카리스 3자매들이 따라다니며 시중을 들었다. 코린토스에 있던 아프로디테의 신전은 그리스에서 가장 아름다운 창녀들이 관리하였다.

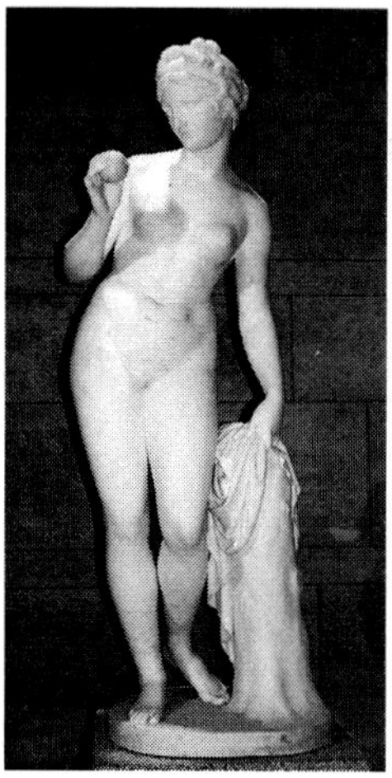

아프로디테의 출생

크로노스에게 제거된 우라노스의 생식기가 펠로폰넷소스 반도의 동남쪽에 있는 퀴테라 섬 근처에 떨어졌다. 바다에 떨어진 우라노스의 남근이 흰 거품으로 변하더니 여기에서 아프로디테가 태어났다. 그녀가 퀴테라 섬 부근에서 태어났기 때문에 퀴테레이아Kythereia라는 별칭을 얻었다. 그녀는 서풍 제퓌로스의 도움을 받아 조개껍질을 타고 퀴프로스 섬에 도착하였다. 아프로디테가 퀴프로스 해변에 올라서자 계절을 주관하는 호라이 여신이 그녀에게 계절에 맞는 아름다운 옷을 입혀 신들의 향연이 열리고 있는 올림포스로 데려갔다. 그곳에서 운명의 여신 모이라 3자매 중에서 운명을 나누어주는 라케시스가 제우스의 명에 따라 아프로디테에게 미와 사랑을 관장하는 직분을 주었다.

헤파이스토스와 아레스

아프로디테는 매우 아름다워서 모든 신들에게 욕망의 대상이었다. 제우스는 아프로디테를 둘러싼 신들 사이의 분쟁을 원하지 않았다. 그래서 올림포스 신들 중에서 가장 뛰어난 대장장이이자 성실한 헤파이스토스와 짝을 지어주었는데, 그는 아프로디테와는 달리 가장 못생긴 신이었다. 헤파이스토스는 온갖 재주를 발휘하여 아내를 위한 금은보석들을 만들어 주었다. 그 중에서 가장 뛰어난 것은 금으로 가공한 허리띠였는데, 아프로디테가 그 마법의 띠를 두르기만 하면 어떠한 사내도 그녀와 사랑에 빠지지 않고는 견딜 수가 없었다. 게다가 그녀는 원래 태어나기를 그렇게 태어났으니 금상첨화요, 헤파이스토스에게는 엎친 데 덮친 격이었다. 그녀는 향연을 좋아했고 활기찬 자신만의 삶을 원하였다. 절름발이에다 거무튀튀한 대장장이 헤파이스토스와는 애초에 다른 길을 걷고 있었던 것이었다. 다행인지 불행인지 아프로디테와 헤파이스토스 사이에 자식은 없었다.

아프로디테와 헤르메스

오비디우스에 의하면, 헤르메스와 아프로디테의 이름을 절반씩

받은 헤르마프로디토스는 프르귀아 지역의 이데 산의 동굴에서 나이아데스, 즉 물의 요정들에게 양육되었다고 한다. 열다섯 살에 여행을 떠난 그는 뤼키아의 카리아에서 맑은 물이 흐르는 연못을 발견했다. 그곳에 사는 물의 요정 살마키스는 꽃을 매우 좋아했는데, 꽃을 모으고 있던 그녀는 헤르마프로디토스가 다가오는 것을 보고 그만 사랑에 빠지고 말았다. 그가 그녀의 구애를 거부하자 살마키스는 화가 나서 돌아갔다. 얼마 후 헤르마프로디토스가 근처에서 쉬다가 연못에 들어가자 살마키스가 다시 물에 나타나 그를 꽉 껴안았다. 그가 도망가려고 하면 할수록 그녀는 그를 더욱더 껴안았다. 요정이 그와 영원히 같이 있게 해달라고 신에게 기도하자 그들의 몸이 하나가 되었다. 이렇게 해서 남자도 여자도 아닌 헤르마프로디토스가 생기게 되었고 이런 유형을 어지자지, 자웅동체, 남녀추니라고 부른다.

아프로디테와 디오뉘소스

아프로디테는 디오뉘소스와도 사랑을 나누었지만 그가 인도로 떠나가면서 그들의 사랑은 오래가지 못하였다. 이 무렵 아도니스와도 어울렸던 아프로디테가 임신을 하였는데, 그녀조차도 그가 누구의 아이인지를 알지 못하였다. 프리아포스라는 이 아이는 태어나자마자 흉측하게 생겼다는 이유에서 어머니에게 버림을 받아 숲에 버려졌다. 다른 설에 따르면, 디오뉘소스와 아프로디테를 모두 미워한 헤라가 임신한 여신의 배를 쓰다듬어 기형이 되었다고도 한다. 프리아포스는 목동들에게 키워지다가 성장하고 나서부터는 디오뉘소스를 따라다니며 그를 보좌하였다. 프리아포스는 큰 성기를 지닌 기형적인 모습으로 묘사되며 소아시아의 람프사코스에서 숭배되었다. 이 풍습이 그리스와 이탈리아에 전해졌고 그는 농작물과 가축의 번식 그리고 다산을 상징하는 풍요의 신이 되었다.

안키세스(Anchises)

아프로디테는 트로이에 인접한 다르다니아의 왕 안키세스에게 마음을 빼앗겼다. 그는 여신과의 관계를 발설함으로써 제우스의 벼락을 맞아 다리를 심하게 다쳤다. 이들 사이에서 아이네이아스와 뤼루스라는 두 아들이 태어났고, 뤼루스는 어려서 일찍 죽었다는 것 외에는 알려진 바가 없다. 아이네이아스는 트로이가 함락되기 바로 전에 아버지와 함께 어머니의 나라를 찾아 지중해 일대를 떠돌아다녔다. 카르타고의 여왕 디도와 사랑에 빠지기도 했던 그는 신탁에 따라 이탈리아에서 라비니움과 알바롱가를 세우고 로마의 시조가 되었다.

아도니스(Adonis)

퀴프로스 섬의 키뉘라스 왕에게는 즈뮈르나라는 딸이 있었다. 자신을 숭배하지 않았던 그녀에게 화가 난 아프로디테는 즈뮈르나를 아버지와 동침케였다. 근친상간을 안 아버지가 딸을 죽이려 했고, 그녀는 필사적으로 도망쳤으나 잡히고 말았다. 그녀를 측은히 여긴 여신은 즈뮈르나를 나무로 변신시켰다. 열 달 후 나무에서 꽃이 피더니 그곳에서 아도니스가 태어났다. 아프로디테는 그를 페르세포네에게 맡겼지만 페르세포네는 그의 아름다움에 반해 돌려주지 않으려 하였다. 결국 제우스의 중재로 4개월은 페르세포네, 4개월은 아프로디테 그리고 그 나머지 시간은 그가 원하는 곳에서 지내도록 하였다. 아도니스는 자신에게 주어진 시간은 아프로디테와 함께 했고 둘 사이에서 베로이라는 딸이 태어났다. 후에 포세이돈과 디오뉘소스가 그녀와 사랑에 빠지는 바람에 그녀를 놓고 싸움이 벌어졌지만 포세이돈이 그녀의 사랑을 차지하였다.

에로스(Eros, lat. *Cupid*)

전쟁의 신 아레스와 아프로디테 사이에서 태어난 에로스는 보이오티아 지역의 테스피아를 중심으로 숭배되었다. 올림포스 12신족에는 포함되지 않지만 그가 신화에 미치는 영향은 컸다. 자연의 신으로 인간의 생명을 생성시키는 위대한 힘을 지닌 에로스는 헬레니즘 시대에 '영혼'을 의미하는 프쉬케와 결부되어 사랑의 신 에로스

로 의인화되었다. 그는 흔히 소녀를 괴롭히는 개구쟁이 소년의 모습으로 표현되며 활을 들고 있는 그에게는 새의 작은 날개가 달려있다. 사랑이라는 강력한 무기를 지닌 그는 아프로디테와 함께 다녔다. 사랑을 불어 넣는 금화살과 이를 거부하는 은화살을 지닌 에로스는 신과 인간들에게 사랑과 거부감을 불러일으켰다. 대표적으로 페르세포네를 납치해 결혼한 하데스, 자신의 조그마한 화살을 비웃던 아폴론 등이 있었다.

에로스의 성장이 멈추자, 아프로디테는 테미스에게 그 연유를 물어보았다. 테미스는 에로스가 외아들이기 때문이라며, 동생이 생기면 성장할 것이라고 일러주었다. 안테로스가 태어나자 에로스는 성인으로 성장하였다. 안테로스는 이루어지지 않는 사랑의 복수자 또는 상호간의 애정의 상징으로 표현되었다.

에로스와 프쉬케(Psyche)

아풀레이우스Apuleius의 〈황금 당나귀Metamorphoses〉는 세계 최초의 장편소설이자 완전한 형태로 남아 있는 로마 시대의 유일한 작품이다. 그 내용은 미신과 마법에 관심이 많은 청년 루키우스가 마법의 실수로 당나귀로 변신되어 여기저기 끌려 다니며 벌어지는 다양한 소동을 다룬 이야기이다. 그 중의 하나가 에로스와 프쉬케의 사랑이야기이다. 이 이야기가 고대 그리스부터 전해온 내용을 그대로 전한 것인지 아니면 창작하여 쓴 것인지는 분명하지 않다. 오르페우스와 에우뤼디케의 이야기를 각색한 것이라고도 한다.

프쉬케의 출중한 미모에 왕자들의 구혼이 이어지자 아프로디테의 질투가 심하였다. 프쉬케를 가장 추한 남자와 사랑에 빠지게 하라는 아프로디테의 말을 들은 에로스가 그녀를 화살로 쏘려다 그녀의 미모에 반하여 자신을 찌르는 실수를 범하였다. 사랑에 빠진 그는 어머니의 명을 어기고 프쉬케를 산 속의 궁전에 숨겨 놓았다. 에로스는 자신의 모습을 드러내지 않고 밤마다 찾아와 프쉬케와 사랑을 나누었고, 그녀의 두 언니는 남편의 모습을 확인하도록 부추겼다. 그녀가 잠들어 있던 에로스를 보려고 불을 밝히자 잠에서 깨어난 에로스는 그녀의 불신을 책망하며 떠났다. 한 순간의 실수로 사랑하는 남자를 잃은 프쉬케는 에로스를 찾아다니던 중 아프로디테의 신전에서 궂은일을 하라는 데메테르의 신탁을 얻었다. 신전에 도착한 그녀에게 아프로디테는 네 가지 과업을 부여하였다. 그 첫 번째는 여신의 비둘기가 먹는 곡식을 하룻밤 사이에 종류별로 분류하여 가려내는 일이었는데, 이때 개미의 도움을 받은 프쉬케는 별 어려움 없이 콩을 정리할 수 있었다. 두 번째는 인간을 잡아먹는 양의 털을 가져오는 과업이었다. 이는 강의 신이 황금양털이 걸려있는 가시나무의 장소를 알려줌으로써 해결되었다. 세 번째 과제는 천길 계곡으로 떨어지는 폭포에서 물을 길어오는 것이었다. 넋을 잃고 눈물만 흘리고 있던 그녀에게 독수리 한 마리가 날아와서 그녀의 물동이를 낚아채어 가더니 폭포에서 물을 떠다 주었다. 마지막 과제는 지하세계의

여왕 페르세포네의 아름다움을 얻어 오는 것이었다. 페르세포네는 자신의 아름다움을 조그만 상자에 넣어 그녀에게 주면서 절대로 열어보지 말라고 당부하였다. 돌아오는 길에 호기심에서 그 상자를 열어 본 프쉬케는 영원한 잠에 빠졌다. 에로스의 청으로 제우스는 그녀의 목숨을 구해주었고, 그녀는 아프로디테의 허락을 받아 에로스와 결혼하여 헤도네(또는 볼룹타스)라는 딸을 출산하였다. 이 이름에서 '쾌락주의'라는 ⟨hedonism⟩과 '육감적인'이라는 ⟨voluptuous⟩가 유래되었다.

헤파이스토스(Hephaistos, lat. *Vulcanus*)

헤파이스토스는 모스킬로스 화산이 있는 에게 해 북부의 렘노스 섬과 소아시아에서 화산의 신으로 숭배되었고, 그의 이름에서 〈volcano〉가 유래되었다. 헤시오도스에 의하면, 아테나 여신이 헤라의 도움 없이 제우스의 머리에서 출생하자 이에 대한 보복으로 헤라가 헤파이스토스를 혼자 낳았다고 한다. 반면에 호메로스는 헤파이스토스가 제우스와 헤라 사이에서 태어난 아들이라고 한다. 그는 피부가 검고 못생겼을 뿐 아니라 선천적으로 한쪽 다리를 제대로 쓸 수 없었다. 혼자서 낳은 아이가 마음에 들지 않아 창피하였던 헤라는 아이를 물에나 빠져 죽으라고 올림포스에서 바다로 내던졌다. 다른 이야기로는 제우스와 헤라가 심하게 다투자 헤파이스토스가 헤라의 편을 들었고, 이에 화가 난 제우스가 그를 올림포스 밖으로 내

던져서 다리를 크게 다쳤다고 한다. 렘노스 섬 부근에 떨어진 헤파이스토스를 불쌍히 여긴 바다의 요정 테티스와 에우뤼노메가 헤라 몰래 아이를 키웠다.

헤파이스토스는 바다의 신 네레우스의 동굴에서 반지, 팔찌, 귀고리와 같은 장신구를 만들며 무럭무럭 자랐다. 테티스는 어머니와 아들의 관계를 자연스럽게 연결하여 주고 싶었다. 헤파이스토스에게서 아름다운 장식품을 받은 테티스는 올림포스 연회석에 참석한 헤라에게 그것들을 자랑하였다. 헤라가 그 장식품에 관심을 보이자, 헤파이스토스가 만들어 준 것이라며 그의 재능을 칭찬하였다. 헤라는 자신을 위한 많은 장식품과 무기 등을 얻고 싶은 마음에 헤파이스토스를 올림포스로 불러오라고 명하였다. 헤파이스토스도 아무런 변화도 없는 바다 밑 생활이 지겨워 질 무렵이었다. 헤라의 부름을 받은 헤파이스토스의 마음은 복잡하였다. 올림포스로 가서 부모의 인정을 받고 다른 신들처럼 지내고 싶은 마음도 있었고, 무엇보다도 자신을 버린 어머니와 섭섭한 감정을 풀고 싶었다. 하지만 외모 때문에 자신을 버려놓고 다시 부르는 헤라의 태도를 쉽게 이해할 수 없었다.

신의 작업장에 틀어박혔던 헤파이스토스는 헤라에게 황금의자를 만들어 선물로 건넸다. 여신이 자못 뽐내며 우아한 몸짓으로 앉자마자 그물이 그녀를 꼼짝 못하게 옭아맸다. 아들을 버린 대가를 톡톡히 치르게 된 것이다. 깜짝 놀란 신들이 이리저리 손을 써 보지만 속

수무책이었다. 헤파이스토스에게 호감을 가지고 있던 디오뉘소스가 그와 포도주를 마시며 헤파이스토스를 설득하였고, 헤파이스토스는 어머니와 화해하고 그물에서 그녀를 풀어 주었다.

이후 올림포스에서 헤파이스토스는 헤라의 절대적인 지지자가 되었다. 아들에 대한 미안함과 고마움이 생긴 헤라는 아프로디테와의 결혼을 주선하였다. 헤파이스토스로부터 아이기스라는 방패를 선물 받은 제우스가 이에 대한 답례로 아프로디테를 주었다고도 한다. 방패 한 가운데에는 메두사의 머리가, 테두리는 뱀의 머리로 장식된 염소가죽 방패였다. 이로써 헤파이스토스는 정식으로 올림포스 신족의 일원이 되었다.

헤파이스토스에게 아프로디테를 빼앗긴 아레스는 분한 감정을 누를 수 없었다. 그는 헤파이스토스에게 쫓아가 너처럼 못생기고 다리가 불구인 놈이 감히 어찌 가장 아름다운 여신의 사랑을 얻을 수 있겠냐고 비웃었다. 가뜩이나 외모에 자신이 없었던 헤파이스토스는 이 말에 깊은 상처를 입었다. 난폭하기는 하지만 아레스는 정말로 잘생긴 청년이었기에 더욱 기가 죽었다. 더욱이 결혼했음에도 불구하고 아프로디테는 헤파이스토스에게 무관심할 뿐만 아니라 많은 남성들과도 관계를 가졌다. 결국 자신의 콤플렉스와 주변의 따가운 시선으로 올림포스에 적응하지 못한 헤파이스토스는 렘노스 섬으로 되돌아가서 퀴클롭스라는 조수들을 데리고 자신의 직분에 충실하였다.

헤파이스토스와 스카만드로스(Skamandros)

올림포스 신족들과 영웅들이 지닌 무기의 대부분은 헤파이스토스가 제작하였다. 올림포스 궁전에 있는 신들의 방은 모두 그의 작품이었고, 특히 제우스 방의 조각과 장식은 화려하고 아름다우면서도 근엄하였다. 포세이돈의 궁전, 아폴론과 아르테미스의 활과 화살, 아킬레우스와 디오메데스의 갑옷과 투구 등도 헤파이스토스의 작품들이었다.

헤파이스토스의 위력은 강의 신 스카만드로스와의 대결에서 나타났다. 그는 오케아노스와 테튀스의 아들로서 소아시아의 트로아스 지역을 흐르는 강의 신이었다. 트로이 전쟁에서 절친한 친구 파트로클로스가 트로이의 헥토르에게 죽임을 당하자, 이에 분노한 아킬레우스는 트로이의 병사들을 닥치는 대로 죽여 스카만드로스의 강을 피바다로 물들였다. 화가 난 강의 신은 거센 물결을 일으켜 아킬레우스를 반격하였다. 이에 그리스를 지원하던 헤라가 헤파이스토스를 부추겨 스카만드로스를 불로 공격하였고, 강가의 모든 풀과 나무들이 화염에 휩싸여 타죽고 강물이 끓어올랐다. 하는 수 없이 항복을 한 스카만드로스는 트로이 전쟁에서 물러날 수밖에 없었다.

아레스(Ares, lat. *Mars*)

제우스와 헤라의 아들 아레스는 전쟁의 신으로 전투적이며 다혈질이었다. 헤라의 아들 헤파이스토스는 뛰어난 손재주를 지녔으나 신체적 장애를 가졌고, 아레스는 미남이긴 하지만 신이라고 하기엔 그 자질이 너무 모자랐다. 아레스는 전투를 일삼고 다녔으나 번번이 많은 살생만 저질렀을 뿐 전쟁에서는 한 번도 이겨 본 적이 없었다. 더욱이 그가 너무나 과격하고 폭력적이기 때문에 제우스와 헤라뿐만 아니라 다른 신들도 그를 가까이 하지 않았다. 하지만 아프로디테와 지하세계의 신 하데스는 그를 좋아했다. 당대의 영웅들을 마구 죽여 지하세계로 보내었으니 하데스가 그를 좋아하지 않을 수 없었을 것이다. 아레스는 화가 나면 물불 가리지 않고 무기나 주먹을 휘두를 뿐 이성적인 생각을 하지 않았다. 그의 행동은 충성 아니면 복수였다. 아레스는 이성과 절제를 좋아하는 그리스인들에게는 그리 존경을 받지 못했지만, 전투력을 내세웠던 로마인들에게는 제우스 다음으로 숭배되었다.

두 아들 데이모스와 포보스, 불화의 여신 에리스, 문명을 파괴하는 에뇨, 이름 없는 전사를 강요하는 케레스들이 아레스의 뒤를 따라 다녔다. 전쟁의 여신 아테나와는 달리 아레스는 전략과 절제가 없는 오직 맹목적인 폭력만을 다루는 신이었다. 그는 함부로 전투를 일삼았고, 전쟁에서는 어느 쪽을 편 들어 주는 일도 없이 닥치는 대로 이리 치고 저리 치며 피바다와 시체의 산에 만족하였다. 이러한 아레스를 제우스는 무척 싫어했다. 트로이 전쟁에서 아프로디테가 아테나의 도움을 받은 디오메데스에게 부상을 당하자, 아레스는 그녀를 도우려다 오히려 부상을 당하였다. 자신의 처지를 비관한 아레스는 제우스를 찾아가 하소연을 하였지만 오히려 그에게 돌아온 것은 꾸지람뿐이었다.

아레스와 아프로디테

헤파이스토스의 아내 아프로디테는 사랑의 여신답게 그 사랑과 열정만큼 바람도 많이 피웠다. 아프로디테와 잘생긴 아레스 사이에 열렬한 사랑이 꽃피면서 이들은 '사랑과 전쟁'의 대명사가 되었다.

헤파이스토스에게 여신을 빼앗기긴 하였지만 아레스도 그대로 물러서지 않았다. 아레스는 여신과의 관계를 공공연히 드러내놓았다. 태양의 신 헬리오스가 그들의 부정한 관계를 헤파이스토스에게 알렸다. 그는 대장간에서 묵묵히 눈에 뜨이지 않은 엷은 그물을 만들면서 기회를 기다렸다. 헤파이스토스가 자리를 비우자, 아프로디테는 때를 만났다는 듯이 아레스를 불러들였고, 둘이 함께 침대로 올라가는 순간 그들의 몸은 그물에 묶여 공중에 매달렸다.

화가 머리끝까지 치민 헤파이스토스는 불륜의 현장을 공개하여 웃음거리로 만들기 위해 신족들을 퀴프로스의 자기 집으로 불러들였다. 그러나 제우스를 비롯한 모든 신들은 그의 과격한 행동을 마땅치 않게 여겼다. 더욱이 아폴론이 헤르메스에게 아프로디테와 함께라면 아레스 대신 저 그물 속에 있겠느냐고 농담을 걸었다. 헤르메스는 그물이 두 배 세 배로 옥죈다 해도, 또 남신들뿐만 아니라 여신들까지 모두 와서 본다 해도 그 자리에 있을 수 있다면 좋겠다고 응수했다. 여신들은 그 광경을 보고 외면하였지만, 남신들은 헤파이스토스의 처지를 안타까워하면서도 아프로디테의 나신에 넋을 잃었으니 헤파이스토스만 불쌍하게 되었다. 포세이돈은 헤파이스토스에게 적당한 보상을 받고 불륜의 현장을 들킨 아레스를 풀어 주라고 중재에 나섰다. 결국 아레스가 위자료를 물며 둘은 화해하였다.

아레스의 연인들

아프로디테는 아레스와의 사이에서 2남 1녀를 두었다. '걱정'이라는 뜻을 지닌 데이모스와 '공포'라는 뜻을 지닌 포보스라는 두 아들, 조화의 여신 하르모니아가 태어났다. 다른 설에 의하면, 하르모니아는 제우스와 엘렉트라 사이의 딸이라고도 한다. 그녀의 이름에서 '조화' 또는 '일치'라는 뜻을 지닌 〈harmony〉가 유래하였다. 하르모니아는 포이니케의 왕자이자 에우로페의 오빠 카드모스와 결혼하였다. 그들 사이에서 네 딸과 아들 하나가 태어났는데, 이들 모두 신의 저주를 받아 그 말로가 비참하였다.

그리스 피사의 왕 오이노마오스는 아레스가 강의 신 아소포스의 딸 하르피나(또는 스테로페)에게서 얻은 아들이었다. 그는 히포다메이아를 비롯하여 레우킵포스, 알키페를 자식으로 두었다. 특히 히포다메이아는 미모가 출중하여 구혼자들이 많았다. 오이노마오스는 전차를 타고 자신의 추격을 따돌리는 자를 사위로 삼겠다고 공언하였다. 그는 아레스에게서 받은 갑옷과 죽지 않는 말들이 이끄는 전차로 무장하였기 때문에 많은 남자들이 그를 따돌리지 못하고 살해당하였다. 이때 제우스의 손자이자 탄탈로스의 아들 펠롭스가 구혼자로 나섰다. 그는 오이노마오스의 마부 뮈르틸로스를 매수하여 전차바퀴의 나사가 쉽게 빠지도록 밀랍으로 바꿔 끼웠다. 오이노마오스는 펠롭스를 쫓아가던 중 바퀴가 빠져 마차에 깔려 죽었다.

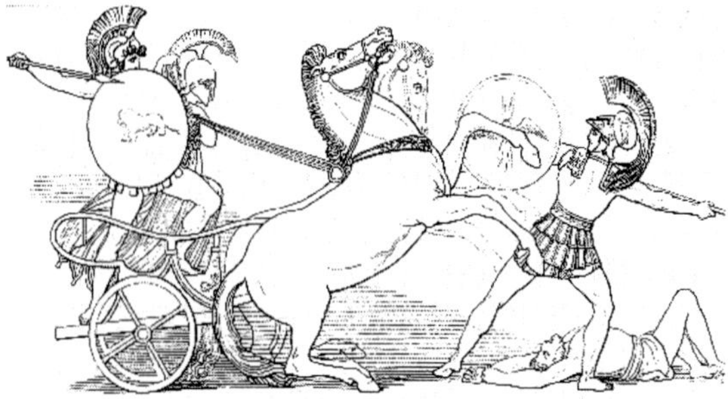

아레스는 아마존의 여왕 오트레라 사이에서 펜테실레이아, 힙폴뤼테, 안티오페를 얻었다. 펜테실레이아가 사냥터에서 사슴을 향해 던진 창이 빗나가 안티오페를 죽게 하였다. 자책감에 빠졌던 그녀는 프리아모스 왕에게 정죄의식을 받은 인연으로 아마조네스를 이끌고 트로이 전쟁에 참가하였다. 트로이에 도착한 그녀는 아킬레우스와 대적하여 그의 창에 전사하였다. 죽은 그녀의 얼굴을 본 아킬레우스가 연민의 정을 느낄 만큼 아름다운 미모를 지녔다.

알킵페는 아레스가 케크롭스의 딸 아글라우로스와의 사이에서 낳은 딸이었다. 포세이돈의 아들 할리로티오스가 알킵페를 범하려 하자, 아레스가 그를 살해하였다. 이로써 아레스는 신으로서는 처음으로 살인재판의 피고로 등장하였고, 딸을 겁탈하려는 자로부터 보호하기 위한 아버지의 권리를 주장하며 자신을 변호하였다. 아레이오스 파고스Areios pagos에서 열린 이 재판에서 포세이돈과 아레스를 제외한 올림포스 12신이 배심원 자격으로 표결한 결과 무죄판결이 내려졌다. 아레이오스 파고스는 아크로폴리스의 서쪽에 있는 '아레스의 언덕' 또는 '아레스의 바위'를 말한다. 여기에서 열렸던 재판은 고대 아테네의 귀족정치 초기에 있었던 아레이오스 파고스 회의의 유래가 되었고, 오늘날도 그리스 대법원을 아레이오스 파고스라고 한다.

아테나(Athena, lat. *Minerva*)

‘하늘의 여왕’을 뜻하는 아테나는 수메르어 〈아나타Anata〉에서 유래하였다. 그녀는 지혜, 전쟁, 평화, 수공예의 여신이자, 영원한 ‘처녀’라는 뜻을 지닌 파르테노스 여신이기도 하다. 아테나가 전쟁의 여신으로 나타날 때는 팔라스 또는 팔라스 아테나라고도 불린다. 팔라스는 트리톤의 딸로서 아테나와 함께 성장하면서 무술 겨루기를 즐겼다. 무술연습을 하던 중에 팔라스는 아테나의 방패에 맞아 사망하였다. 친구의 죽음을 애도하기 위해 그녀는 나무를 깎아서 친구의 모습을 만들어 보관하였고, 친구의 이름을 자신의 이름에 붙여 함께 불렀다.

제우스의 첫째 연인 메티스는 아테나의 어머니였다. 메티스는 대양의 신 오케아노스와 테튀스의 딸이자 제우스의 사촌 누이였다. 제

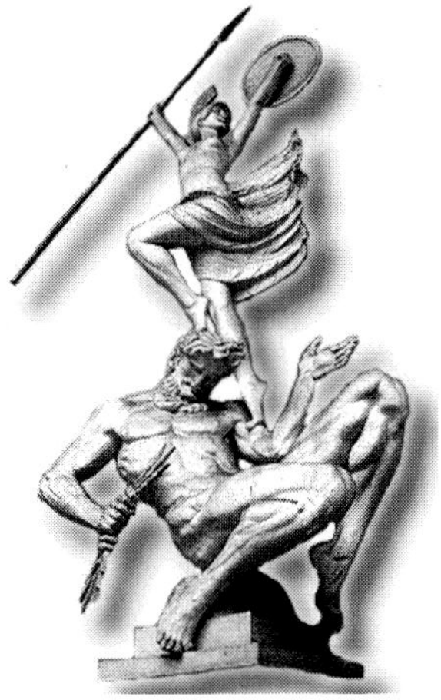

우스는 메티스가 자신보다 강한 아들을 낳는 것이 두려워 그녀를 집어 삼켰으나 이를 예견하였던 메티스는 태아를 갑옷과 투구로 무장시킨 상태였다. 메티스가 사라지고 제우스의 머리에서 자라난 아테나가 투구를 망치로 두드리며 그에게 두통을 주자 제우스는 고통에 울부짖었다. 헤파이스토스(또는 프로메테우스)가 제우스에게 달려가 도끼로 그의 두개골을 잘라 고통을 덜어주었고, 그 안에서 어머니의 갑옷과 투구로 완전무장을 한 채 성장한 아름다운 아테나가 세상에 나왔다. 그녀의 출생지는 리뷔에의 트리토니스 호수 부근으로 여겨지고 있다.

아테나는 지혜롭고 용맹하지만 아름다움도 다른 여신들에게 뒤지지 않았다. 테티스와 펠레우스의 결혼식 자리에서 황금사과를 두고 아테나는 헤라, 아프로디테와 함께 아름다움을 겨룬 적도 있다. 헤라의 도도한 아름다움, 아프로디테의 관능적인 미모, 아테나의 지적 아름다움은 인간 여성들에게조차 부러움의 대상이었다.

아테나는 제우스가 자식들 중에서 가장 사랑하는 여신이었다. 그래서 제우스는 자신의 방패 아이기스를 그녀에게 주었고, 주무기인 번개도 아테나에게만은 빌려 쓰기를 허락하였다. 아테나는 제우스가 머리 아파 낳은 자식이기도 하지만 그녀는 제우스의 일이라면 항상 앞장섰기 때문이었다. 예를 들어, 튀폰이 올림포스를 공격하자 모든 신들은 동물로 변신하여 숨었지만 아테나는 홀로 남아 제우스를 도왔다. 전쟁의 여신 아테나는 난폭하고 무자비한 아레스와는 달랐다. 그녀는 정의로운 전쟁의 신으로 폭력적인 상황에서도 평화를 수호하는 해결책을 찾았다. 하지만 그녀는 권모술수와 계략을 써서 트로이 전쟁을 처음부터 끝까지 좌지우지하여 결국 트로이를 몰락시키기도 했다.

아테나와 포세이돈

아테나와 포세이돈이 한 도시를 두고 다툼을 벌이자 도시민들에게 가장 좋은 선물을 줄 수 있는 신이 그 도시를 갖기로 결정했다. 두 신은 시민들의 행렬을 이끌고 아크로폴리스에 올랐다. 포세이돈은 그의 삼지창으로 절벽을 쳐서 샘물이 솟게 하였다. 그러나 거기서는 바닷물과 같이 짠 소금물이 흘러나왔다. 아테나의 선물은 올리브 나무였는데, 그것은 사람들이 먹을 수 있는 열매, 기름 그리고 목재를 제공하였다. 도시민들은 아테나의 손을 들어 주었고, 그 도시를 여신의 이름을 따서 아테네라 불렀다.

포세이돈과 아테나는 서로 대립하였지만 그들의 역할은 조화롭게 수행되기도 하였다. 말을 관장하는 포세이돈에게 아테나는 말의 굴레와 말이 끄는 전차를 만들어 주었고, 포세이돈이 지배하는 바다를 항해하기 위한 최초의 배 역시 아테나가 만들었다. 그녀의 기술은 다방면으로 뛰어났을 뿐만 아니라 수놓기와 같은 여성적인 공예도 관장하였다.

아테나와 헤파이스토스

아테네를 여신에게 빼앗긴 포세이돈은 복수의 기회를 노리고 있었다. 때마침 제우스가 헤파이스토스의 짝을 찾아 준다는 말을 들은 포세이돈이 계책을 모색하였다. 포세이돈은 아테나가 헤파이스토스를 좋아한다는 거짓말을 하였다. 그 말을 믿은 헤파이스토스가 아테나를 강제로 겁탈하려고 하였다. 그러나 아테나가 그렇게 호락호락하지 않았는지 헤파이스토스는 자신의 씨를 아테나의 허벅지에 뿌리고 말았다. 여신은 꺼림칙하여 양털로 그것을 닦아 바닥에 버렸는데, 땅에서 인신사족의 에릭토니오스가 태어났다. 그는 아테나의 자식이 아니라 가이아의 자식이라고도 한다. 에릭토니오스는 '대지에서 태어나다'라는 뜻으로 헤파이스토스의 씨를 닦았던 양털, 즉 에리온erion과 가이아의 별명이었던 크톤chthon의 합성어라는 것이다.

아테나는 에릭토니오스를 바구니에 숨겨서 앗티케 최초의 왕 케크롭스에게 맡겼는데, 그의 딸 아글라우로스와 헤르세가 그 바구니를 열어 보았다. 아테나는 명령을 어긴 두 딸에게 정신착란이 들게 하여 아테네의 높은 언덕에서 뛰어내려 죽게 하였다. 케크롭스의 두 딸들이 뛰어내린 언덕은 아크로폴리스라 불렸다. 오비디우스에 의하면, 아글라우로스와 헤르세는 이때 죽지 않았다고 한다. 아테네 축제 때 헤르세를 보고 한 눈에 반한 헤르메스가 케크롭스의 궁전에 숨어들었다가 아글라우로스에게 들켰다. 그녀는 헤르메스를 도와주는 대가로 많은 황금을 요구하였으나 헤르메스가 거절하자 그를 궁전에서 쫓아냈다. 이에 화가 난 아테나는 질투의 여신 젤로스로 하여금 아글라우로스가 헤르메스와 헤르세의 사이를 질투하게 만들었다. 아글라우로스가 헤르세의 침실로 들어가려는 헤르메스를 가로막고 그 자리에서 꼼짝하지 않겠다고 하자, 화가 난 헤르메스는 그녀를 돌로 변신시키고 헤르세와의 관계를 통해 아들 케팔로스를 낳았다. 그 돌은 아글라우로스의 검은 마음이 물들어 검은 색을 띠었다고 한다.

아테나는 포세이돈과의 경쟁에서 앗티케를 지배한 뒤 에릭토니오스를 아테네 왕으로 봉했다. 왕위에 오른 그는 여신을 위한 판아테나이아 제전을 창설하였고 네 마리의 말이 끄는 전차도 발명하였다. 그는 소유권에 관한 법률을 제정하였을 뿐만 아니라 일부일처제를 실시하였고, 피를 흘리지 않고 제물을 바치는 새로운 제례를 제도화하였다.

아테나와 오레스테스(Orestes)

오레스테스는 아버지를 살해한 자신의 어머니 클뤼타임네스트라를 살해하였다. 복수의 여신 에리뉘스 자매들은 살해의 동기는 개의치 않고 그를 쫓아다니며 참을 수 없는 고통을 주었다. 그는 각지를 헤매다가 아테네로 와서 아테나 여신에게 자비를 구하였다. 아테나는 오레스테스가 탄원할 수 있도록 복수의 3자매를 설득했다. 여신은 아레이오스 파고스 법정에서 재판을 주관하였다. 배심원들의 표가 흑백 동수가 되자, 여신 스스로 흰 돌을 던짐으로써 오레스테스에게 무죄를 선고하였다. 이 재판은 아테네에서 최초로 법정에서 배심원제 채택과 이방인을 공정하게 환대하는 선례를 남겼다. 이 법정에서 오레스테스를 변호하였던 아폴론은 남성 우월론을 주장하였다. 남성은 여성보다 우월하고 여성은 그저 남성이 뿌린 씨앗을 키우는 존재라는 것이었다. 그 실례로 어머니 없이 태어난 아테나의 탄생을 증거로 들었다. 아테나도 어머니와의 연대감보다는 가부장제를 중시하였기 때문에 오레스테스의 무죄를 주장하였다. 재판이 끝나자 에리뉘스 3자매는 자신들 스스로 율법을 깨뜨렸다고 자책하였다. 이들은 더 이상 복수의 여신이 아닌 '자비의 여신' 에우메니데스 또는 셈나이로 변하였고 아테네에서 숭배되었다. 이는 아마도 그들의 이름을 부르는 것을 터부시하였기 때문에 직접적인 이름을 부르지 않고 다르게 표현한 것으로 여겨진다.

아테나와 아라크네(Arachne)

아테네에 사는 아라크네는 베 짜기와 수놓는 솜씨가 매우 뛰어났기 때문에 요정들조차도 그녀를 부러워하였다. 그녀의 작품뿐만 아니라 일을 하고 있는 그녀의 자태도 매우 아름다웠다. 사람들이 그녀의 솜씨에 대한 칭찬을 아끼지 않았고 그만큼 그녀의 교만도 컸다. 자신과 겨루어보고 싶다는 말을 듣고 화가 난 아테나는 노파로 변장하여 아라크네에게 경고하였다. 아라크네가 오히려 더 큰 자신감을 보이자 여신은 자신의 모습을 드러냈다. 이를 본 모든 사람들이 여신에 대한 존경으로 몸을 굽혔지만 그녀는 두려움을 감추며 대담하게 맞섰다. 여신은 그녀의 소원대로 마주 앉아 수놓기 대결을 펼쳤다. 아테나는 제우스와 올림포스 신들의 위엄, 포세이돈과의 대결 장면, 네 귀퉁이에는 신을 모욕하였던 인간을 단죄하는 신들의 모습을 수놓았다. 아라크네가 이 경고를 보고 대결을 포기하기 바랐던 것이었다. 하지만 그녀는 오히려 황소로 변장을 해서 에우로페를 속이는 제우스의 모습과 여러 신들의 어리석은 행동을 수놓아 가득 채웠다. 더 이상 참을 수가 없었던 아테나는 아라크네의 천을 찢어버리고 그녀의 이마에 손을 얹어 자신의 잘못을 깨닫고 부끄러움을 느끼도록 했다. 그녀는 부끄러움을 더 이상 참지 못하고 목을 매달아 죽으려고 했다. 그녀를 가엾게 여긴 아테나는 교훈을 남기기 위해 그녀와 그녀의 자손들이 영원히 매달려 살도록 그 모양 그대로 거미로 만들었다.

아폴론(Apollon, lat. *Apollo*)

의술, 음악, 활, 가축, 예언, 이성, 광명을 주관하는 신으로 '찬란한 자'라는 뜻으로 포이보스Phoebus라는 별칭도 지녔다. 그는 한 손에는 활을, 다른 한 손에는 뤼라를 들고 있는 모습으로 묘사된다. 아폴론 신앙은 그리스 북부 혹은 소아시아에서 시작된 것으로 알려져 있으며 이때부터 예언의 신으로 나타났다. 기원전 5세기부터 태양의 신 헬리오스는 아폴론으로 대체되었다. 그가 헬리오스의 자리를 이어받았다고는 하지만 여러 전승이나 서사시에서는 올림포스 시기에도 헬리오스가 태양의 신으로 그 직위를 그대로 유지하는 것으로 묘사되기도 한다. 아폴론이 네 마리의 말이 이끄는 태양의 황금마차를 타고 다녔다고 하는 것으로 보아 태양과 무관하다고 볼 수는 없다. 사실 티탄 신족들은 자연 그 자체였기 때문에 세대교체가 있었다고 해도 그대로 그 자리를 유지하는 경우가 흔하였기 때문이었다.

레토(Leto)와 아폴론

티탄 신족 코이오스와 포이베의 딸 레토는 제우스의 사랑을 받아 임신하였다. 레토가 자신의 아들 아레스보다 더 위대한 아들을 낳을 것이라는 신탁을 들은 헤라는 질투심에 불타 그녀의 해산을 집요하게 방해하였다. 레토에게 해산을 허락하는 곳은 영원한 불모지로 만들어 버리겠다는 헤라의 협박 때문에 레토는 해산할 장소를 찾을 수 없었다. 어느 땅도 헤라가 두려워 감히 레토를 받아들이지 못했다. 이때 북풍 보레아스가 제우스의 명령으로 그녀를 포세이돈에게 데려갔고, 그는 레토를 델로스 섬에 숨겼다. 이 섬은 너무나 황폐하여 아무것도 손해 볼 것이 없었다. 이번에는 헤라가 출산의 여신 에일레이튀이아를 놓아주지 않았다. 아흐레 밤낮 동안 진통이 왔으나 좀처럼 아이를 낳을 수 없었다. 보다 못한 신들이 이리스를 보내 에일레이튀이아를 불러오게 했다. 헤라가 눈치 못 채게 여신에게 다가간 이리스는 그녀를 황금목걸이로 매수하여 델로스로 그녀를 데리고 왔다. 출산 후 제일 먼저 이 섬에 신전을 짓겠다는 약속을 하고서야 비로소 레토는 겨우 델로스에서 몸을 풀 수 있었다. 레토는 종려나무를 붙잡고 무릎을 꿇은 자세로 아르테미스에 이어 아폴론을 낳았다. 아폴론과 아르테미스가 태어나자, 포세이돈은 바다 밑 깊숙한 곳에서부터 거대한 기둥을 세워 떠돌이 섬인 델로스를 고정시켰다.

갓 해산을 한 레토는 헤라의 보복을 피하기 위하여 두 아이를 안고 뤼키아로 도망갔다. 뜨겁게 내리쬐는 불볕더위를 이겨가며 긴 여행을 한 레토는 심한 갈증을 느꼈다. 그때 농부들이 일하고 있는 조그만 호수를 발견한 그녀가 땅에 무릎을 꿇고 물을 마시려하자 헤라의 보복을 두려워한 농부들이 이를 방해하였다. 심지어는 그녀가 물을 마시지 못하게 물을 흐려 놓았다. 이에 화가 난 레토는 농부들을 개구리로 변신시켰다.

정의의 여신 테미스로부터 암브로시아와 넥타르를 받아먹은 아폴론과 아르테미스는 빠르게 성장하였다. 아르테미스는 사냥에 전념하며 처녀로 남겠다고 제우스에게 기도하였고, 아폴론은 약속한 대로 자신의 첫 번째 신전을 델로스 섬에 세우고는 앞으로 뤼라로 노래를 부르며 살겠노라고 선언했다. 아폴론은 일 년에 한 번 이 섬으로 돌아와서 자신의 출생을 기념하는 축제에 참여하였고, 그때마다 델로스는 그리스 전역에서 온 참배객들로 가득 채워졌다. 이로써 불모의 섬 델로스는 모든 그리스인의 숭배를 받는 영광스런 성지로 바뀌었다.

아폴론이 올림포스로 들어서자 레토가 다정히 그에게 다가가 달래듯 활과 화살통을 받아 제우스의 옥좌 옆에 걸었다. 그가 제우스의 오른편에 앉자 제우스는 자신의 황금 잔에 손수 넥타르를 따라 주었다. 일 년에 한 번 아폴론이 올림포스에 올 때마다 이러한 장면이 연출되었다. 아폴론은 올림포스에 거주하지 않았고, 주로 델포이나 델로스 섬 또는 그리스의 최북단 휘페르보레이오스에서 지내기 때문이었다. 그가 올림포스로 오는 날에는 커다란 축제가 벌어졌다. 아폴론이 뤼라를 켜면 아홉 명의 무사들도 각자의 악기로 반주를 하였다. 우아의 여신 카리스 3자매와 계절의 여신 호라이 자매는 합창을 하고, 아프로디테와 아르테미스를 비롯한 여신들은 춤을 추었다. 축제의 흥이 최고조에 이르면 아폴론의 춤으로 막을 내린다. 그의 음악과 춤은 신과 인간 모두에게 커다란 기쁨을 선사하였다고 한다.

제우스의 신임과 사랑을 독차지한 아폴론이었지만 인간에게 봉사하지 않으면 안 되었다. 첫 번째는 헤라, 포세이돈과 공모하여 제우스의 권좌를 뒤엎으려고 한 죄 때문에 포세이돈과 함께 트로이 성벽을 쌓아야 했다. 두 번째는 퀴클롭스 형제를 죽인 죄를 씻기 위해 아드메토스 왕에게 일 년간 봉사해야 했다.

델포이 신탁소

아폴론은 자신의 권력을 더욱 확실하게 하기 위해 제우스의 뜻을 전하는 신탁소를 세우기로 마음먹었다. 목양의 신 판에게 예언의 능력을 익힌 그는 델포이로 향하였다. 보이오티아에 들어서자 샘이 깊어 물이 풍부하고 주변은 온통 숲으로 둘러싸인 장소가 눈에 띄었다. 이곳은 이미 텔푸사라는 요정이 관리하고 있었다. 아폴론은 요정에게 자신의 뜻을 전하였으나, 온종일 나그네들과 그들의 노새가 와서 물을 마시기 때문에 신탁을 내리기에는 적당하지 않다는 말에 다른 지역을 찾아 나섰다.

델포이 북쪽의 파르낫소스 산 밑에 신탁을 내리기 좋은 장소가 발견되었다. 하늘을 찌를 듯 한 산봉우리들과 깊은 골짜기가 어우러져 있고 바로 옆에는 물이 풍부한 샘이 있었다. 그 샘은 테미스가 가이아의 신탁을 내리던 곳으로 퓌톤이라는 큰 뱀이 지키고 있었다. 이 뱀은 가이아의 아들로서 성질이 포악하여 샘물을 마시러 오는 짐승과 인간을 가리지 않고 닥치는 대로 마구 잡아먹었다. 아폴론은 화살을 쏘아 이 뱀을 죽였다. 죽임을 당한 이유는 아폴론에게 신탁을 내리는 방법을 가르쳐 주지 않았기 때문이라고 하고 또는 아폴론의 어머니 레토를 괴롭혔기 때문이었다고도 한다. 어찌하였든 퓌톤을 죽인 일은 가이아에 대한 불경이므로 제우스는 아폴론에게 텟살리아 지역의 템페 강에 가서 몸을 씻고 정죄할 것을 명했다. 퓌톤을 제압한 아폴론의 정화 의식을 기념하여 기원전 586(또는 582)년부터 4년마다 델포이에서 퓌티아 제전이 열렸다.

뒤늦게 비로소 요정 텔푸사에게 속았다는 것을 깨달은 아폴론은 샘을 바위로 메우고 그 위에 자신의 신전을 세웠다. 아폴론은 퓌티아를 델포이라는 이름으로 바꿔 자신이 신탁소의 지배자임을 선포하였다. 그리고는 퓌톤을 섬기던 여사제들을 그대로 자신의 신전에서 일하게 하였다. 신탁소의 이름이 델포이로 바뀌었어도 신탁을 주관하는 여자 신관이 퓌톤이었기 때문에 퓌티아라는 명칭을 그대로 사용하였다. 신전의 남자 사제들은 돌고래로 변신한 아폴론이 크레테 섬에서 데리고 온 젊은 선원들이었다.

헤라클레스가 델포이에 와서 신탁을 청하였으나 아폴론의 여사제들이 그에 응하지 않았다. 이에 화가 난 헤라클레스가 세 발을 가진 성스러운 솥을 빼앗아 갔고, 둘 다 만만치 않은 상대라서 싸움은 쉽게 끝나지 않았다. 사랑하는 두 아들의 싸움을 보다 못한 제우스가 중간에 끼어들어 중재하였다. 헤라클레스가 솥을 돌려주는 대신 아폴론은 신탁을 내려 주기로 합의하고 싸움은 끝났다. 그 이후에 아폴론과 헤라클레스는 사이가 좋아졌다. 아폴론은 헤라클레스가 오르코메노스 왕의 공격으로부터 조국 테베를 지킬 수 있도록 도와주었고, 아폴론은 헤라클레스에게 활을 건네주었다.

아폴론의 응징

아폴론은 자신뿐만 아니라 자신의 어머니를 무시하거나 자존심에 상처를 주는 인간에게는 용서가 없었다. 델포이의 샘 근처에서 자신의 어머니 레토를 겁탈하려던 거인 티튀오스를 죽여 타르타로스에 가둬버린 적도 있었다.

신의 피를 이어받아 불사의 몸이었던 거인족 오토스와 에피알테스 형제가 자만에 빠져 올림포스의 신족을 기만하고 헤라와 아르테미스를 자신들의 부인으로 삼겠다고 공언하였을 때였다. 이들은 올림포스 산 위에 옷사 산을 올리고, 그 위에 펠리온 산을 쌓은 다음 이 산에 올라 올림포스로 승천하려 하였다. 또한 바다를 산으로 메우고 산은 바다로 만들겠다고 호언하였다. 이를 저지하려던 전쟁의 신 아레스는 오히려 거인 형제들에게 붙잡혀 청동항아리에 갇혔다가 헤르메스에게 구출되기도 하였다. 이들 형제는 불사의 몸이었으나 서로 싸우면 죽는 운명을 가지고 있었고, 이 사실을 아폴론이 아르테미스에게 알려주었다. 여신이 에피알테스에게 낙소스 섬에서 그들의 구혼을 받아들이겠다고 전하자 그림자처럼 붙어 다니던 오토스도 함께 왔다. 헤라가 그 자리에 없는 것을 안 오토스는 에피알테스가 그녀를 숨긴 것으로 여기고 두 형제간에 다툼이 생겼다. 이때 사슴으로 변신한 여신이 두 형제 사이에 나타나자 사냥에 능숙하였던 두 형제는 각자의 활시위를 당겨 서로를 쏘고 말았다. 이들은 저승에서 등진 채 기둥에 묶여 뱀에게 고통을 당하는 벌을 받고 있다.

니오베는 아들과 딸을 각각 일곱씩, 열 네 명의 자식을 낳았다(헤

시오도스에서는 6남 6녀라고도 한다). 레토가 아폴론과 아르테미스 둘밖에 못 낳았으니 자신이 레토보다 자식 복이 더 많다고 자랑하였다. 이에 화가 난 아폴론은 키타이론 산에서 사냥하던 그녀의 아들들을 모두 죽이고, 아르테미스는 집 안에 있던 딸들을 모두 활로 쏴 죽였다. 이에 상심한 니오베는 테베를 떠나 시필로스의 아버지를 찾아갔다. 그곳에서 그녀는 제우스에게 기도하여 돌로 변하였으나 돌이 된 뒤에도 밤낮없이 눈물을 흘렸다고 한다.

아폴론의 모험담

아폴론이 전쟁에서 트로이를 지원하였다는 것은 잘 알려져 있다. 아가멤논이 아폴론 신전의 사제 크뤼세스의 딸 크뤼세이스를 자신의 여인으로 만들자, 화가 난 그는 그리스 진영으로 질병의 화살을 쏘아 아가멤논과 아킬레우스 간에 갈등을 유발하였다. 또한 디오메데스가 아이네이아스에게 상처를 입혔을 때, 아폴론은 그의 환영을 만들어 그리스 진영으로 유인하여 진짜 아이네이아스를 전쟁터 밖으로 옮겼다. 바위에 맞아 정신을 잃고 쓰러진 헥토르를 일으켜 세워 준 것도 아폴론이었다. 테우크로스가 헥토르를 향해 아홉 번이나 활을 쏘았을 때에도 아폴론이 화살을 빗나가게 했다. 파트로클로스의 창에 죽은 사르페돈의 시신을 놓고 양측이 치열한 공방전을 벌일 때도 아폴론은 트로이의 글라우코스를 도와 심한 부상에도 불구하고 꿋꿋하게 싸울 수 있게 도와주었다. 헥토르와 파트로클로스의 결투에서 그의 머리를 내리쳐 치명상을 입힌 것도 아폴론이었다. 파트로클로스가 정신을 잃고 쓰러진 다음에야 비로소 아폴론은 헥토르에게 나머지 뒤처리를 맡겼다. 아킬레우스의 유일한 약점인 발뒤꿈치에 파리스의 화살이 정확하게 맞게 도와준 것도 아폴론이었다.

아레스의 아들 플레귀아스 왕은 힘이 세고 성질이 포악해서 지나가는 나그네에게 싸움을 걸어 때려죽이곤 했다. 그가 아폴론의 땅 테베로 쳐들어왔을 때, 화가 난 아폴론이 그를 영원한 어둠이 깃든 타르타로스에 던져 버렸다.

오이칼리아 왕 에우뤼토스는 헤라클레스에게 활쏘기를 가르칠 정도로 인간 중에서는 활을 가장 잘 쏘았다. 에우뤼토스는 분수를 모르고 아폴론에게 도전했다가 패배하여 죽임을 당하였다.

아르고스의 영웅 알크마이온에게 자신의 어머니 에리필레를 죽이라고 명령한 것도 아폴론이었다. 에리필레는 뇌물에 매수되었던 남편 암피아라오스를 전쟁터로 보내 죽게 하였고, 아들 알크마이온의 목숨도 위험에 빠뜨렸기 때문이었다.

오레스테스가 자신의 어머니를 살해한 죄로 재판정에 섰을 때, 아폴론은 아테나의 도움을 받아 그의 범죄가 아버지 아가멤논의 억울한 죽음을 복수하기 위한 것이므로 무죄라고 변호하여 죄를 씻어 주었다.

아폴론의 연인들

아폴론은 훤칠하고 준수한 미남으로 요정뿐만 아니라 인간과도 많은 사랑을 나누었다. 그는 9명의 무사 가운데 탈레이아와 칼리오페와 관계를 가졌다. 희극을 담당하는 탈레이아에게서는 올림포스의 춤꾼 코뤼반테스 형제를 얻었다. 서사시를 담당하던 칼리오페에게서는 오르페우스라는 당대 최고의 음악가를 얻었다. 그가 아폴론에게서 받은 뤼라를 켜면 신과 사람들뿐만 아니라 동물들과 산천초목까지도 깊은 감명을 받았다고 한다. 케이론의 조언에 따라 오르페우스는 이아손과 아르고 호號의 일원이 되어 콜키스의 황금양털을 찾아 나서기도 하였다. 이아손 일행이 귀향길에 세이렌 자매들을 만나 위험에 처했을 때는 그의 악기와 노래로 좌초를 면할 수 있었다.

유부녀라고 해서 아폴론의 유혹으로부터 안전한 것은 아니었다. 포세이돈의 아들 퀴크노스의 아내 프로클레이아는 아폴론과의 사이에서 테네도스의 왕 테네스를 낳았다. 테네스는 트로이 전쟁에 참가하기 위해 가는 아킬레우스의 길을 막았다. 아들의 운명을 아는 아킬레우스의 어머니 테티스는 아킬레우스에게 테네스를 죽이면 아킬레우스 자신도 후에 아폴론의 화살에 죽게 될 것이니 그를 죽이지 말라고 경고하였다. 이를 무시한 아킬레우스는 발뒤꿈치에 아폴론의 화살을 맞아 죽음으로써 그 예언은 실현되었다.

아폴론은 테로에게서는 카이로네이아를 세운 영웅 카이론을, 드뤼오페로부터는 암피사를 건설한 암피소스를, 코뤼키아에게서는 뤼코레이아를 세운 뤼코로스를 각기 얻었다.

또한 아테네 왕 에레크테우스의 딸 크레우사를 강제로 범해 임신시켰다. 그녀는 이 사실을 감추고 아이를 낳아 숲속에 버렸지만 아폴론이 그 아이를 거두었다. 이 아이가 이오니아의 시조가 되는 이온이었다. 아테네 왕위를 이을 후손이 없자, 아폴론은 이온의 출생비밀을 밝혀 그를 왕으로 추대하였다.

테베의 예언자 테이레시아스의 딸 만토는 아폴론의 사랑을 받아 위대한 예언자 몹소스를 낳았다. 트로이 전쟁 때 그리스의 예언자로 명성이 자자했던 칼카스는 그녀와 경연을 벌여 패배하였고 이를 비관하여 자살하였다. 칼카스는 자신보다 더 훌륭한 예언자와의 대결에서 패배하여 죽는다는 신탁이 있었다고 한다.

아레이아는 크레테 왕 미노스의 딸이었다. 그녀에게서 아폴론은 세 아들 밀레토스, 낙소스, 퀴돈을 얻었다. 밀레토스는 이온과 같이 숲 속에 버려졌지만 아폴론이 보낸 늑대의 젖을 먹고 자랐다. 밀레토스는 소아시아에 나라를 건설하여 자신의 이름을 따서 밀레토스라 하였다.

아폴론은 텟살리아의 공주 코로니스를 사랑하였지만, 그녀는 에일라토스의 아들 이스퀴스를 더 좋아하였다. 이스퀴스와 결혼한다는 소식을 까마귀로부터 전해들은 아폴론은 활을 쏴서 그녀를 죽였다. 그러나 그녀의 복중에서는 어린 태아가 살아 숨 쉬고 있었다. 아폴론은 아이를 꺼내어 케이론에게 데려갔다. 케이론은 그 아이를 양육하면서 의술과 사냥기술도 가르쳐 주었는데, 그가 바로 아스클레피오스였다. 그의 숭배지는 펠로폰네소스 반도의 에피다우로스였다.

텟살리아의 왕녀 퀴레네에게 반한 아폴론은 그녀와 함께 멀리 리뷔에로 피신하여 사랑을 나누었다. 이들 사이에서 태어난 아리스타이오스는 전염병으로부터 주민들을 구해 주었다.

아르고스의 프사마테는 아폴론의 사랑을 받아 리노스를 낳았다. 딸이 외간 남자와 정을 통하여 아이를 낳자, 이 사실을 안 아버지는 아내와 프사마테를 죽여 그 시신을 개의 먹이로 주었다. 이를 알게 된 아폴론은 이 지역에 전염병을 보냈고 왕은 그 주민들에게 죽임을 당하게 하였다. 억울하게 죽은 프사마테와 리노스를 위한 사당이 지어졌고, 매년 제사를 지내어 그들을 위로하자 아폴론은 질병을 거두었다.

수많은 여인들과 사랑을 나누었던 아폴론도 사랑을 거부당한 적이 제법 있었다. 쿠마이의 시빌레는 두 손으로 움켜쥘 수 있는 모래만큼 살 수 있게 해준다면 그의 구혼을 받아들이겠다고 하였지만, 소원을 이룬 그녀는 그의 사랑을 거부하였다. 아폴론과 인간 이다스의 구애를 동시에 받았던 마르페사는 둘 중에 한 명을 택하라는 아폴론의 요구에 이다스를 선택하였다. 프리아모스의 딸 캇산드라는 아폴론의 구애를 받아 예언의 능력을 갖게 되었으나 그의 사랑을 거부했기 때문에 그녀의 예언은 저주를 받아 설득력을 잃었다. 다프네는 아폴론의 사랑을 거부하며 월계수로 변하였다. 아폴론의 구애를 받은 요정 시노페는 아이러니하게도 그녀가 죽을 때까지 처녀의 몸으로 있게 해달라고 부탁하였기 때문에 아폴론은 또 한 번 사랑의 쓴 맛을 보았다.

아르테미스(Artemis, lat. *Diana*)

헤시오도스에 의하면, 아르테미스는 세 개의 몸이 하나로 붙어있는 형상으로 표현된다. 하늘에 있을 때는 달의 여신 셀레네, 땅위에 있을 때는 아르테미스, 어둠과 지하세계에서는 헤카테의 모습을 한다. 아르테미스는 아폴론과 함께 델로스 섬에서 태어났다고도 하고, 아르테미스는 오르튀기아에서 그리고 아폴론은 델로스 섬에서 태어났다고도 한다. 수렵과 궁술의 여신 아르테미스는 야생동물과 순결의 수호자였다. 원래는 이 여신은 처녀신이 아니라 선주민의 지모신 또는 에페소스에서 숭배되었던 많은 유방을 가진 지모신과 관계가 있었다고 한다. 이 때문에 아르테미스는 많은 지역에서 다산과 출산, 신생아의 수호신으로 숭배되었다.

고대 그리스에서는 아르테미스에게 미움을 받으면 큰 화를 입는 것으로 알려졌다. 아르테미스는 순결에 대한 집념이 지나쳐 자신이 거느리고 있는 요정들조차 남자들과 관계를 가지면 모두 활로 쏘아 죽였다. 남자들이 갑자기 죽으면 아폴론의 화살을 맞아 죽었다고 여겼고, 아르테미스의 화살은 여자들의 죽음을 가져온다고 믿었다. 여신이 죽음과 연관되기 때문에 지하세계의 헤카테와 동일시되었을 것이다. 헤카테가 지모신으로서 아르테미스와 같이 여겨졌지만 주로 죽은 자의 세계와 관련이 많았다.

아폴론과 마찬가지로 아르테미스도 올림포스의 다른 신들과 달리 남의 일에 간섭하지 않고 대부분 자신을 위한 시간을 보냈다. 여신은 요정들을 거느리고 산야를 뛰어다니거나 사냥을 좋아했기 때문에 자신의 즐거움을 방해하는 자에 대해서는 용서가 없었다. 그녀는 아폴론처럼 활과 화살을 메고 다녔으며 수십 명의 요정들과 함께 개를 데리고 사냥을 즐겼다.

아르테미스의 응징

아르테미스를 모독하거나 그녀에 대한 숭배를 게을리 한 많은 인간들은 여신의 벌을 받았다. 카드모스의 손자이자 사냥꾼으로 유명한 악타이온이 키타이론 산에서 사냥을 하다 숲에서 길을 잃어 헤매던 중 동굴에서 아르테미스가 목욕하는 모습을 보았다. 그를 보고

놀란 여신이 그의 얼굴에 물을 뿌리자 그는 사슴으로 변하였고, 그는 주인을 알아보지 못한 사냥개들의 먹이가 되었다. 사슴을 잡아먹은 사냥개들은 자신들의 성과를 보여주고자 주인을 찾아 헤매다 악타이온의 스승 케이론의 동굴까지 갔다. 케이론은 그런 개들의 모습이 안타까워 악타이온으로 변신하여 개들을 위로해 주었다.

아르카디아 왕 뤼카온의 딸이자 요정 칼리스토는 아르테미스의 사냥 친구로서 처녀로 남겠다고 여신에게 맹세하였다. 아르테미스로 변신한 제우스에게 몸을 허락한 칼리스토는 아르카스를 낳았다. 헤라의 저주로 곰으로 변신된 칼리스토와 자신의 어머니를 활로 쏘려는 아르카스는 제우스에 의해 천상에 올려져 큰곰자리와 작은곰자리가 되었다.

칼뤼돈 왕 오이네우스는 처음 수확한 곡물을 여신에게 바치는 일을 잊었기 때문에 아르테미스는 멧돼지를 풀어 그의 나라를 황폐하게 만들었다.

아폴론이 일 년간 봉사하였던 페라이의 왕 아드메토스가 펠리아스 왕의 딸 알케스티스에게 구혼했다. 펠리아스는 그에게 사자와 멧돼지 등에 멍에를 얹어 전차를 끌면 자신의 딸을 주겠노라고 했다. 아폴론의 도움을 받은 아드메토스는 전차경기에서 승리하여 그녀와 결혼하였다. 그러나 결혼식 때 아르테미스에게 제물 바치는 것을 그들이 깜박 잊자, 여신은 신혼 첫날밤 침실에 뱀이 들끓게 하였다.

운명의 여신들은 아드메토스가 죽게 될 경우, 누군가가 그의 죽음을 대신하면 그를 살려주겠다고 했다. 그에게 죽음의 그림자가 드리웠을 때 그의 부모조차도 대신 죽으려하지 않았지만 그의 부인 알케스티스가 그 대신 죽었다. 다른 설에 의하면, 알케스티스를 데리러 온 죽음의 신 타나토스를 상대로 헤라클레스가 싸워서 그를 돌려보냈다고도 한다. 알케스티스의 희생에 감동한 페르세포네는 그녀를 다시 살려 보냈다고 한다.

트로이 원정에 나섰던 뮈케네 왕 아가멤논이 신기에 가까운 활솜씨로 사슴을 사냥하였다. 자만심에 빠진 그가 아르테미스의 활솜씨에 비교하며 자랑하였다. 이에 화가 난 여신은 그의 군대가 아울리스에서 출항할 수 없도록 모든 바람을 잠재웠다. 예언자 칼카스의 신탁에 따라 아가멤논은 자신의 딸 이피게네이아를 제물로 희생시킴으로써 여신의 노여움을 풀고 비로소 원정길에 오를 수 있었다.

헤르메스(Hermes, lat. *Mercurius*)

'돌무더기'라는 의미를 갖는 헤르메스는 제우스의 전령으로 도둑과 상인의 수호신이자 영혼을 명계에 인도하는 안내자였다. 헤르메스는 어떠한 일을 해결하기 위해서는 수단과 방법을 가리지 않았기 때문에 그가 상인들의 수호신이 된 것은 당연한 일이었다. 죽은 자의 영혼을 지하세계의 입구까지 데려가 카론의 배에 태우는 일도 헤르메스의 몫이었다. 그는 날개 달린 모자 페타소스를 쓰고 날개 달린 샌들 탈라리아를 신고 민첩하게 움직였다. 그의 손에는 두 마리의 뱀이 감겨 있는 케뤼케이온 또는 카드케오스라는 지팡이를 지니고 있다. 이는 의술을 상징하는 지팡이로서 잠이 들게 하고 마음대로 깨울 수 있는 마력을 지니고 있다.

아폴론의 소

아틀라스는 오케아노스의 딸 플레이오네와의 사이에서 마이아, 엘렉트라, 알퀴오네, 스테로테, 켈라이노, 타위게테, 그리고 시쉬포스와 결혼한 메로페라는 일곱 명의 딸을 얻었다. 이들은 플레이아데스라는 요정들로서 퀼레네 산에 거주하였다.

제우스는 아틀라스의 딸 마이아를 사랑하여 헤라가 잠든 사이에 그녀가 있는 퀼레네 산의 동굴을 자주 찾아갔다. 새벽에 태어난 헤르메스는 낮이 되자 동굴 밖으로 걸어 나와서 무사들의 숭배지 피에리아(=마케도니아)에 있는 아폴론의 소 떼를 훔쳤다. 그는 발자국을 남기지 않고 소를 펠로폰네소스 반도의 퓔로스로 몰고 갔다. 여기서 그는 소 두 마리를 잡아 제우스에게 제물로 바치고 나머지는 동굴에 감추었다. 퀼레네의 동굴로 돌아가는 길에는 기어가는 거북이 한 마리를 잡아 그의 등 껍데기를 떼어낸 뒤, 훔친 소의 창자를 이용하여 일곱 개의 현絃이 달린 뤼라도 만들었다.

아폴론은 퓔로스의 주민들에게서 한 소년이 소 떼를 몰고 가는 것을 목격하였다고 들었다. 다른 설에 의하면, 바토스라는 노인이 그 길을 아폴론에게 가르쳐주었다고 한다. 바토스는 훗날 이 일 때문에 헤르메스에 의하여 돌로 변한다. 하지만 소의 발자국이 없어 그 길을 찾지 못하자, 아폴론은 예언의 능력을 통하여 헤르메스가 잠자고

있는 퀼레네 동굴을 찾아냈다. 동굴 속을 뒤져보았지만 증거가 될 만한 것을 찾지 못하자 아폴론은 화가 나서 그를 제우스에게 끌고 갔다. 헤르메스는 결백을 주장하면서 아폴론이 잠시 등을 돌린 사이에 그의 화살과 화살통까지 훔치는 날렵함을 보였다. 이 모든 것을 알고 있는 제우스는 그에게 아폴론의 가축들을 돌려주라고 했다. 헤르메스는 가축을 숨겨놓은 퓔로스로 아폴론을 인도하면서 뤼라를 연주했다. 묘한 음색에 매력을 느낀 아폴론은 그 악기가 탐났다. 물론 그것은 헤르메스가 의도한 바였다. 헤르메스는 뤼라를 주는 대신 소에 대한 일은 없었던 것으로 하자고 제의했고 아폴론도 이에 동의하였다. 헤르메스가 그에게서 훔쳤던 화살과 화살통도 돌려주자, 그 사실을 모르고 있던 아폴론은 다시 한 번 놀랐다. 이후 두 사람은 가까운 사이가 되었고, 아폴론은 헤르메스를 가축의 수호신으로 삼았다. 또한 아폴론은 그에게 돌로 점을 치는 방법을 가르쳐 주었으며 소몰이에 사용하는 황금지팡이 케뤼케이온도 주었다.

헤라는 제우스가 다른 여자와의 사이에서 낳은 자식들을 몹시 싫어했기에, 헤르메스로서는 어떻게 해서든지 그녀의 마음에 들어야 했다. 그는 기저귀로 몸을 감싸고 헤라의 무릎에 올라앉았다. 이때 헤르메스가 헤라의 아들 아레스로 변장했다고도 한다. 헤라가 진실을 알았는지 몰랐는지 알 수 없으나 어쨌든 그 아기에게 자기 젖을 먹였다. 그 후부터 헤르메스를 자기 아들처럼 사랑하게 되었는데, 이 역시 노련한 헤르메스의 전략이었다.

헤르메스와 연인들

헤르메스와 아프로디테와의 사이에서 헤르마프로디토스가 태어났다. 아프로디테가 헤르메스에게 관심을 가졌던 것은 아니었다. 헤르메스를 귀여워하던 제우스가 그를 가엾게 여겨 아켈로오스 강에서 목욕하던 아프로디테의 황금샌들을 독수리에게 훔쳐오게 하였다. 제우스는 헤르메스에게 그 샌들을 다시 돌려주게 하였다. 헤르메스는 자기와 정을 통하면 샌들을 되돌려 주겠다며 조건을 제시하였고 아프로디테가 할 수 없이 여기에 응했던 것이었다. 이들 사이에서 남녀 자웅동체인 헤르마프로디토스가 출생하였다.

헤르메스는 케크롭스의 딸 헤르세를 보고 한 눈에 반하였다. 궁전에 숨어있던 헤르메스를 본 헤르세의 자매 아글라오스는 그의 심중을 알고 헤르메스에게 황금을 요구하였다. 헤르메스가 그녀의 제의를 거절하자, 헤르세의 침실로 향하는 헤르메스 앞을 가로막았다. 헤르메스는 아글라오스를 돌로 만든 후, 헤르세와 관계를 갖고 케팔로스를 낳았다.

헤르메스는 로도스 섬에 사는 아페모쉬네에게 연정을 품었다. 그녀는 헤르메스의 구애를 뿌리치고 도망치다가 헤르메스가 깔아 놓은 동물 가죽에 미끄러지면서 헤르메스의 품에 안겼다. 오빠 알타이메네스는 임신한 아페모쉬네를 발로 차 죽였다.

디오뉘소스(Dionysos, lat. *Bacchus*)

두 번 태어난 자'라는 의미를 갖으며 바코스라고도 한다. 로마에서는 리베르Liber라고도 하였는데, 이는 술을 마시면 세상의 모든 근심에서 벗어나 자유를 맛볼 수 있기 때문에 이 이름이 붙여졌다. 디오뉘소스는 포도주의 신으로 나중에 헤스티아 대신 올륌포스 12신족 반열에 올랐다. 디오뉘소스는 표범을 거느리고 표범가죽의 옷을 입고 다녔다. 손에는 포도 또는 술잔을 들고 있거나, 혹은 삿갓 모양의 손잡이가 달려 있고 장식이 화려한 튀르소스라는 지팡이를 들고 다녔다. 이는 디오뉘소스 축제 때 디오뉘소스와 그 신도들이 들고 다니는 지팡이로서 손잡이 끝에는 솔방울이 달려있고, 포도넝쿨 또는 담쟁이 넝쿨로 감싸여 있다. 그를 추종하는 뉘사의 요정들과 사튀로스, 실레노스 그리고 사슴 가죽을 몸에 두른 광신도 마이나스들이 그 뒤를 따랐다.

사튀로스는 사람의 얼굴을 지녔지만 머리에 뿔이 있고, 하반신은 염소로 디오뉘소스를 상징하는 지팡이나 술잔을 들고 있는 모습이었다. 주색을 밝히는 무리들로서 '호색한'을 뜻하는 〈satyric〉은 사튀로스에서 유래하였다. 이들의 익살스러운 모습을 본 따서 사튀로스극이 나타났다. 실레노스는 야생동물의 정령을 대표하는 반인반수의 괴물이었다. 사람의 얼굴에 말의 귀, 말의 다리 또는 말꼬리를 하고 있지만, 고전시대에는 사튀로스와 혼동되기도 하였다. 실레노스는 디오뉘소스의 스승으로 음악을 연주하거나 술에 취해 디오뉘소스 일행과 함께 있는 모습으로 표현되기도 한다. 사튀로스가 젊은 모습이지만 실레노스는 노인들로 표현되는 것으로 보아 그만큼 지혜로운 존재로 여겨지기도 한다.

디오뉘소스는 테베의 창설자 카드모스의 딸 세멜레와 제우스 사이에서 태어난 아들이었다. 헤라는 세멜레의 늙은 유모 베로에의 모습으로 변신하여 제우스의 정체를 의심하게 하였다. 세멜레는 제우스에게 올림포스에서의 옷

차림을 보여 달라고 요청하였다. 스틱스 강물을 떠놓고 한 약속을 어길 수 없었던 제우스는 깊은 고뇌에 빠졌다가 곧바로 휘황찬란한 옷차림으로 돌아왔다. 제우스가 신들 사이에서만 입는 가벼운 옷차림으로 세멜레의 방에 들어섰지만 인간의 육체는 신의 광채를 감당할 수 없었으므로 그녀의 몸은 불길에 휩싸였다. 제우스는 세멜레의 몸에서 6개월 된 태아를 꺼내고는 자신의 허벅지를 베어 그 속에 아기를 넣고 다시 꿰매었다. 몇 달 후 제우스는 허벅지에서 어린 디오뉘소스를 꺼내어 헤르메스에게 건네주었다.

헤르메스는 어린 디오뉘소스를 세멜레의 동생이자 흰 물거품의 여신 이노와 그의 남편인 텟살리아의 왕 아타마스에게 맡겨 여장을 하여 키우게 하였다. 그러나 헤라가 보낸 에리뉘스 3자매가 이들을 물어 광기가 들었다. 제정신이 아닌 아타마스는 큰 아들 레아르코스를 사슴인 줄 알고 활로 쏴 죽였고, 이노는 작은 아들 멜리케르테스를 끓는 솥 안에 던져 넣었다. 그리고 나서 이노는 죽은 아이를 끌어안고 바다에 빠져 숨졌다. 아프로디테가 포세이돈에게 탄원하여 이노는 바다의 여신 레우코테아, 멜리케르테스는 바다의 신 팔라이몬이 되어 항해하는 사람들을 지켜 주었다고 한다.

디오뉘소스 신앙

헤라의 분노와 복수심에 놀란 제우스는 디오뉘소스를 새끼 염소로 둔갑시켜 헤르메스에게 건네준 뒤, 뉘사의 요정들에게 맡겨 양육시켰다. 헤라의 눈을 피해 성장한 디오뉘소스는 포도재배와 포도주

제조법을 습득하였다. 성인된 그는 헤라의 집요한 추적에 발각되었고 정신착란을 일으켜 여러 지역을 떠돌기 시작하였다. 이때 실레노스와 사튀로스 그리고 마이나스들이 그를 따라다니며 보좌하였다.

정신착란증에서 치유된 디오뉘소스는 아이귑토스를 거쳐 인도까지 여행하였고 포도재배와 포도주 제조법을 전수하면서 자신의 신앙을 전파하였다. 아이귑토스의 파로스에서는 프로테우스 왕의 환대를 받았고, 리뷔에에서는 암몬 왕의 정적들을 몰아내고 그의 왕위를 되찾아주었다. 이는 디오뉘소스의 첫 번째 전쟁의 승리였다. 두 지역에서 환대를 받았던 디오뉘소스는 그들에게 포도나무를 전해주었다.

동쪽으로 향한 디오뉘소스는 에우프라테스(=유프라테스) 강가에 이르렀다. 그가 포도나무와 줄기로 다리를 만들어 일행이 강을 건널 수 있었다. 티그리스 강가에 이르러서는 제우스가 보낸 호랑이의 도움으로 강을 건널 수 있었다. 디오뉘소스 일행이 인도에 들어갔지만, 모든 지역에서 그와 그의 추종자들을 배척하였다. 디오뉘소스 일행을 적대시한 다마스코스의 왕은 디오뉘소스에 의해 목숨을 잃었다. 이들을 제압한 디오뉘소스는 그들에게 포도나무 재배법을 전수하고는 다시 서쪽으로 발길을 돌렸다.

귀향길에 디오뉘소스와 그의 추종자들은 소아시아에서 아마존 여전사들을 만나 전투를 하였고, 여전사들은 에페소스와 사모스 섬으로 피신하였다. 여전사들을 제압한 디오뉘소스 일행은 프뤼기아에서 자신을 돌봐주었던 레아를 만났다. 여신은 이곳에서 그동안 저지른 그의 살상에 대한 정죄의식을 해주었고 디오뉘소스의 비의를 전수하였다.

프뤼기아를 떠난 디오뉘소스는 트라케에 이르렀다. 이곳의 왕 뤼쿠르고스는 여인들이 술을 먹고 광기에 빠지는 디오뉘소스 신앙을 환영하지 않았다. 마이나스들이 감옥에 갇히자 디오뉘소스를 양육하였던 뉘사의 요정들이 도망갔다. 처음으로 치욕을 당한 디오뉘소스 자신도 바다의 여신 테티스에게 피신하였다. 그러나 마이나스들은 알 수 없는 힘에 의해 감옥에서 풀려났고, 왕 자신도 미쳐서 포도묘목을 자른다며 도끼로 자식들의 손과 발을 절단하였다. 디오뉘소스의 노여움은 죄지은 자의 죽음으로만 풀어진다는 신탁을 전해들은 백성들이 뤼쿠르고스 왕을 말에 묶어 사지를 찢어 죽였다. 디오뉘소스는 그들에게 비의를 가르쳐주고는 자신에게 왕의 계획을 미리 알려주었던 카롭스를 그곳의 왕으로 세운 뒤 귀향길을 재촉하였다.

모든 영웅들은 자신의 고향에서 그 공적을 인정받기 힘들었다. 디오뉘소스 역시 자신이 태어난 테베에서 가장 심한 박해를 받았다.

어머니 자매들이 세멜레의 임신과 디오뉘소스의 출생에 대하여 좋지 않은 소문을 퍼뜨렸기 때문이었다. 더욱이 술에 취해 광기에 빠져 산과 들에서 미친 듯이 뛰며 춤추는 디오뉘소스 신앙이 눈에 고울 리가 없었다. 펜테우스 왕은 그러한 신앙의식을 금지시켰다. 디오뉘소스가 테베로 들어오자, 남녀노소를 막론하고 그의 개선행렬에 참가하고자 구름같이 몰려들었다. 왕은 자신이 직접 디오뉘소스 의식이 거행되는 광경을 보기 위하여 키타이론 산에 올라갔다. 이 종교에 빠진 아가베가 자신의 아들을 멧돼지로 착각하여 달려들었고, 디오뉘소스의 이모 아오토노에와 이노가 그의 양팔을 하나씩 잡고 그를 처참하게 살해하였다.

테베를 떠나 보이오티아의 오르코메노스로 향한 디오뉘소스 일행은 그곳에서도 환영을 받지 못하였다. 그는 여인의 모습으로 변장하여 그들에게 자신의 이야기를 들려주며 디오뉘소스 신앙을 받아들일 것을 권하였다. 여인들이 그의 말을 거부하자, 디오뉘소스는 사자, 황소, 표범의 모습으로 변신하여 그들을 위협하였다. 놀란 여인들이 실성을 하여 자신들의 아이들을 데려와 제단에 제물로 바치기 시작하였다. 이러한 일들이 보이오티아와 그리스 전역에 널리 알

려졌고, 디오뉘소스는 계속하여 여러 지역을 다니며 비의를 전수하였다.

디오뉘소스와 그의 일행들이 박해만 받은 것은 아니었다. 칼뤼돈 왕 오이네우스는 그를 극진히 대접하였다. 일설에 의하면, 오이네우스는 자신의 부인을 디오뉘소스와 동침하게 하였다고 한다. 그 사이에서 헤라클레스의 부인 데이아네이라가 출생하였다. 융숭한 대접에 대한 보답으로 디오뉘소스는 오이네우스에게 포도재배와 포도주제조법을 전수하였다. '포도 사나이'란 뜻을 지닌 그는 그리스에서 처음으로 포도나무를 재배한 사람이었다. 그러나 오이네우스가 아르테미스에게 올리는 제사를 소홀히 하였기 때문에 여신이 보낸 멧돼지에 의해 나라는 황폐화되었다.

앗티케의 이카리오스도 디오뉘소스를 환대하였기 때문에 포도주 제조법을 전수받았다. 포도주를 처음 마신 사람들이 취해서 쓰러지자, 독살된 것이라고 착각한 사람들이 이카리오스를 죽여 암매장하였다. 그의 딸 에리고네가 슬픔을 이기지 못하고 목을 매어 자살하자 주인을 잃은 충견 마이라도 우물에 빠져 죽었다. 이에 화가 난 디오뉘소스는 그 지역에 전염병을 보내 처녀들을 모두 미치게 하여 에리고네와 같이 스스로 목을 매어 죽게 하였다. 아테네인들은 이카리오스와 에리고네의 영혼을 위로하기 위하여 아이오라라는 제사를 지냈다. 이카리오스는 목자자리, 에리고네는 처녀자리, 마이라는 작은개자리가 되어 천상의 별자리로 올려졌다.

티륀스 왕 프로이토스는 이피노에, 리시페, 이피아낫사 세 딸과 메가펜테스라는 아들을 두었다. 그의 세 딸은 디오뉘소스 축제에 참가하기를 거부했다는 이유로 미치광이가 되어 숲 속을 헤매 다녔다. 이에 놀란 프로이토스가 아르테미스에게 부탁하여 겨우 디오뉘소스로부터 용서를 받을 수 있었다.

아리아드네(Ariadne)

소아시아에서 시작된 디오뉘소스 신앙은 트라케를 거쳐 보이오티아와 펠로폰네소스 그리고 그리스 반도에 정착되었다. 낙소스 섬으로 가려던 디오뉘소스가 배에 오르자 선원들은 그를 노예로 팔자고 반대 방향으로 향하였다. 그는 정중히 자신을 낙소스 섬으로 데려갈 것을 요구하였으나 오히려 목숨을 위협받았다. 그러자 갑자기 배가 멈추고 향긋한 포도향이 풍기면서 배 전체가 온통 포도넝쿨로 휘감기 시작하였다. 당황하는 그들 앞에 표범들이 나타났고 디오뉘소스도 사자로 변신하였다. 해적들이 혼비백산하여 바다로 뛰어들었고 그들은 돌고래가 되었다.

낙소스 섬은 디오뉘소스가 즐겨 찾는 곳이었다. 그곳에 도착한 디오뉘소스는 테세우스에게 버림받은 슬픔에 잠겨 있는 아리아드네

를 보았다. 그녀의 아름다움에 반한 디오뉘소스는 그녀를 위로하고 그녀와 결혼하여 렘노스 섬으로 이주하였다. 그녀는 결혼선물로 황금왕관을 받았고, 훗날 그녀가 죽자 디오뉘소스는 그 왕관을 하늘에 올려 별자리로 만들었다. 디오뉘소스와 아리아드네 사이에서 암펠로스, 스타필로스, 오이노피온 세 아들이 태어났다.

디오뉘소스 축제

마지막으로 간 아르고스에서 디오뉘소스는 가장 심한 박해를 받았다. 그는 아르고스의 여인들을 모두 미치게 하였다. 여인들이 자신들의 아이들을 제물로 바치자, 아르고스 왕은 그를 위한 신전을 지어 제사를 지냈다. 이때 아르고스의 왕이 페르세우스라는 이야기도 있다. 위기감을 느낀 페르세우스는 메두사의 머리를 들어 아리아드네를 돌로 만들었다고 한다. 이성을 잃은 디오뉘소스가 이 지역을 황폐화 시키려하자 헤라의 요청에 따라 헤르메스가 중재하여 화해가 이루어졌다고 한다. 그러나 디오뉘소스와 페르세우스가 동시대의 인물이 아니기 때문에 이 이야기의 신뢰성은 매우 희박하다.

디오뉘소스는 그리스 전역에서 숭배되었고 그를 위한 신전이 건축되었을 뿐만 아니라 포도나무와 포도주 재배법과 축제도 열렸다. 매월 3월에 열린 디오뉘소스 축제는 종교로서의 면모를 갖추었다. 오늘날 연극의 기원이 된 이 축제는 아테네가 부족 간의 화합을 도모하기 위하여 10개 부족 공동체를 연합하여 매년 거행하였던 국가적 행사였다. 기원전 5세기 아테네가 그리스 정치의 중심지로 발전하

면서 다른 도시국가뿐만 아니라 지중해 연안의 나라들도 참여함으로써 국제적인 행사로 발전하였다. 축제기간 동안 연극은 경연형식으로 이루어졌는데, 비극 3편과 사튀로스극 1편이 하나의 작품으로 구성하여 출품되었다. 따라서 디오뉘소스는 아테네의 2대 연극제, 즉 희극의 레나니아 축제와 비극의 디오뉘소스 축제를 관장하였다.

디오뉘소스 신앙은 소아시아의 뉘사에서 시작되어 그리스 전역에 퍼졌다. 올림포스 신앙은 고대 그리스 말기에 와서 소피스트들과 철학자들에게 합리성을 공격당하면서 위세가 줄었다. 반면에 교리보다는 의식, 이성보다는 감성, 합리성보다는 신비주의에 뿌리를 둔 디오뉘소스 신앙이 올림포스 신앙을 압도하였다. 또한 죄를 지으면 지옥에서 고통을 당하고, 선행을 통하여 덕을 쌓으면 다음 세계에서 복을 받는다는 윤회설을 내포한 디오뉘소스 축제는 종교적 색체를 띤다. 이로써 디오뉘소스는 헬레니즘 시기에 그리스 최대의 신이 되었다.

모든 과업을 마친 디오뉘소스가 올림포스로 향하자 제우스를 비롯한 모든 신들이 그를 반겼다. 헤스티아가 자신의 자리를 디오뉘소스에게 양보함으로써 디오뉘소스는 인간으로서는 유일하게 올림포스 12신 반열에 올랐다. 그는 여신에게 감사의 표시로 자신에게 바쳐지는 모든 제물을 그녀가 먼저 받게 하였다. 디오뉘소스는 어머니 세멜레가 있는 지하세계로 갔다. 하데스와 페르세포네의 동의를 받아 어머니를 데리고 올림포스로 간 디오뉘소스는 제우스로부터 자신들의 거처를 허락받았다.

제4장

영웅 모험담

▎지친 헤라클레스, 나폴리 국립박물관▕

▌아르고스 왕가▐

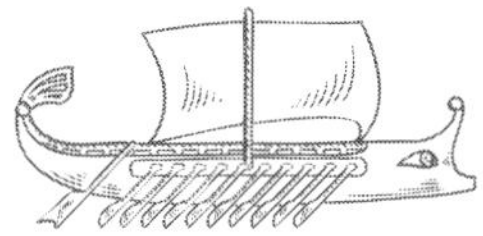

신들과 마찬가지로 많은 활약을 한 영웅들의 이야기도 빠뜨릴 수 없다. 메두사를 상대하였던 페르세우스, 신의 노여움으로 12가지 과업을 수행한 헤라클레스, 아테네 왕 테세우스의 영웅 전설, 그리스 연합군과 트로이 간의 트로이 전쟁, 황금양털을 찾아 나선 아르고호號의 항해 모험담과 트로이 전쟁의 지장 오뒷세우스가 이타케로 귀향하는 항해 모험담 등이 있다.

아르고스 왕가 - 계보 7

벨로스는 아이귑토스와 다나오스라는 두 아들을 두었다. 아이귑토스에게는 50명의 아들들이, 다나오스에게는 50명의 딸들이 있었다. 이들이 왕위를 놓고 다투자, 다나오스는 아이귑토스의 아들들이 두려워 아테나의 조언에 따라 아르고스로 가서 왕이 되었다. 우여곡절 끝에 다나오스의 딸 휘페름네스트라와 아이귑토스의 아들 륑케우스가 결혼을 하여 아바스라는 아들을 낳았고, 그는 아크리시오스와 프로이토스 쌍둥이 아들을 보았다.

왕국을 함께 다스리라는 아바스의 유언에도 불구하고 아크리시오스는 프로이토스를 외면하고 홀로 아르고스의 왕이 되었다. 그는 자신의 딸 다나에가 낳을 아들이 자신을 몰아내고 왕이 될 것이라는 신탁을 듣고 불안해진 나머지 다나에를 청동으로 지은 탑에 가두어 아무도 접근하지 못하게 하였다. 그리고는 프로이토스가 자신의 딸 다나에를 납치하였다는 누명을 씌워 왕국에서 쫓아냈다. 뤼키아로 간 프로이토스는 이오바테스 왕의 딸 스테네보이아와 결혼하여 군사를 이끌고 아르고스를 공격하였다. 승부를 보지 못한 두 사람은 아르고스를 둘로 나누어 아크리시오스는 아르고스를, 프로이토스는 티륀스를 각각 다스리게 되었다.

페르세우스(Perseus)

외손자에게 죽임을 당한다는 저주어린 신탁을 들은 아르고스 왕 아크리시오스는 외동딸 다나에를 청동으로 만든 방에 가두었다. 황금비로 변신한 제우스가 청동 탑으로 들어갔고 다나에와 동침하여 페르세우스를 얻었다. 이 이야기는 햇빛이 땅속으로 스며들어 생명을 불어넣는 현상을 의인화하였다고 볼 수 있다. 손자가 신의 아들이라는 것을 눈치 챈 아크리시오스 왕은 두 모자를 상자에 넣어 바다에 띄워 보냈다. 그들은 세리포스 섬에 도달하여 딕튀스에게 구조되었다. 다나에에게 반한 그의 형이자 섬의 왕 폴뤼덱테스가 그녀에게 청혼했다가 거절당하였고, 얼마 후 폴뤼덱테스는 엘리스에 있는 오이노마오스 왕의 딸 히포다메이아와의 결혼을 발표하였다. 왕이 결혼할 때 신하들은 말을 선물하는 것이 당시의 풍습이었다. 가난한

페르세우스는 선물을 진상하지 못하여 왕의 미움을 받게 되었다. 그는 입장이 난처해져서 할 수만 있다면 결혼선물로 메두사의 머리라도 잘라오겠다는 말을 건넸다. 왕은 그의 제안을 수락하였고, 만일 그 약속을 지키지 못하면 그의 어머니 다나에를 아내로 취하겠다고 하였다. 페르세우스가 궁지에 몰리자 제우스는 헤르메스를 보내 도움을 주었다. 아테나에게는 방패, 헤르메스에게는 날개 달린 샌들, 요정에게는 키비시스라는 바랑과 하데스의 모자를 받은 페르세우스는 모험을 떠났다.

'굳세다'라는 뜻을 지닌 메두사는 가이아와 폰토스의 손녀, 즉 포르퀴스와 케토의 딸이었다. 일반적으로 고르고라고 하면 메두사를 일컫는다. 오비디우스의 〈변신이야기〉에 따르면, 막내 메두사는 원래 어여쁜 여인으로 특히 머리카락이 아름다웠다. 포세이돈과 메두사가 아테나 신전에서 정을 통하자 이에 분개한 아테나가 그녀를 괴물로 만들었다. 또는 그녀가 아테나와 아름다움을 겨루었기 때문에 저주를 받아 뱀으로 변하였다고도 한다. 메두사는 서쪽 끝에 살며 머리카락은 뱀이고 몸은 뱀의 비늘이었다. 그녀와 눈이 마주치면 모두 돌로 변하였다.

메두사의 거처를 알지 못하였던 페르세우스는 그라이아이 3자매를 찾아갔다. 이들은 에뉘오, 페프레도, 데이노 3자매로서 '백발의 노파들'이란 뜻을 가지며 눈이 하나이기 때문에 교대로 사용하였다. 눈을 건네주는 틈을 타서 이들을 제압한 페르세우스는 메두사가 살고 있는 아틀라스 산맥의 동굴을 찾았다. 페르세우스는 아테나가 준 방패를 거울삼아 메두사를 직접보지 않고 그녀의 목을 벨 수 있었다. 이때 그 피에서 날개 달린 천마 페가소스와 황금의 칼을 든 전사 크뤼사오르가 태어났다. 아테나는 페가소스를 잡아 길들인 후에 9명의 무사에게 선사했다.

안드로메다(Andromeda)

천마를 타고 귀향하던 중 아이티오피아(=에티오피아)에 도착한 페르세우스는 바위섬에 묶여 있는 안드로메다를 발견하였다. 그녀는 캇시오페이아의 딸로서 아름답기로 소문이 나있으나 실은 전사가 되고 싶어 했다. 그녀가 자신이 여자라는 이유로 전투에 참가할 수가 없는 현실에 불만이 가득 차 있던 중 공식석상에서는 피네우스 왕자와의 결혼이 발표되었다. 안드로메다는 아테나를 찾아가 하소연을 하였고 그녀의 뜻을 가상히 여긴 여신은 안드로메다에게 은빛 갑옷을 내렸다. 무장한 안드로메다는 남장을 하고 무술시합에서 모든

경쟁자들을 물리쳤다. 그 자리에서 캇시오페이아 왕비가 포세이돈의 아내 암피트리테와 바다의 요정 네레이스들 보다도 자신의 딸 안드로메다가 더 아름답다고 공공연히 떠들어댔다. 이에 화가 난 포세이돈이 괴물을 보내 나라를 황폐하게 만들었다. 왕이 황급히 신탁을 구하자, 포세이돈은 안드로메다를 바다의 제물로 바치라고 요구하였다. 이때 메두사를 처단하고 귀향하던 페르세우스가 안드로메다를 발견하였고, 그는 헤르메스의 날개를 이용하여 괴물을 물리치고 안드로메다를 구하여 전사로서 인정을 받았다. 이때 그녀의 약혼자 피네우스가 부하들과 함께 페르세우스를 공격을 하였으나, 중과부적이었던 페르세우스는 메두사의 머리를 이용하여 그들을 돌로 만들고 안드로메다를 아내로 얻었다.

세리포스 섬으로 돌아온 페르세우스는 이곳의 통치권을 폴뤼덱테스의 동생 딕튀스에게 양보하고 외조부를 찾아 나섰다. 마침 그의 외조부 아크리시오스는 자신의 쌍둥이 동생 프로이토스에게 왕위를 빼앗기고 텟살리아의 라릿사에 머물고 있었다. 그는 그곳에서 열린 원반던지기 경기를 관람하던 중 페르세우스가 던진 원반에 맞아 숨진다. 이 이야기는 인간에게 주어진 운명은 도저히 피할 수 없다는 경고로서 신에 대한 숭배사상을 강조하는 내용이다. 외조부를 살해했다는 죄책감으로 아르고스에 가지 못한 페르세우스는 메가펜테스와 영토를 바꾸어 티륀스의 왕이 되었다. 이후 페르세우스는 뮈케네를 건설하여 티륀스의 영토를 확장하였고, 이 과정에서 프로이토스가 페르세우스에게 대항하다 돌로 변하였다. 얼마 후, 메가펜테스가 페르세우스를 죽임으로써 아버지의 원수를 갚았다.

뮈케네 왕가

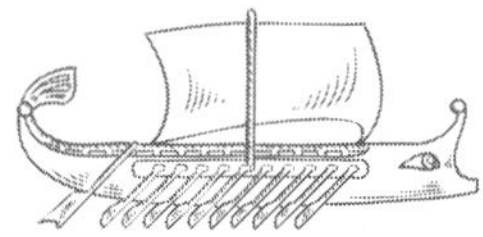

뮈케네 왕가 - 계보 7

페르세우스와 안드로메다는 엘렉트뤼온, 알카이오스, 스테넬로스, 메스토아 네 아들을 두었다. 어느 날 메스토아의 손자 프테렐라오스가 뮈케네 왕 엘렉트뤼온의 왕위를 찬탈하고자 침공하였다. 네 아들 중 단 한 명만이 살아남았고, 전쟁에서 승리한 프테렐라오스는 많은 소 떼를 가져갔다. 이때 티륀스 왕 알카이오스와 펠롭스의 딸 아스튀다메이아 사이에서 태어난 암피트뤼온이 엘렉트뤼온의 딸 알크메네를 흠모하여 구혼을 청하였다. 전쟁의 후유증으로 여력이 없었던 엘렉트뤼온은 그들의 약혼을 허락하였지만, 프테렐라오스에게 복수를 한 후에 결혼을 허락하겠노라고 약속했다. 엘렉트뤼온은 암피트뤼온에게 펠로폰네소스의 엘리스 지역으로 끌려간 자신의 소 떼를 다시 찾아올 것을 결혼조건으로 내세웠다. 그가 소 떼를 되찾아 올 무렵, 암소 한 마리가 미쳐 날뛰었고 이를 저지하려던 엘렉트뤼온이 암피트뤼온의 지팡이에 맞아 죽었다. 이것을 빌미로 그의 숙부 스테넬로스는 그를 살인죄로 몰아 추방하고 자신이 뮈케네 왕위에 올랐다.

암피트뤼온과 알크메네는 테베로 피신하여 크레온 왕에게 정화의식을 받았다. 이때 알크메네는 전쟁에서 죽은 오빠들의 복수를 도와달라고 크레온 왕에게 간청하였다. 당시 테베를 쑥대밭으로 만든 여우 한 마리 때문에 골머리를 앓고 있었던 크레온은 도움의 조건으로 그 짐승을 제거해 줄 것을 요청하였다. 암피트뤼온은 아테네로 가서 케팔로스의 사냥개 라이라푸스를 빌려 여우를 잡으려 했지만 성공하지 못하였다. 끝없는 추격전을 벌이는 두 짐승을 보다 못한 제우스가 그들을 돌로 변신시켰다. 암피트뤼온은 원정대를 이끌고 타포스 섬으로 가서 프테렐라오스를 죽이고 개선하였다.

헤라클레스(Herakles, lat. *Heracules*)

암피트뤼온이 타포스 섬에서 집으로 되돌아올 무렵, 제우스가 암피트뤼온으로 변신하여 그의 부인 알크메네와 동침을 하였다. 전쟁을 끝내고 돌아온 암피트뤼온은 아내가 자신을 그다지 반기지 않자 그 이유를 물었다. 간밤에 돌아오지 않았느냐는 아내의 반문에 놀란 암피트뤼온은 예언자 테이레시아스를 찾아가 모든 사실을 듣게 되었다.

알크메네는 두 아들을 낳았다. 헤라클레스는 제우스의 피를, 이피클레스는 암피트뤼온의 피를 받은 인간의 아들이었다. 그의 출생을 반기지 않았던 헤라는 헤라클레스를 죽이기 위하여 요람에 뱀을 집어넣었다. 다른 설에 의하면, 암피트뤼온이 자신의 아기가 누구인지 알기 위하여 침실에 뱀을 넣었다고도 한다. 뱀을 본 헤라클레스가 맨손으로 뱀의 목을 졸라 죽이자 그는 이피클레스가 자신의 아들임을 알았다.

헤라클레스는 암피트뤼온에게 전차기술을, 아우톨뤼코스에게 레슬링을, 카스토르에게 전투를, 에우뤼토스에게는 궁술을 배웠다. 펠로폰네소스 반도의 네메아에서는 스스로 몽둥이 기술을 익혔다. 무술을 연마한 그는 헤르메스로부터 칼을, 아폴론으로부터 활과 화살을, 헤파이스토스로부터 황금 가슴막이를, 그리고 아테나로부터는 옷을 받았다.

그는 칼리오페와 아폴론의 아들이자 오르페우스의 동생 리노스에게 뤼라를 변형시킨 키타라라는 7현의 악기 연주법을 배우다가 꾸중을 듣자 그를 때려 죽였다. 헤라클레스는 살인죄로 고발을 당했지만 정당방위라는 이유로 무죄판결을 받았다.

암피트뤼온은 헤라클레스의 야만성을 누그러뜨리기 위해서 키타이론 산에서 양치기 일을 맡겼다. 이 무렵 아름다운 요정 두 명이 방문을 했고, 그들은 헤라클레스의 인생이 자신들에게 달려 있다며 둘

중에 하나를 선택하라 하였다. 그들의 이름은 쾌락과 미덕이었다. 쾌락을 선택하면 언제나 즐겁고 안락한 삶을 얻고, 반면에 미덕을 선택하면 숱한 고난을 겪지만 후에는 불멸의 삶을 누리는 길이라고 했다. 고심 끝에 헤라클레스는 미덕을 택하였다. 이로써 그에게 주어진 삶의 여정은 그야말로 죽음의 가시밭길로 들어서게 된다. 그는 누구보다도 험난한 인생을 살았으나 시련은 그를 영웅으로 이끌었다.

그가 18세 되던 해에 키타이론 산의 사자를 제압하였는데, 이는 그의 첫 번째 무훈담이었다. 헤라클레스는 몸에 그 사자가죽을 두르고 올리브 몽둥이를 들고 다녔다. 당시 사자는 암피트뤼온의 소뿐만 아니라 테스피오스의 소들도 습격하였다. 헬리콘 산 부근 테스피아이의 왕 테스피오스는 헤라클레스를 50일간 환대하면서 자신의 딸 50명을 매일 밤마다 교대로 그와 동침하게 하였다. 그는 자신의 딸들이 헤라클레스의 씨를 받아 훌륭한 영웅들이 태어나기를 바랐던 것이었다. 헤라클레스는 늘 같은 여인과 동침을 하는 줄 알고 그들 모두와 관계를 가졌다.

키타이론 산에서 돌아오는 길에 헤라클레스는 테베로 공물을 거두러 온 에르기노스 왕의 사신들을 만났다. 에르기노스의 아버지가 펜테우스의 손자 메노이코스의 마부가 던진 돌에 맞아 숨지자, 에르기노스가 이를 빌미로 테베를 공격하여 승리하였다. 이 패전으로 인해 그는 20년 동안 해마다 공물로 황소 100마리를 바치겠다는 조약을 맺었다. 사신들을 보고 화가 난 헤라클레스는 그들의 귀와 코, 손을 잘라 자기 나라로 돌려보냈다. 이 때문에 에르기노스 왕과 테베의 크레온 왕 사이에 전투가 벌어졌다. 헤라클레스는 아테나의 도움으로 에르기노스를 죽이고, 그들에게 테베에서 바친 공물의 두 배를 강요하였다. 그 공로를 치하한 크레온 왕은 그를 자신의 딸 메가라와 결혼시켰다.

아내와의 약속대로 모험을 그만 두었던 헤라클레스는 넘쳐나는 혈기를 주체할 수 없었다. 어느 날 고주망태가 된 헤라클레스는 헤라의 저주로 그만 자신의 아이들과 이피클레스의 아이들까지 불 속에 던져 죽였다. 이때 이피클레스의 장남 이올라오스만이 극적으로 목숨을 구할 수 있었다. 술이 깬 헤라클레스는 자신의 실수를 깨닫고 델포이로 가서 자신이 어떻게 해야 하는지 신탁을 구했다. 그때 예언녀 퓌티아가 처음으로 그를 헤라클레스라 불렀다. 그 전까지 그는 '알카이오스의 손자'라는 뜻을 지닌 알카이데스라 불렸다. 그 이유는 헤라클레스의 아버지 암피트뤼온이 알카이오스의 아들이었기 때문이다. 예언녀는 헤라클레스에게 열 가지 과업을 이행하라는 신탁을 내렸다. 그 후 헤라클레스는 '헤라에게 봉사하는 자' 또는 '헤라의 영광'이라는 의미를 갖는다.

에우뤼스테우스(Eurystheus)의 12과업

에우뤼스테우스는 스테넬로스의 아들로서 페르세우스의 손자이고, 헤라클레스는 페르세우스의 증손자가 된다. 헤라는 만삭이 된 알크메네에게는 출산의 여신 에일레이튀이아를 보내지 않고, 오히려 일

곱 달밖에 되지 않은 에우뤼스테우스를 먼저 태어나게 함으로써 뮈케네를 통치하게 하였다. 헤라클레스는 헤라에 의하여 에우뤼스테우스에게 보내졌다. 헤라클레스를 미워했던 헤라는 그가 모든 과업을 마치면 제우스의 아들로서 인정하기로 약속하였다. 에우뤼스테우스는 겁이 많고 유약하며 인색한데다 소인배였다. 그는 헤라클레스를 사지로 몰아넣지만 그때마다 헤라클레스는 그 명성을 드높여갔다. 이피클레스의 아들 이올라오스는 영웅이 되고 싶다는 생각에 헤라클레스를 따라다니며 함께 모험을 하였다. 그는 헤라클레스의 마부이자 친구가 되었고, 헤라클레스 사후에는 그의 가족을 돌보았다. 힘은 약했지만 그의 재치로 여러 번의 도움을 받았던 헤라클레스는 지혜만으로도 훌륭한 영웅이 될 수 있다며 이올라오스를 격려하였다.

네메아의 사자

첫 번째 과업은 네메아의 숲에 사는 사나운 사자를 잡아오는 일이었다. 이 사자는 튀폰의 아들이자 개의 형상을 한 오르토스와 인신사족의 괴물 에키드나의 자식이라고도 하고, 달의 여신 셀레네가 실수로 떨어뜨렸는데 헤라가 길렀다고도 한다. 헤라클레스가 화살을 쏘았으나 사자의 가죽이 너무 두터워 화살이 튕겨 나왔다. 그 사자는 칼이나 화살 또는 불에도 부상당하지 않는 괴물이었다. 헤라클레스가 몽둥이를 들고 추격하자 사자는 입구가 두 개인 동굴 속으로 숨어들었다. 그는 한 쪽을 막아놓고 다른 입구로 들어가서 두 팔로 사자의 목을 질식할 때까지 감아쥐었다. 사자가 지쳐 질식하자, 그는 사자를 어깨에 메고 뮈케네로 가져갔다. 그의 용기에 놀라 기겁을 한 에우뤼스테우스는 헤라클레스를 도시 안으로 들어오지 못하게 하였다. 겁이 난 에우뤼스테우스는 지하에 청동으로 된 항아리 안에 숨어서 자신의 전령을 보내 다음 과업에 대한 명령을 지시했다고 한다. 헤라클레스에게 죽은 이 사자는 별자리가 되어 천상에 올려졌다.

레르나의 휘드라(Hydra)

펠로폰네소스 반도 레르나 지역의 아뮈모네 샘 늪지에 사는 휘드라는 그 지역의 가축들을 습격하여 초토화시켰다. 거대한 몸집에 9개의 커다란 머리를 가진 뱀으로 그 가운데 하나는 불사의 몸이었다. 헤라클레스가 몽둥이로 괴물의 머리를 하나씩 떨어뜨릴 때마다 두 개의 머리가 새로 생겨났다. 게다가 헤라가 보낸 거대한 게

한 마리가 나타나 그의 발뒤꿈치를 물었다. 게를 밟아 죽인 헤라클레스는 이올라오스의 도움으로 떨어져나간 휘드라 머리의 뿌리를 태움으로써 재생하지 못하게 하였다. 그는 불사의 머리를 엘라이우스로 가는 길가에 묻고 그 위에 큰 바위를 얹어놓았다. 마지막으로 휘드라의 몸통을 갈라 자신의 화살촉에 휘드라의 쓸개즙에서 얻은 독을 묻혀 독화살로 이용하였다. 그러나 이올라오스의 도움을 받아 휘드라를 제거하였다는 이유로 이 과업은 인정되지 않았다.

케뤼네이아의 암사슴

아틀라스의 딸 타위게테가 제우스에게 납치당하려 할 때, 아르테미스가 그녀를 사슴으로 변신시켰다. 위기를 모면하고 사람의 모습으로 다시 돌아온 그녀는 아르테미스에게 사슴 한 마리를 바쳤는데, 이를 생포해 오라는 것이 세 번째 과업이었다. 황금 뿔이 달린 이 암사슴은 아주 빠르면서 오랫동안 달릴 수 있는 능력을 갖고 있었다. 이 사슴을 산채로 사로잡기 위하여 헤라클레스는 펠로폰네소스 반도에서 일 년 동안 추격하였다. 추격에 지친 암사슴이 라돈 강을 건너려고 주춤거리고 있었다. 인근에 숨어 있던 그가 피가 나지 않도록 사슴의 뒷다리 뼈와 근육 사이에 독이 묻지 않은 화살을 쏘아 도망치지 못하게 하여 생포하였다. 사슴을 어깨에 둘러메고 서둘러 돌아가려고 하자, 아폴론과 아르테미스가 나타나 자신들에게 바쳐진 짐승을 약탈해 갔다며 헤라클레스를 가로막았다. 헤라클레스는 자신의 속죄를 위한 노역을 설명하여 여신에게 용서를 구했고 사슴을 원래 있던 곳으로 데려다 놓겠다는 약속을 하고서야 암사슴을 산채로 가져올 수 있었다.

에리만토스의 멧돼지

아르카디아 서북부에 있는 에리만토스 산에서 내려온 멧돼지 한 마리가 프소피스 지역에 막대한 피해를 입히고 있었다. 헤라클레스는 멧돼지를 산의 정상으로 몰아갔다가 눈밭이 있는 내리막길로 몰았고, 일 년간 추격한 끝에 눈 속에서 허우적거리다 지친 멧돼지를 생포할 수 있었다. 과업을 마치고 돌아오는 길에 헤라클레스는 켄타우로스의 환대를 받았다. 연회 중에 술에 취한 켄타우로스들과 시비가 붙어 결투가 벌어졌고, 헤라클레스는 휘드라의 독이 묻은 화살로 대응하였다. 이때 헤라클레스가 쏜 화살이 현자 케이론의 무릎을 관통하였다. 상처가 치유될 수 없음을 안 케이론은 자신의 동굴로 들어가 죽으려 했지만 불사의 몸인지라 그럴 수도 없었다. 이때 프로메테우스가 나서서 케이론 대신 자신이 불사의 몸이 되겠노라고 제우스에게 허락을 얻었고 그제야 비로소 케이론은 죽을 수 있었다.

아우게이아스(Augeias)의 외양간 청소

아우게아스라고도 불리는 엘리스의 왕 아우게이아스는 헬리오스의 아들, 포세이돈의 아들 또는 포르바스의 아들이라고도 한다. 그는 외양간을 여러 해 동안 청소를 하지 않아서 가축의 배설물이 산을 이루었다. 헤라클레스는 에우뤼스테우스의 과업이라고 밝히지 않고, 단 하루 만에 청소하는 대가로 가축의 십분의 일을 요구하였다. 그 일이 불가능하다고 여긴 아우게이아스는 자신의 아들 퓔레우스를 증인으로 내세우고 그에게 청소를 맡겼다. 헤라클레스는 근처에 흐르는 알페이오스 강과 페네이오스 강의 물줄기를 끌어들여 외양간을 청소하였다. 이 일이 에우뤼스테우스의 명령에 따른 것임을 안 아우게이아스는 약속한 보수를 줄 수 없다고 거부하였으나 퓔레우스가 불리한 증언을 하여 어쩔 수 없이 가축 300마리를 건네주었다. 보수를 받고 외양간 청소를 하였다는 사실을 알아챈 에우뤼스테우스는 이번 일도 과업으로 인정하지 않았다.

스튐팔리스의 새 떼

아르카디아의 스튐팔리스 호수에는 많은 새 떼들이 몰려 살았다. 이들은 강철과 같은 부리와 발톱을 가진 큰 새들이지만 늑대들의 먹이가 될까 두려워 커다란 무리를 지어 살고 있었다. 에우뤼스테우스 왕이 이 새 떼들을 잡으라는 지시를 내리자 헤라클레스는 가벼운 마음으로 길을 떠났다. 활을 쏠 때마다 매번 적중하였지만 아무리 활을 쏴도 화살만 줄어들 뿐 새들의 숫자는 변함이 없었다. 이때 아테나가 헤라클레스에게 다가와 헤파이스토스로부터 받은 청동 캐스터네츠를 주었다. 헤라클레스가 산위로 올라가 캐스터네츠를 치자 그 소리에 놀란 새들이 하늘로 모두 솟구쳐 올라갔다. 그가 캐스터네츠를 칠 때마다 새들이 하늘로 올라갔다 내려앉았다. 수백 번 반복되는 소음에 새들끼리 서로 부딪치며 올라갔다가 지쳐 떨어지자 헤라클레스는 이들을 주워갔다.

크레테 섬의 황소

포세이돈의 도움으로 크레테 섬을 장악한 미노스는 약속한 황소의 아름다운 자태에 빠져 다른 황소를 제물로 바쳤다. 이에 화가 난 포세이돈이 그 황소를 난폭하게 만들었고 헤라클레스는 이 황소를 생포하라는 과업을 받았다. 헤라클레스는 머리에 사자가죽을 뒤집어쓰고, 두 손에는 철퇴와 활을 들었다. 헤라클레스를 발견한 황소는 그에게 달려들었다. 사자가죽이 걸리적거린 헤라클레스는 그것을 벗어들고 투우하는 방법으로 황소를 유인하였다. 수 백 차례 돌진하던 황소는 기진맥진하여 무릎을 꿇었다. 헤라클레스는 황소의 다리를 묶은 채로 에우뤼스테우스 왕에게 보여준 뒤, 그 황소를 풀어 주었다. 그 후 이 황소는 스파르테를 떠돌다가 이스트모스를 지나 마라톤 평야로 가서 그곳의 주민들을 괴롭혔다.

디오메데스(Diomedes)의 암말

아레스와 요정 퀴레네의 아들 디오메데스는 트라케 부족 중의 하나인 비스토네스의 왕으로 자신의 영토를 지나는 나그네들을 붙잡아 자신의 암말들에게 먹이로 주었다. 이를 매우 못마땅하게 여긴 에우뤼스테우스는 헤라클레스에게 그 암말들을 잡아오라고 지시하였다. 그가 암말들을 바닷가로 유인하자, 비스토네스 족들이 무장을 하고 암말들을 구하러 왔다. 헤라클레스는 디오메데스를 죽인 후, 그의 시신을 말들의 먹이로 주었다. 디오메데스의 살이 얼마나 질겼는지 그 후로 말들은 사람의 고기를 절대 먹지 않게 되었다고 한다.

힙폴뤼테(Hippolyte)의 허리띠

테르모돈 강 하류의 테미스퀴라에는 아마존 여전사들이 살고 있었다. '한쪽 가슴이 없는'이라는 뜻을 지닌 이들은 아레스의 후손들이었다. 아레스와 아르테미스를 숭배한 이들은 다른 부족의 남자들과 교합하여 여자아이들만 키웠다. 창과 활을 사용할 때 방해가 되지 않도록 한쪽 젖가슴은 꾹 눌러 자라지 못하게 하였고, 다른 한쪽 젖가슴은 아이한테 젖을 주기 위하여 그대로 두었다. 이곳의 여왕 힙폴뤼테는 전쟁의 신 아레스로부터 받은 허리띠를 갖고 있었는데, 에우뤼스테우스의 딸 아드메테가 그것을 갖고 싶어 했다. 헤라클레스가 배 한 척에 몇 명의 병사만 데리고 테미스퀴라에 도착하자, 휩폴리테는 그가 온 까닭을 묻고는 허리띠를 주겠다고 약속을 했다. 그러나 아마존 여인의 모습으로 변신한 헤라가 방금 도착한 이방인이 여왕을 납치하려한다는 소문을 내고 다녔다. 여전사들은 무장을 한 채 말을 타고 배가 있는 곳으로 달려갔다. 공격을 당한 헤라클레스는 그녀와의 약속이 음모라고 여겨 그들을 제압하고 에우뤼스테우스에게 그 허리띠를 바쳤다.

게뤼온(Geryon)의 소 떼

게뤼온은 게뤼오네스 또는 게뤼오네우스라고도 한다. 그는 메두사의 머리가 잘릴 때, 그 피에서 태어난 크뤼사오르와 오케아노스의 딸이자 바다의 요정 칼리르로에 사이에서 태어난 괴물이었다. 삼두삼신의 형상을 한 게뤼온은 스페인 서남해안에 있는 에뤼테이아 섬에 살고 있었다. 상체와 하체는 각각 세 개인데, 허리에서 하나로 결합되어 붙어 있었다. 그는 붉은 소 떼를 갖고 있었는데 에우뤼티온이 그 소 떼를 사육하였고, 튀폰과 에키드나 사이에서 태어난 머리 둘 달린 개 오르토스가 그들을 지켰다.

이번에는 게뤼온의 소 떼를 가져오라는 과업이었다. 스페인 서남해안으로 흘러드는 바에티스 강 하구에 있는 타르넷소스에 도착한 헤라클레스는 이곳 여행을 기념하기 위하여 에우로페와 리뷔에 경계에 두 개의 기둥을 세웠다. 이 기둥은 인간세계의 서쪽 경계를 표시하는 것으로서 지중해 입구 북쪽과 남쪽에 있는 지브롤터와 세우타로 여겨진다. 여행 중 햇볕이 너무 뜨거워 헤라클레스가 태양의 신을 향해 활을 겨누자, 그의 용기에 감탄한 헬리오스가 그에게 황금의 잔을 건네주었다. 태양의 신 헬리오스는 동쪽에서 서쪽으로 갈 때는 황금마차를 타고가고, 반대로 서쪽에서 동쪽으로 이동할 때는 황금의 잔을 타고 오케아노스를 지나간다고 한다. 에뤼테이아의 아바스 산에 올라간 헤라클레스는 오르토스와 에우뤼티온을 몽둥이로 때려 죽였다. 이 소식을 접한 게뤼온이 소 떼를 몰고 가던 헤라클레스를 따라잡아 접전을 펼쳤지만 그의 화살을 맞고 숨졌다. 헤라클레스는 소 떼를 황금의 잔에 싣고 강을 건넌 후, 그 잔을 헬리오스에게 다시 돌려주었다.

돌아오는 길에 헤라클레스는 소 떼를 빼앗으려는 포세이돈의 아들 이알레비온과 데르퀴노스를 때려죽였다. 레기온에 이르자, 황소 한 마리가 무리에서 이탈하여 바다 속으로 들어가더니 시켈리아로 헤엄쳐 갔다. 이탈로스라는 이 황소의 이름에서 '이탈리아'가 유래하였다고도 한다. 이 황소가 포세이돈의 아들 에뤽스의 가축들 사이에 섞이자, 헤라클레스는 자신의 소 떼를 헤파이스토스에게 맡기고 황소 한 마리를 찾아 나섰다. 에뤽스가 자신과의 레슬링 시합에서 이기면 황소를 내준다고 하자, 헤라클레스는 시합에서 세 번을 이겨 그를 죽이고 황소를 되찾았다. 그는 소 떼를 몰고 가서 에우뤼스테우스에게 보여주고는 그 소들을 다시 헤라에게 제물로 바쳤다.

헤스페리데스(Hesperides) 정원의 황금사과

8년 1개월 만에 모든 과업을 마쳤지만, 레르나의 휘드라 제거와 아우게이아스의 외양간 청소는 인정되지 않았다. 에우뤼스테우스는 헤라클레스에게 헤스페리데스의 황금사과를 가져오라고 하였다. 세상 서쪽 끝에 있는 이 정원은 축복받은 헤라의 과수원이었다. 헤스페리데스는 이 정원을 돌보는 아이글레, 에뤼테이아, 헤스페라레투사 세 명의 요정들을 말한다. 이들은 아틀라스와 헤스페리스(또는 플레이오네)의 딸들 또는 에레보스와 뉙스의 딸들이라고도 한다. 이 사과나무는 헤라가 제우스와 결혼할 때, 가이아가 그녀에게 결혼선물로 준 것이었다. 불멸을 가져다주는 황금사과나무는 아틀라스 산 옆에 있는 이 정원에 심어졌다. 아틀라스의 딸들이 황금사과를 몰래 따먹자 헤라는 잠을 자지 않는 머리 100개 달린 용 라돈에게 이 나무를 지키게 하였다.

헤라클레스는 우선 헤스페리데스의 정원이 어디에 있는지를 알아내야 했기 때문에 바다의 노인 네레우스를 찾아갔다. 그는 사람을 싫어하기 때문에 여러 가지 동물로 변신하며 은둔생활을 하였다. 헤라클레스가 잠자고 있던 네레우스에게 다가가자, 그는 온갖 모습으로 변신하여 도망쳤지만 결국 헤라클레스에게 붙잡혀 정원의 위치를 알려주었다.

리뷔에를 지나던 헤라클레스는 그곳에서 포세이돈의 아들 안타이오스를 만났다. 그는 자신의 지역을 지나가는 나그네에게 씨름을 강요하여 그들을 죽였다. 안타이오스는 나그네들의 두개골로 포세이돈의 신전지붕을 얹었다. 그의 두 발이 땅에 닿고 있는 한 그 어떤 자도 그를 쓰러뜨리지 못했다. 헤라클레스는 그가 다른 행인들에게 했던 것처럼 그를 두 팔로 껴안아 공중으로 들어 올린 다음 땅바닥에 내던져 죽였다.

헤라클레스는 카우카소스 산에서 프로메테우스의 간을 쪼아 먹던 독수리를 제거한 뒤 그를 풀어주었다. 프로메테우스는 헤라클레스에게 직접 황금사과를 구하러 가지 말고 하늘을 떠받들고 있는 아틀라스를 보내라고 일러주었다. 헤라클레스는 세상의 서쪽 끝에서 제우스의 벌을 받고 있는 아틀라스를 발견하였다. 그는 자신의 딸들이 헤스페리데스 정원을 지키고 있기 때문에 자신이 들어가야만 한다고 했고, 이에 헤라클레스는 아틀라스 대신 하늘을 받들고 있기로 했다. 얼마 후 손에 황금사과를 들고 나온 아틀라스는 자신이 직접 에우뤼스테우스에게 전하겠노라며 그 자리를 피하려 하였다. 난처한 헤라클레스는 자세가 불편하니 요령을 알려달라고 부탁하며 아틀라스에게 다시 하늘을 메게 하였다. 덩치는 컸지만 둔한 아틀라스는 그 말을 믿고 아직까지도 하늘을 지고 있다. 다른 설에 의하면, 헤라클레스가 라돈을 죽이고 황금사과를 가져왔다고도 한다. 황금사과는 에우뤼스테우스에게 전해졌고, 후에 아테나가 그 황금사과를 원래의 자리에 되돌려 놓았다.

케르베로스(Kerberos)

마지막 과업은 하데스의 명견 케르베로스를 가져오는 것이었다. 케르베로스는 머리가 셋이고 꼬리는 뱀의 형상을 하고 있다. 헤르메스와 아테나의 도움으로 명계로 간 헤라클레스는 망각의 의자에 앉아 있는 테세우스와 페이리토오스를 보았다. 페르세포네를 부인으로 맞이하겠다는 페이리토오스의 말에 따라 의기투합하여 이곳에

온 두 사람은 하데스의 계략으로 망각의 의자에 앉게 되었다. 헤라클레스는 도움을 청하는 테세우스의 손을 잡아당겨 그를 일으켜 세웠으나 페이리토오스는 대지가 흔들리는 바람에 그만 테세우스의 손을 놓치고 말았다.

하데스를 만난 헤라클레스가 케르베로스를 잠시 빌려달라고 요구하자 그는 무기를 사용하지 않고 그를 사로잡을 수 있다면 빌려주겠노라고 허락하였다. 케르베로스는 그 덩치도 덩치려니와 특히 눈은 불타듯이 이글거렸다. 헤라클레스는 헤파이스토스로부터 받은 황금의 가슴막이를 착용하고 입고 있던 사자가죽으로 케르베로스를 감싼 뒤, 두 팔로 그의 머리를 움켜쥐었다. 꼼짝달싹 못하게 된 케르베로스는 결국 항복하고 말았다. 에우뤼스테우스는 케르베로스를 보자마자 기겁을 하였고 그는 다시 명계로 돌려보내졌다.

에우뤼토스(Eurytos)와 이올레(Iole)

12년 만에 모든 과업을 마치고 테베로 돌아온 헤라클레스는 자신을 따라다녔던 이올라오스에게 부인 메가라를 넘겨주었다. 재혼을 하려던 차에 헤라클레스는 오이칼리아 왕 에우뤼토스가 궁술대회 우승자에게 딸 이올레를 주겠다는 말을 들었다. 그는 경기에서 우승하였고,

에우뤼토스의 장남 이피토스는 원칙대로 그에게 이올레를 주어야 한다고 했지만 다른 가족들은 자식들을 죽인 그의 전력을 문제 삼아 반대했다. 그가 또다시 처자와 자신들까지 죽일지도 모른다는 것이었다.

목적을 이루지 못한 헤라클레스는 원한을 품은 채 오이칼리아를 떠났다. 그때 에우뤼토스의 마구간에서 있던 암말 몇 마리가 사라졌다. 이는 도둑질의 명수 아우톨뤼코스의 짓이었는데, 에우뤼토스는 헤라클레스가 보복으로 훔쳐간 것으로 여겼다. 말들을 찾아 나선 이피토스가 헤라클레스의 뒤를 쫓아갔고, 화가 난 그는 이피토스를 죽였다. 헤라클레스는 힙폴뤼토스의 아들 데이포보스에게 그의 죄에 대한 정화의식을 받았지만 몹쓸 병에 걸려 델포이로 가서 신탁을 구하려 하였다. 그러나 예언녀 퓌티아가 그에게 신탁을 내리지 않자 그는 신전의 세발솥을 약탈하였다. 이 때문에 아폴론과 헤라클레스가 다투었고 제우스가 중재에 나섰다. 세발솥을 돌려주는 대가로 아폴론은 그에게 신탁을 내리라는 것이었다. 헤라클레스는 삼 년간의 노예생활과 에우뤼토스에게 살인에 대한 보상금을 지급하라는 신탁을 얻었지만, 에우뤼토스는 그가 보내온 보상금을 받지 않았다. 제우스가 헤르메스에게 헤라클레스를 노예로 주려고 하자, 뤼디아의 여왕 옴팔레는 헤르메스에게 돈을 주어 헤라클레스를 자신의 정부로 만들었다. 그녀는 헤라클레스를 여장시켜 관계를 가졌으며 이들 사이에 아켈라오스와 라몬이라는 두 아들이 태어났다.

노예생활을 마치고 돌아온 헤라클레스는 트로이 왕 라오메돈에게 보복을 결행하였다. 예전에 아폴론과 포세이돈이 내린 곤경으로부터 라오메돈을 구하였는데, 그가 약속을 지키지 않았기 때문이다.

그는 군사들을 모아 열여덟 척의 배를 몰고 트로이로 진군하여 라오메돈을 사살하였다. 헤라클레스가 트로이에서 돌아올 때, 헤라가 심한 폭풍을 보내 그의 귀향을 방해하였다. 이에 화가 난 제우스가 그녀를 올림포스 산에 매달아 벌을 주었다.

데이아네이라(Deianeira)

케르베로스를 가지러 갔던 헤라클레스는 지하세계에 있던 멜레아그로스로부터 그의 누이 데이아네이라에 대한 이야기를 듣고 연민의 정을 느꼈다. 칼뤼돈에 도착한 그는 데이아네이라에게 청혼을 하였다. 이때 강의 신 아켈로오스가 또 다른 청혼자로 나서자, 헤라클레스는 황소의 모습을 한 그의 한 쪽 뿔을 꺾어버렸다. 데이아네이라를 아내로 맞아 귀향하는 길에 물살이 험한 아이톨리아 지역의 에우에노스 강가에 이르렀다. 겨울비로 엄청나게 불어난 강을 건널 수 없었던 그들에게 넷소스라는 켄타우로스가 그녀를 건네주겠다고 하였다. 헤라클레스가 먼저 강을 건너자 그녀를 업은 넷소스가 반대방향으로 도망치기 시작하였다.

이를 본 헤라클레스는 휘드라의 독이 묻은 화살을 그에게 쏘았다. 죽어가는 넷소스는 저주와 함께 천 조각에 자신의 피를 묻혔다. 이 천 조각이 장차 사랑의 묘약이 된다는 말과 함께 데이아네이라에게 건네졌다.

헤라클레스는 지난 궁술대회에서 약속을 지키지 않았던 에우뤼토스와 그의 아들들을 죽이고 이올레를 데리고 귀향하였다. 그리고는 제우스에게 제사를 올리기 위한 예복을 가져오라고 리카스를 트라키스로 보냈다. 데이아네이라는 리카스로부터 이올레에 대하여 전해 듣게 되고, 식어가는 남편의 사랑을 다시 불러일으키기 위해 넷소스가 준 천 조각을 예복에 기워 넣어 리카스에게 건넸다. 헤라클레스가 예복을 입고 제사를 드리던 중 천에 있던 독이 그의 몸에 퍼지면서 참을 수 없는 고통이 엄습하였다. 옷을 벗으려고 잡아당기자 그의 살점이 함께 떨어져 나갔다. 고통을 호소하는 헤라클레스를 보며 죄책감에 시달린 데이아네이라는 스스로 목을 매었다. 헤라클레스는 장남 휠로스에게 이올레를 맡기고 트라키스의 오이테 산으로 가서 장작을 쌓아 올렸다. 그 위에 올라간 헤라클레스는 장작에 불을 지피라는 명령을 내렸지만 아무도 따르지 못하였다. 때마침 양 떼를 찾으러 그곳을 지나던 포이아스가 불을 지펴주자 헤라클레스는 그에게 자신의 활과 화살을 건네주었다. 다른 설에 의하면, 포이아스의 아들 필록테테스가 장작더미에 불을 지펴주고 그 보답으로 활과 화살을 직접 받았다고도 한다. 포이아스는 아르고 호號의 일원이었고, 필록테테스는 이 활을 가지고 트로이에 참전하여 파리스를 죽여 공을 세운다. 헤라클레스의 육신이 불길에 타오르면서 그의 형상은 떠났고 제우스에게서 물려받은 영혼만 남았다. 제우스는 자신의 아들 헤라클레스를 천상으로 불러들여 불사의 몸으로 만들었고, 신이 된 그는 청춘의 여신 헤베와 결혼을 하여 알렉시아레스와 아니케토스 두 아들을 얻었다.

테세우스(Theseus)

아테네 왕 아이게우스가 델포이에서 신탁을 받고 귀국하던 중 트로이젠의 왕 피테우스를 방문하였다. 피테우스는 자신의 딸 아이트라를 왕비로 만들고 싶은 욕심에 아이게우스와 동침하게 하였다. 하지만 그 이전에 포세이돈이 먼저 그녀와 사랑을 나누었고 그 사이에서 테세우스가 출생하였다. 테사우로스에서 유래한 테세우스는 '묻혀 있는 보물'이라는 의미를 갖는다. 아이트라와 살던 테세우스는 자신이 아테네 왕의 아들이라는 사실을 알게 되었다. 그의 어머니는 바닷가에 있는 바위에 숨겨진 신표를 찾아내야만 아버지에게 갈 수 있다고 일러주었다. 장성한 테세우스는 포세이돈이 보낸 갈매기의 도움으로 칼과 샌들을 찾아내어 아버지가 있는 아테네로 향하였다.

영웅 모험담

테세우스의 모험담은 헤라클레스의 그것과 매우 유사하다. 이는 아마도 당시 그리스 최고의 영웅 헤라클레스에 견줄만한 영웅이 아테네에서도 필요했기 때문일 것이다. 실제로 헤라클레스는 도리아인으로 스파르테인들의 조상이었고, 아테네인들은 이오니아인이었다. 기원전 6세기 무렵 아테네에서 가장 위대한 영웅은 테세우스였고, 이 무렵 아테네가 강대국으로 발전하기 시작하였다. 아테네가 크레테로부터 정치적으로 독립하여 국가를 설립한 것과 아테네의 영토 확장 등 많은 업적을 테세우스의 공적으로 돌린 것도 이러한 때문일 것이다.

어머니와 외할아버지는 테세우스에게 배를 타고 아테네로 가라고 충고하였지만, 헤라클레스의 모험담을 들은 테세우스는 자신도 많은 모험을 하고픈 충동을 느꼈다. 그는 아르고스를 거쳐 에피다우로스, 네메아, 코린토스를 지나 엘레우시스를 거쳐 가는 여행길을 택하였다. 테세우스가 존경하였던 헤라클레스가 소아시아의 뤼디아 지역으로 건너갔기 때문에 그리스 전역에서는 자신들의 힘을 믿고 온갖 행패를 부리던 악행들이 다시 기승을 부릴 때였다.

아르골리스 북동의 에피다우로스에 도착한 테세우스가 처음 마주친 악당은 페리페테스였다. 헤파이스토스와 안티클레이아의 아들로 자신의 아버지처럼 다리를 절던 그는 나그네들을 몽둥이로 무자비하게 때려 죽였다. 테세우스는 그가 행했던 방법 그대로 그를 처치하고 그의 몽둥이를 빼앗아 자신의 무기로 삼았다. 이는 헤라클레스가 올리브 몽둥이를 들고 다녔던 것과 같은 행위였다.

이스트모스에 살던 포세이돈의 아들 시네스는 두 그루의 소나무 가지를 휘어 나그네의 사지를 묶어놓고는 그 소나무 가지를 튕겨 죽였다. 테세우스도 같은 방법으로 시네스를 죽였고, 그의 딸 페리구네와 사랑을 나누어 멜라니포스가 태어났다.

테세우스는 크롬뮈온에서 에키드나와 오르토스의 자식 파이아라는 난폭한 멧돼지와 마주쳤다. 매우 사납고 힘이 센 이 멧돼지는 그 지역에 커다란 피해를 주고 있었다. 파이아가 나타나기를 기다렸던 테세우스는 그 포악한 짐승을 제압하였다.

길을 재촉한 테세우스는 메가라 부근에 있는 험준한 해변을 지나게 되었고, 길목에 있던 펠롭스의 아들 스키론이 나그네에게 자신의 발을 씻기라고 강요하는 것을 보게 되었다. 나그네가 그의 발을 씻기기 위하여 꿇어앉자 스키론은 그를 발로 차서 낭떠러지 아래로 떨어뜨렸고, 절벽 밑에서는 큰 거북이가 떨어져 죽은 시체를 먹었다. 테세우스도 똑같이 스키론을 발로 걷어차 절벽 아래로 떨어뜨려 죽였다.

해안을 따라 동쪽으로 방향을 잡은 테세우스는 데메테르와 페르세포네의 숭배지 엘레우시스에 이르렀다. 이 지역의 케르퀴온은 포세이돈의 아들로 씨름의 명수였다. 그는 나그네에게 씨름을 청하여 상대방을 어깨위로 번쩍 들었다 땅바닥에 내팽개쳐 죽였다.

엘레우시스의 강변에는 프로크루스테스라는 악당이 나그네를 자신의 집에 초대하여 하룻밤을 묵게 하는 호의를 베풀고 있었다. 그는 나그네들을 자신의 침대에 눕히고는 키가 큰 사람은 침대보다 긴만큼 잘라 죽였고, 반면에 키가 작은 사람은 침대길이 만큼 몸을 잡아당겨 죽였다. 테세우스는 그가 하던 방식대로 그를 침대에 눕혀서 길이가 맞지 않자 그의 목을 잘라 죽였다. '프로크루스테스의 침대'라는 말은 융통성이 없거나 자신의 일방적인 기준에 다른 사람들의 생각을 우격다짐으로 무리하게 맞추려는 아집과 편견을 비유할 때 사용되는 말이 되었다.

악당들이 즐겨 쓰던 수법을 그대로 이용하여 모든 모험을 치룬 테세우스는 아테네 입구의 케피소스에 사는 퓌탈로스의 자손들에게 자신의 살인행위에 대한 정화의식을 부탁하였다. 이들은 데메테르가 자신의 딸 페르세포네를 찾아 헤맬 때 여신을 따뜻하게 맞아 주었던 왕의 후손이었다.

정화의식을 마친 테세우스는 아테네로 들어갔다. 그의 아버지 아이게우스는 이아손에게 버림받아 도망 온 메데이아를 세 번째 부인으로 맞아 살고 있었다. 그녀는 테세우스가 오면 자신의 아들 메도스가 아테네 왕위를 물려받지 못할 것이라는 생각에 그를 독살하려 하였다. 연회석에서 테세우스가 독이든 술을 마시려고 할 때, 아이게우스는 칼과 샌들을 지닌 그가 자신의 아들임을 알아챘다. 암살음모가 들통 난 메데이아는 동쪽으로 다시 도망을 갔다. 테세우스가 후계자로 지목되자, 아이게우스의 왕좌를 노리던 팔라스와 그의 50명 아들들이 반기를 들었다. 이 싸움에서 팔라스의 아들들 대부분이 목숨을 잃었다. 사촌들을 죽인 죄로 재판에 회부된 테세우스는 정당방위라는 이유로 무죄 판결을 받았는데, 이는 존속살인에 대해 무죄를 받은 최초의 판결이었다.

미노타우로스(Minotauros)

크레테의 왕 아스테리오스가 죽자, 미노스는 두 동생 사르페돈과 라다만튀스를 내쫓았다. 그는 포세이돈에게 신탁을 드려 황소 한 마리를 보내 줄 것을 청하였다. 이는 동생들을 쫓아낸 것이 신의 뜻이라는 것을 보이기 위함이었다. 미노스는 포세이돈에게 받은 흰 황소를 다시 제물로 바쳐야 했지만 황소의 용모에 반한 미노스는 그 황소를 숨기고 다른 소를 제물로 바쳤다. 이에 화가 난 포세이돈은 저주를 내려 그 황소를 난폭하게 만들었고, 미노스의 아내 파시파에로 하여금 이 황소에게 욕정을 품게 하였다. 그 황소가 너무 난폭하여 접근할 수 없자, 그녀는 다이달로스에게 도움을 청하였다. 그는 나무로 암소 한 마리를 만들어서 파시파에를 그 안으로 들어가게 했다. 황소는 이 가짜 소를 진짜로 오인해 사랑을 나누었고, 파시파에는 그 씨를 받아 아기를 낳았다. 그가 바로 소의 머리와 사람의 형상을 한 인신우두 미노타우로스였고, '미노스의 황소'라는 뜻을 지닌 그는 사람고기를 먹어야 살 수 있는 괴물이었다. 미노스 왕은 고뇌에 찼으나 자신의 아내뿐 아니라 그 괴물을 벌할 수 없었다. 파시파에는 태양의 신 헬레오스와 페르세이스의 딸이고, 괴물은 포세이돈이 보낸 황소의 아들로 그의 보복이 두렵기 때문이었다. 궁여지책으로 왕은 다이달로스를 시켜 미궁 라뷔린토스를 만들게 하여 그 안에 괴물을 가두었다.

파시파에와 관계를 가졌던 황소는 헤라클레스에 의하여 티륀스로 끌려와서 마라톤 평원에서 살았다. 그곳에서 사나운 황소가 난동을 부린다는 소식을 접한 아테네 왕 아이게우스는 미노스의 아들 안드로게오스를 보냈으나 그 역시 황소에게 죽고 말았다. 이 황소는 결국 테세우스에 의해 죽었으나 미노스 왕의 분노는 가라앉지 않았다. 아테네는 미노스 왕의 요구에 따라 해마다 소년소녀 7명씩을 미노타우로스의 제물로 바쳤다.

미노타우로스에게 바쳐질 제물을 뽑는 모습을 본 테세우스는 스스로 희생양이 되어 선발된 젊은이들에 섞여 크레테 섬으로 갔다.

그는 아리아드네의 도움으로 미궁속의 미노타우로스를 처치할 수 있었다. 아리아드네와 결혼을 약속한 테세우스는 아테나 여신의 계략으로 그녀를 낙소스 섬에 둔 채 아테네로 출발하였다. 미노타우로스를 처치하면 흰 깃발을 달고 귀국하기로 한 아버지와의 약속을 잊은 테세우스는 검은 깃발을 달고 그대로 귀향하였다. 검은 깃발을 본 아이게우스는 모든 일이 수포로 돌아간 줄 알고 수니온 절벽에서 뛰어내려 자살하였다. 이 바다는 그의 이름에서 유래하여 에게 해海라 불리게 되었다.

테세우스의 연인들

아이게우스 사후에 왕위를 이어받은 테세우스는 메가라 왕국을 합병한 뒤, 코린토스 지협 바로 건너편에 큰 기둥을 세워 이오니아와 도리아인들의 펠로폰네소스를 구분하는 경계로 삼았다. 그 후 테세우스는 흑해 연안에 위치한 아마조네스 왕국 원정길에 올랐다. 치열한 전투는 벌어지지 않았고, 그의 용모에 반한 힙폴뤼테 여왕이 그에게 투항하였다. 테세우스가 그녀를 아내로 맞이하여 귀향하자, 여전사들은 여왕이 납치된 줄 알고 그녀를 구출하고자 아테네까지 추격하였다. 힙폴뤼테는 테세우스 곁에서 싸우다 전사하였고, 테세우스는 그녀의 시신을 아테네에 있는 제우스 신전 근처에 안치하였다. 테세우스는 그녀와의 사이에서 힙폴뤼토스라는 아들을 얻었다. 그는 아버지의 외가인 트로이젠으로 보내져 양육되었다. 트로이젠의 왕 피테우스에게 자손이 없자 힙폴뤼토스가 후계자로 왕위를 이었다.

힙폴뤼테를 잃은 테세우스는 미노스 왕의 둘째 딸이자 아리아드네의 동생 파이드라와 재혼을 하였다. 이로써 아테네와 크레테는 평화롭게 지내게 되었고, 테세우스는 그녀에게서 데모폰과 아카마스라는 두 아들을 얻었다. 얼마 후 그는 가족과 함께 트로이젠에 잠시 머물게 되었다. 파이드라는 양아들 힙폴뤼토스를 처음 본 순간 그에게 매료되었다. 테세우스가 신탁을 구하러 델포이로 떠나자, 파이드라는 그에게 구애를 하였다. 이는 아프로디테가 자신을 숭배하지 않은 힙폴뤼토스에 대한 보복으로 파이드라가 그를 사랑하게 만든 것이었다. 그러나 아르테미스를 숭배하던 그는 그녀의 간절한 마음을 거부하였다.

테세우스가 돌아오자 파이드라는 아들이 자신을 범하려 하였다고 거짓을 고했다. 그리고 힙폴뤼토스에 대한 사랑을 가슴에 담은 채 죽음을 택하였다. 이처럼 어머니가 아들에게 연정을 품어 비극적인 결말을 맞는다는 이야기에서 '파이드라 콤플렉스'라는 정신분석 용어가 생성되었다. 힙폴뤼토스에게 분노한 테세우스는 포세이돈에게 자신의 아들을 죽여 달라고 부탁하였다. 힙폴뤼토스가 트로이젠 해변에서 전차를 타고 달릴 때, 포세이돈이 보낸 괴물에 놀란 말이 날뛰는 바람에 그는 전차에서 떨어져 목숨을 잃었다.

테세우스와 페이리토오스(Peirithoos)

익시온의 아들이자 텟살리아 라피타이의 왕 페이리토오스와 테세우스의 우정은 잘 알려져 있다. 테세우스의 명성이 자자하자, 페이리토오스는 그의 용맹함을 직접 확인해보고 싶었다. 그가 테세우스의 가축을 훔쳐내어 마라톤 들판으로 달아나자 테세우스가 추격에 나섰다. 한 눈에 상대방의 강인함과 용맹함을 알아본 두 사람은 의형제를 맺었고, 항상 붙어 다니며 모험도 함께 하였다. 페이리토오스는 히포다메이아와의 결혼식에 펠리온 산에 사는 켄타우로스들을 초대하였다. 술에 취한 이들이 라피타이 여인들뿐만 아니라 신부까지 납치하려하자, 이에 격분한 라피타이인들과 켄타우로스들 간에 싸움이 벌어졌는데 이 전투를 켄타우로마키아라고 한다. 결혼식에 초대받은 테세우스도 라피타이인들의 편에 가세하여 켄타우로스들을 텟살리아에서 펠로폰네소스 반도로 쫓아냈다.

아내를 잃은 두 사람은 제우스의 딸들을 아내로 맞이하자고 의기투합하였다. 이에 따라 테세우스는 어린 헬레네를 납치하여 자신의 어머니에게 맡겨 놓았고, 페이리토오스는 페르세포네에게 마음을 두었기 때문에 두 사람은 지하세계로 갔다. 이들은 하데스가 권하는 대로 망각의 의자에 앉았다가 지상으로 다시 나올 수 없는 처지가 되었다. 테세우스는 케르베로스를 잡으러 지하에 온 헤라클레스의 도움으로 지상으로 나올 수 있었지만, 페이리토오스는 테세우스의 손을 놓치고 말았다. 이는 델포이를 약탈하였던 할아버지 플레귀아스와 인척을 살해하고 헤라에게 흑심을 품었던 아버지 익시온의 행위에 대한 불경의 대가인지도 모른다.

테세우스의 죽음

테세우스가 페이리토오스와 함께 하데스에게 붙잡혀 있는 동안 디오스쿠로이 형제가 스파르테 군대를 이끌고 헬레네를 찾으러 아테네로 쳐들어왔다. 전쟁을 원하지 않았던 아테네 시민들은 여기저기 수소문하여 헬레네가 있는 곳을 알려주었다. 디오스쿠로이 형제는 트로이젠으로 가서 헬레네를 구출하고, 그녀를 데리고 있던 테세우스의 어머니 아이트라를 노예로 데리고 갔다. 헬레네를 찾는데 공을 세운 메네스테우스가 아테네 왕위에 올랐다. 에렉토니우스의 증손자로 헬레네의 구혼자 중의 한 사람이었던 그는 테세우스의 두 아들들을 추방시키고, 자신의 권력기반을 확고히 하였다.

아테네로 돌아온 테세우스는 메네스테우스의 왕위를 빼앗지 못하였다. 아테네 시민들도 늙은 테세우스를 반기지 않았다. 모든 것이 변한 것을 깨달은 테세우스는 아테네를 떠나 스키로스 섬의 뤼코메데스 왕에게 갔다. 그는 테세우스에게 왕위를 빼앗기게 될까봐 두려워하였다. 뤼코메데스는 테세우스에게 자신의 영토를 구경시켜

준다며 해안으로 데려간 뒤, 테세우스가 한눈을 파는 사이에 그를 떨어뜨려 죽였다. 뤼코메데스가 테세우스를 죽인 것은 메네스테우스의 사주를 받았기 때문이라고도 한다. 트로이 전쟁에 50척의 배를 이끌고 참전한 메네스테우스는 그곳에서 전사한다.

헤라클레스가 제우스의 영광을 위하여 올림피아 제전을 벌인 것처럼, 테세우스는 포세이돈을 위한 이스트모스 제전을 창시하였다. 이후 테세우스와 파이드라 사이에서 태어난 아들 데모폰이 할머니 아이트라를 구출하고 아테네로 돌아와 왕위를 되찾았다. 아테네 시민들은 아폴론의 신탁에 따라 테세우스의 유골을 찾아 테세이온 신전에 모시고 제사를 지냈다.

아리스토파네스의 희극 〈개구리〉에서 테세우스는 수많은 아테네 전통을 만들어낸 인물로 묘사되고 있다. 테세우스가 아테네 주변국을 통합하여 민주주의 국가를 실현하였고, 시민들에게 자유와 평등을 그리고 이방인들에게도 아테네 시민과 똑같은 권리를 주었다고 한다. 하지만 테세우스는 실존 인물이 아니라 아테네 문명이 크레테의 미노스 문명으로부터 해방되었음을 상징하는 가공의 인물이라는 설도 있다.

트로이 전쟁

닉스의 딸이자 불화의 여신 에리스는 펠리온 산에서 거행된 펠레우스와 테티스의 결혼식에 초대받지 못한 분풀이로 황금사과를 던지며 가장 아름다운 여신에게 바친다고 하였다. 여기에 도도한 헤라, 지적인 아테나, 관능적인 아프로디테가 저마다 황금사과의 주인임을 다투었다. 이것이 그 유명한 트로이 전쟁을 일으킨 작은 불씨였다. 이 전쟁은 그리스 연합군과 트로이간의 전투였지만, 올림포스의 신들도 양편으로 갈라져 서로 대립하며 전쟁에 참여하였다.

메넬라오스, 파리스, 디오메데스, 오뒷세우스, 네스토르, 아킬레우스, 아가멤논

파리스의 출생과 성장

트로이의 왕비 헤카베는 자신이 불타는 나무토막을 낳고, 그 불이 온 도시를 태워버리는 꿈을 꾸었다. 바로 파리스, 아니 알렉산드로스의 출생에 관한 태몽이었다. 예언자였던 외할아버지 메롭스로부터 꿈 해몽술을 배운 아이사코스의 예언에 따라 알렉산드로스는 이데 산에 버려졌다. 아이사코스는 프리아모스 왕과 그의 첫째 부인 아리스베(또는 알렉시에로) 사이에서 태어난 아들로 헤카베의 아들 헥토르, 파리스와는 이복형제 지간이었다. 아겔라오스에 의하여 남몰래 키워진 알렉산드로스는 파리스라는 이름으로 성장하였다.

이데 산의 요정 오이노네는 파리스와의 사이에서 아들 코리토스를 낳았다. 레아로부터 예언의 능력을 전수받은 오이노네는 파리스에게 훗날 그에게 연인이 생기거든 그녀를 트로이로 데려오지 말라고 하였다. 또한 부상을 당하면 자신만이 치료할 수 있으니 반드시 이데 산으로 찾아오라는 말도 잊지 않았다.

제우스는 헤르메스를 시켜 황금사과에 대한 결정을 파리스에게 위임하였다. 헤라는 권력과 재물, 아테나는 전쟁의 공로, 아프로디테는 가장 아름다운 여자를 선물하겠노라고 했다. 아프로디테를 선택한 파리스는 메넬라오스의 부인 헬레네에게 마음을 빼앗긴다.

메넬라오스(Menelaos)와 헬레네(Helene)

스파르테 왕 튄다레오스의 부인 레다는 제우스와의 관계에서 쌍둥이 형제 폴뤼데우케스와 카스토르, 클뤼타임네스트라와 헬레네 자매를 얻었다. 두 형제는 '제우스의 아들들'이란 뜻으로 디오스쿠로이라 불렸다. 제우스의 피를 받은 폴뤼데우케스는 불사의 몸으로 권투에 능하였으며, 튄다레오스의 피를 이어 받은 카스토르는 전술이 뛰어났지만 필사의 운명이었다. 이들은 칼뤼돈의 멧돼지 사냥뿐만 아니라 아르고 호號 일원으로 항해모험에도 참여하였다.

12살이 된 헬레네는 아테네 왕 테세우스와 그의 절친 페이리토오스에게 납치를 당하였다. 이들이 페르세포네를 납치하러 지하세계에 갔을 때, 디오스쿠로이 형제가 여동생을 되찾으러 아테네를 공격하였다. 이들 형제는 트로이젠에 머물던 헬레네를 구출하고, 그녀를 데리고 있던 테세우스의 어머니 아이트라를 노예로 데리고 갔다.

한편 클뤼타임네스트라는 뮈케네 왕 아가멤논과 결혼하였다. 헬레네가 아름다운 처녀로 성장하자 그리스 전역에서 많은 구혼자가 몰려왔다. 이 중에는 오뒷세우스와 파트로클로스 그리고 아가멤논의 동생 메넬라오스도 있었다. 튄다레오스 왕은 그 중 한 명을 선택했다가는 나머지 구혼자들의 후환이 따를까 두려워 결정을 하지 못하였다. 이때 오뒷세우스가 자신과 페넬로페의 결혼을 도와준다면 모든 일을 잘 마무리하겠노라고 튄다레오스에게 약속을 했다. 그리스 영웅들은 오뒷세우스의 말에 따라 헬레네를 지킬 것이며 이에 따른 동맹도 약속하였다.

디오스쿠로이 형제는 레우키포스의 두 딸을 납치하여 결혼을 하려다 이다스, 륀케우스 형제와 전투하였다. 이때 필사의 몸이었던 카스토르가 죽자 폴뤼데우케스는 제우스에게 그와 함께 있게 해달라고 부탁하였다. 튄다레우스의 뒤를 이을 왕자가 없자, 헬레네와 결혼한 뮈케네 왕자 메넬라오스가 그의 뒤를 이어 스파르테의 왕이 되었다. 헬레네는 메넬라오스와의 사이에서 딸 헤르미오네를 낳았다.

파리스가 이데 산에서 고향으로 돌아온 지 1년이 되었다. 프리아모스는 파리스에게 헤라클레스에게 납치된 자신의 누이 헤시오네를 찾아오라는 명령을 내렸다. 스파르테에 간 파리스는 9일 동안 메넬라오스의 환대를 받았고, 열흘째 되던 날 메넬라오스는 외조부 카트레우스의 장례식에 참석하기 위하여 크레테 섬으로 향하였다. 이때 아프로디테의 도움을 받은 파리스가 헬레네를 설득하여 트로이로 가자고 유인하자, 그녀는 9살 된 헤르미오네를 남겨두고 그와 함께 야반도주하였다. 훗날 헤르미오네는 아킬레우스의 아들 네오프톨레모스(또는 필로스)와 결혼한다. 하지만 그녀의 남편은 그녀의 사촌이기도 한 오레스테스에게 죽임을 당하고 그녀는 오레스테스와 재혼한다.

유부남과 유부녀의 불륜에 분노한 헤라가 폭풍을 보내 방해하였기 때문에 그들은 포이니케의 시돈에 머물 수밖에 없었다. 파리스는 그리스인들에게 추격을 당할까봐 두려워 포이니케와 퀴프로스에서 많은 시간을 보내다가 아무런 징후가 없자 헬레네와 함께 트로이로 갔다.

첫 번째 트로이 원정

아내를 빼앗긴 메넬라오스는 아가멤논을 찾아가 파리스에게 어떻게 복수할 것인지를 의논했다. 두 형제와 팔라메데스는 그리스 영웅들을 모아 연합군을 결성하여 트로이로의 출정을 결정하였다. 팔라메데스는 에우보이아 섬을 다스리던 나우플리오스의 아들이었다. 케이론의 가르침을 받아 지략이 뛰어난 그는 오뒷세우스보다 지략이 뛰어난 인물로 평가되었다. 이들이 이타케의 왕 오뒷세우스를 찾아가 출전을 요구하였지만, 그는 아내와 어린 아들을 남겨두고 전쟁에 나서고 싶지 않았다. 오히려 미친 척을 하며 씨앗 대신 소금을 뿌리며 밭을 갈았다. 오뒷세우스의 술책을 눈치 챈 팔라메데스가 오뒷세우스의 아들 텔레마코스를 쟁기 앞에 놓자, 오뒷세우스가 재빠르게 아들을 감싸 안았다. 어쩔 수 없이 전쟁에 참여해야 했던 오뒷세

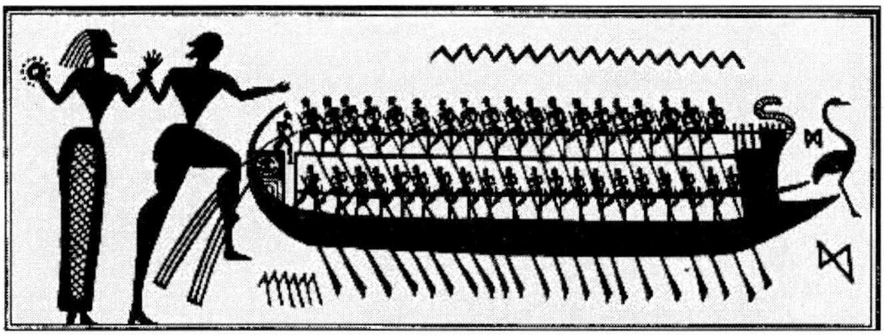

우스는 자신의 자작극을 눈치 챈 팔라메데스를 괘씸하게 여겼다. 이것이 화근이 되어 팔라메데스는 오뒷세우스의 간계로 죽임을 당하고 만다. 앙심을 품었던 오뒷세우스는 전쟁 중에 편지를 위조하여 팔라메데스가 트로이와 내통한다고 모함하여 돌로 쳐 죽였다. 다른 설에 의하면, 팔라메데스를 시기한 오뒷세우스와 아르고스의 왕 디오메데스가 낚시를 하던 그를 물에 빠뜨려 죽였다고도 하고, 우물 속에 보물이 있다고 속여 들어가게 한 다음 그곳을 돌로 채워 죽였다고도 한다.

오뒷세우스는 아킬레우스 없이는 트로이를 함락시킬 수 없다는 칼카스의 예언에 따라 그를 찾아 나섰다. 아들의 죽음을 예견한 바다의 여신 테티스가 아들을 스퀴로스 섬의 뤼코메데스 왕에게 보내 여장을 시켜 궁 안에서 그의 딸들과 함께 지내게 하였다. 이때 데이다메이아 공주가 아킬레우스의 신분을 알고 의도적으로 접근하여 그와 사랑을 나누었다. 그 사이에서 '붉은 머리'라는 뜻을 지닌 필로스라는 아들이 태어났고 그는 훗날 '젊은 용사'라는 뜻을 지닌 네오프톨레모스로 불린다. 오뒷세우스는 방물장수로 변장하여 뤼코메데스 궁궐로 들어가 공주들 앞에 갖가지 물건들을 늘어놓았다. 공주들은 온갖 패물을 만지며 즐거워했지만 아킬레우스는 본능적으로 무기를 집어 들었다. 정체가 탄로 난 아킬레우스는 결국 참전할 수밖에 없었다.

헬레네가 납치된 지 2년이 지난 후, 아가멤논을 총사령관으로 한 그리스 연합군이 아울리스 항에 집결하였다. 출정하기 전에 커다란 나무 밑에 모여 신에게 제사를 지낼 때, 뱀 한 마리가 나무 밑동을 감아 올라가더니 나무 위에 앉아 있던 어미 새 한 마리와 새끼 8마리를 모두 잡아먹고 돌로 변했다. 이것을 본 칼카스는 트로이 전쟁이 9년간 지속되다가 10년 만에 비로소 그리스의 승리로 마무리된다고 예언하였다.

아가멤논이 전군의 지휘자가 되어 트로이로 출항할 채비를 했다. 그러나 그들은 트로이로 가는 항로를 알지 못하고 뮈시아로 가서 그곳을 트로이로 착각해 약탈을 일삼았다. 뮈시아의 왕이자 헤라클레스의 아들 텔레포스가 이들을 맞아 싸웠지만 아킬레우스에게 쫓기다 포도넝쿨에 걸려 넘어져 창에 찔려 허벅지에 부상을 당했다. 뮈시아를 떠난 그리스 연합군은 다시 출항을 하였지만, 심한 폭풍을 만나 각자의 고향으로 돌아갈 수밖에 없었다. 첫 번째 원정은 이렇게 어이없게 끝났다.

두 번째 트로이 원정

8년이 지난 후, 아울리스 항에 재집결한 그리스 연합군은 여전히 트로이에 대한 정보가 부족하여 어찌 할 바를 몰랐다. 전쟁준비 중에 사냥을 하던 아가멤논이 아르테미스의 사슴을 죽임으로써 그 대가로 그리스 진영에 전염병이 퍼졌고, 설상가상으로 풍랑이 일어나 출항을 하지 못하였다. 여신의 노여움을 피하려면, 예언자 칼카스의 말에 따라 아가멤논의 딸 이피게네이아가 제단에 제물로 바쳐져야만 했다. 이를 불쌍히 여긴 여신은 그녀가 죽기 직전에 그녀를 구름으로 감싸 자신의 신전으로 데려가서 여사제로 일하게 하였다고 한다.

아킬레우스에게 부상을 당하였던 텔레포스는 자신의 부상이 쉽게 낫지 않자, 아폴론의 신탁에 따라 아킬레우스에게 도움을 청하게 되었다. 그 보답으로 트로이로 가는 항로를 알려준다는 텔레포스의 약속에 따라 아킬레우스는 자신의 창에서 녹을 긁어내어 그에게 주었다.

아울리스를 출항한 그리스인들은 테네도스 섬에 도착하였다. 이곳의 왕 테네스는 아폴론의 아들이었다. 테네스가 대항하자 아킬레우스가 칼로 그의 가슴을 찔러 죽였다. 이에 화가 난 아폴론이 그리스 진영에 재앙을 내렸다. 그리스인들이 아폴론에게 제사를 지낼 때,

필록테테스가 뱀에 물렸다. 부상을 당한 다리에서 악취가 나자, 아가멤논의 지시에 따라 오뒷세우스는 그를 전쟁에 참전시키지 않았다. 헤라클레스의 활을 가진 그는 테네도스 섬에서 사냥을 하며 지냈다.

테네도스에서 출항하면서 아가멤논은 오뒷세우스와 메넬라오스를 트로이로 먼저 보내어 헬레네와 그에 대한 보상을 요구하였지만 거절당했다. 오히려 그 사절단을 죽이려하자 글라우코스의 아버지 안테노르가 그들을 구해주었다. 이에 격분한 그리스인들이 트로이에 상륙을 시도하였고 트로이군은 완강하게 저항을 하였다. 그리스인들 가운데 가장 먼저 배에서 내린 프로테실라오스가 많은 트로이인들을 죽였지만 테티스의 예언에 따라 그 자신이 가장 먼저 살해당했다. 프로테실라오스의 아내 라오다메이아가 남편을 3시간만이라도 살려 달라고 기도하여 잠시 살아났지만, 그가 다시 죽자 슬픔을 견디지 못한 그녀는 자살을 했다고 한다. 또는 그녀가 밀랍으로 남편을 만들어서 살자, 그녀를 불쌍히 여긴 헤르메스가 프로테실라오스를 잠시 데려왔으나 얼마 후 다시 죽자 그녀는 자살을 했다고도 한다.

프로테실라오스가 죽자 뮈르미돈족을 이끈 아킬레우스가 트로이 진영을 포위하여 공격하고 이어서 그리스 함선들이 트로이에 상륙하였다. 아킬레우스는 트로이의 주변 도시국가들을 차례로 함락시켰다. 전쟁이 시작된 지 9년이 지나서 동맹군들이 트로이를 도우러 왔다. 안키세스의 아들 아이네이아스는 병사들을, 제우스의 아들 사르페돈은 뤼키아인들을 이끌고 왔고, 힘포로코스의 아들 글라우코스 등 많은 도시에서 지원군이 줄을 이었다.

파트로클로스(Patroklos)와 헥토르(Hektor)

이 전쟁은 원래 메넬라오스와 파리스 두 영웅의 싸움으로 그 승패를 결정하기로 하였고, 프리아모스를 증인으로 삼고 제우스에게 흰 양과 검은 양 한 마리씩 제물을 바쳤다. 하지만 아테나의 계략으로 트로이 병사 판다로스가 메넬라오스에게 활을 쏴서 부상을 입히자 전쟁은 전면전으로 급변하였다. 파리스에게 무시당한 헤라와 아테나, 포세이돈은 그리스 편을 들었고, 아프로디테와 그녀를 사랑하는 아레스, 아폴론은 트로이 편을 들었다. 제우스는 트로이의 프리아모스를 사랑하고 있었기 때문에 양쪽을 오가며 도움을 주었다.

헥토르는 아이아스와 격렬한 전투를 벌였다. 트로이 전쟁에 참가한 아이아스는 두 명으로 아킬레우스의 사촌이자 텔라몬의 아들은 큰 아이아스, 오일레우스의 아들은 작은 아이아스로 구분된다. 여기서 등장하는 이는 큰 아이아스다. 포세이돈의 도움으로 아이아스가 선전하면서 '저항하는 자'라는 뜻을 지닌 헥토르가 심한 타격을 받자 전세가 그리스에 유리하게 되었다. 이에 화가 난 제우스는 포세이돈을 전쟁에서 물러가게 하고 이리스와 아폴론으로 하여금 부상당한 헥토르의 부상을 치료하게 하였다.

아킬레우스(Achilleus)와 아가멤논(Agamemnon)

전쟁이 발발한 지 9년 아가멤논과 아킬레우스 사이에 갈등이 야기되었다. 호메로스의 서사시 〈일리아스〉는 여기에서 시작된다. 그리스인들은 트로이를 함락하지는 못하였지만 트로이 주변국을 점령하면서 전리품과 포로들을 나누어 가졌다. 포로 중에는 아름다운 여인 두 명이 있었는데 브리세이스는 아킬레우스가, 크뤼세이스는 아가멤논이 차지하였다.

아킬레우스는 트로이를 공격하기 전에 이웃 도시를 침략하였는데 리르네소스도 그 가운데 하나였다. 브리세이스는 리르네소스의 왕 미네스의 부인이자 브리세우스의 딸이었다. 아킬레우스는 미네스를 죽인 뒤, 그의 부인 브리세이스를 하녀로 삼았다. 며칠 후 크뤼세이스의 아버지 크뤼세스가 아가멤논을 찾아와 자신은 아폴론의 사제이고 딸을 돌려달라고 요구하였지만 거절당하였다. 이에 분노한 사제는 딸이 석방될 때까지 그를 괴롭혀 달라고 신에게 기도하였고, 신탁을 들은 아폴론은 그리스 진영에 역병을 퍼뜨렸다.

참전한 영웅들 중에서 최고령자였던 넬레우스는 뛰어난 언변과 전쟁 경험을 조언함으로써 모든 사람들에게 존경을 받았다. 그의 아들이자 예언자였던 칼카스의 말에 따라 영웅들은 크뤼세이스를 풀어주기로 결정을 내렸다. 그러자 아가멤논이 아킬레우스가 차지한 브리세이스가 자신의 몫이라고 주장을 하였다. 이에 분개한 아킬레우스는 그녀를 아가멤논에게 주는 대가로 전쟁에서 빠져 귀향을 하겠다고 선언하였다. 아들이 모욕을 당하자 이에 화가 난 테티스는 제우스를 찾아가서 트로이가 이기도록 청하였고 이를 계기로 그리스 진영에 패색이 짙어지기 시작했다. 풍전등화에 놓인 그리스 영웅들이 아킬레우스를 설득하려 노력했으나 그는 출전을 거부하였다.

격전이 벌어지고 아가멤논, 디오메데스, 오뒷세우스 등 많은 영웅들이 부상을 당하면서 그리스인들은 패배를 거듭하였다. 수세에 몰리자 전쟁에 대한 회의감이 대세를 이루었다. 아킬레우스 없이는 전쟁에 승리할 수 없다는 네스토르의 의견에 따라 아가멤논이 그를 찾아가 설득하였지만 거절당하였다. 하는 수 없이 아킬레우스의 갑옷을 입은 파트로클로스가 뮈르미돈족을 이끌고 트로이에 저항을 하였다. 파트로클로스는 메노이티오스의 아들로서 아킬레우스보다 나이가 많았지만 어릴 때부터 함께 자라면서 케이론에게 교육을 받았다. 사르페돈이 파트로클로스의 창에 맞아 사망하자 헥토르가 전차를 몰고 출전하였다. 파트로클로스는 아폴론의 도움을 받은 헥토르에게 패하여 아킬레우스의 갑옷을 빼앗기고 죽임을 당하였다. 그의 시신을 놓고 격렬한 싸움이 벌어지자 아이아스가 그의 시신을 구하였다.

친구의 죽음을 애도한 아킬레우스는 어머니의 도움으로 헤파이스토스로부터 새로운 갑옷을 받았다. 아가멤논과 화해하고 출전한 아킬레우스는 포세이돈의 도움을 받았고, 이에 맞선 아이네이아스는 아프로디테의 도움을 받았다. 트로이 성 앞에서 마주친 헥토르는 아폴론의 도움을 받아 아킬레우스와 접전을 벌였다. 이때 아테나가 헥토르의 동생 데이포보스 모습으로 변신하고 나타나 헥토르의 긴장을 풀게 하였다. 이틈을 타서 헥토르를 제압한 아킬레우스는 그의 시신을 전차에 묶어서 끌고 다녔다. 이를 불쌍히 여긴 제우스는 프리아모스 왕에게 이리스를 보내 아킬레우스에게 자식의 시신을 돌려달라고 부탁하게 하였다. 헤르메스는 프리아모스를 무사하게 아킬레우스에게 인도하였다. 아버지를 생각하여 자비를 베풀어 달라는 프리아모스의 청을 받은 아킬레우스는 이것이 제우스의 뜻이라는 것을 알고 수락하였다. 〈일리아스〉의 이야기는 헥토르의 죽음으로 끝난다.

아킬레우스와 아이아스(Aias)

헥토르가 죽은 후, 아마조네스의 여왕 펜테실레이아가 용맹을 떨쳤다. 그녀는 아킬레우스와의 대결에서 죽임을 당하였지만 그녀의 미모에 반한 아킬레우스는 그녀를 사랑하였다. 아킬레우스는 자신의 이러한 행동을 조롱한 테르시테스를 죽였다. 아이티오피아인들을 이끌고 온 멤논 왕도 많은 공을 세웠지만 그 역시 아킬레우스의 손에 죽었다.

헥토르의 장례로 인하여 12일간 휴전을 할 때, 프리아모스의 딸 폴뤽세네를 본 아킬레우스는 그녀와 결혼을 시켜준다면 그리스인들을 설득하여 철군하겠다고 하였다. 아폴론 신전에서 혼담을 주고받을 때 아폴론의 도움을 받은 파리스가 아킬레우스에게 독이 묻은 화살을 쏘았다. 아킬레우스의 시신을 차지하려고 치열한 전투가 벌어졌고 오뒷세우스의 엄호를 받은 아이아스가 적진에서 아킬레우스의 시신을 업고 나왔다. 그의 죽음으로 그리스의 사기는 땅에 떨어졌다. 가장 용감한 사람에게 돌아가는 아킬레우스의 갑옷과 투구를 놓고 아이아스와 오뒷세우스가 경합을 벌였다. 그의 갑옷과 투구가 오뒷세우스에게 돌아가야 한다는 네스토르의 판결에 아가멤논, 메넬라오스 그리고 디오메데스가 동의하자, 이에 분을 이기지 못한 아이아스는 오뒷세우스를 죽이려 하였다. 아테나의 계략으로 정신착란을 일으킨 그는 가축들을 트로이 병사로 오인하여 많은 살상을 하였다. 정신이 되돌아 온 아이아스는 자존심이 훼손된 것을 알고 스스로 목숨을 끊었다. 그가 죽은 자리 또는 그의 고향 살라미스에서 히아신스 꽃이 피었다고 한다.

트로이 목마

아킬레우스와 아이아스의 죽음으로 전력에 차질이 생긴 그리스와 트로이는 지루한 전쟁을 10년째하고 있었다. 이때 포로가 된 트로이의 예언자 헬레노스가 트로이를 함락시킬 수 있는 방법을 그리스인들에게 전해주었다. 첫째 펠롭스의 어깨뼈를 피사로부터 가져올 것, 둘째 아킬레우스의 아들 네오프톨레모스와 헤라클레스의 활을 지닌 필록테테스를 참전시킬 것, 셋째 아테나가 만든 목각인형 팔라디움을 트로이 성에서 빼내 올 것이었다. 오뒷세우스는 렘노스 섬에 있던 필록테테스와 스퀴로스 섬에 있던 네오프톨레모스를 전투에 합류시켰다. 또한 디오메데스와 함께 트로이 성으로 숨어 들어가 팔라디움을 훔쳐왔다.

필록테테스가 쏜 화살에 맞은 파리스는 이데 산의 오이노네에게 돌아갔지만 그녀는 자신이 당한 수모를 잊지 못했기 때문에 그의 치료를 거절하였다. 심경의 변화를 일으킨 그녀가 약을 가지고 뒤쫓았으나 트로이로 옮겨진 파리스는 이미 숨을 거두었다. 그가 죽은 것을 안 오이노네는 가책을 느껴 목을 매어 자살을 했다.

헥토르와 파리스를 잃은 트로이는 성문을 굳게 닫고 직접적인 전투를 피하였다. 오뒷세우스의 계략으로 목마를 만든 그리스인들은 퇴각하면서 모든 막사를 불태웠다. 오뒷세우스와 메넬라오스가 병사들을 지휘하여 목마 안에 숨어 있었고, 아가멤논은 테네도스 앞바다로 물러나 신호를 기다렸다. 오뒷세우스는 자신의 사촌동생 시논

을 목마 곁에 남겨두었다. 다음 날 목마를 발견한 프리아모스 왕에게 시논은 오뒷세우스가 자신을 버리고 갔노라고 거짓을 고하였다. 목마는 그리스인들이 아테나에게 바친 것이며 이것을 성 안으로 끌고 들어가면 트로이가 난공불락의 성이 되기 때문에 거대하게 만든 것이라고 하였다.

캇산드라가 그 목마 안에 무장한 군사가 있다고 말했고, 신전의 사제 라오코온도 이를 불태우자고 했다. 이때 포세이돈이 보낸 커다란 구렁이 두 마리가 바다에서 나타나 라오코온과 두 아들을 휘감아 죽이자 트로이인들은 목마에 대한 불경 때문에 벌을 받았다고 여겼다. 목마가 신에게 바쳐진 제물이 확실하니 성안으로 들여가자는 의견이 모아지면서 트로이는 승리의 열기에 도취되었다.

프리아모스뿐만 아니라 그의 아들 13명 모두 목마에 숨어있던 그리스 병사들에게 죽임을 당했다. 아킬레우스와 결혼하려던 폴뤽세네는 네오프톨레모스에 의해 아킬레우스의 무덤에 산 채로 제물로 바쳐졌다. 메넬라오스는 데이포보스를 죽이고 헬레네를 다시 데려갔다. 아가멤논은 전리품으로 캇산드라를, 네오프톨레모스는 헥토르의 부인 안드로마케를, 오뒷세우스는 프리아모스의 부인 헤카베를 취했다.

글라우코스와 아이네이아스는 트로이가 함락되기 전에 트로이를 빠져나갔다. 오뒷세우스와 메넬라오스가 사신으로 트로이에 왔을 때 그의 아버지에게 도움을 받은 적이 있었기 때문에 글라우코스는 살려두었다. 아버지 안키세스를 업고 간 아이네이아스는 나라를 세우라는 신탁에 따라 아프로디테의 도움으로 트로이를 빠져나갈 수 있었다.

아가멤논과 메넬라오스의 귀향

트로이가 함락되면서 오일레우스의 아들 아이아스가 아테나 신전에 숨어있던 캇산드라를 겁탈하였다. 칼카스는 이 때문에 여신이 노하여 그리스 영웅들의 귀향길이 순조롭지 못할 것이라고 예언하였다. 이에 출항을 주장하는 메넬라오스와 아테나에게 제사를 지내고 출항해야 한다는 아가멤논의 주장이 대립되었다. 아가멤논은 아테나에게 제물을 바친 뒤 출항하여 테네도스 섬에 들렀다. 함께 갔던 네오프톨레모스도 테티스의 말에 따라 이틀 동안 머물면서 제사를 더 올렸지만, 다른 영웅들은 테노스 섬에서 폭풍을 만나 배와 병사들을 많이 잃었다. 귀향한 네오프톨레모스는 할아버지 펠레우스가 아카스토스의 아들들에게 추방되자 아버지 아킬레우스의 왕권을 이어받아 프티아의 왕이 되었다.

캇산드라를 데리고 귀향한 아가멤논은 자신의 부인 클뤼타임네스트라와 그녀의 정부 아이기스토스에 의하여 살해되었다. 아이기스토스는 스스로 뮈케네의 왕이 되어 캇산드라도 죽였다. 아가멤논의 딸 엘렉트라는 자신의 동생 오레스테스와 함께 도피하였다가 어머니와 아이기스토스에게 복수를 하였다. 죄책감에 시달리며 복수의 3자매에게 추격을 받았던 두 남매는 아테네의 아레이오스 파고스에서 재판을 받았다. 아이기스토스와 클뤼타임네스트라의 딸 에리고네가 그들을 고발하였기 때문이었다. 재판에서 배심원들의 투표가 가부 동수였는데, 아테나가 무죄를 선언함으로써 그들의 죄가 방면되었다.

헤르미오네와 결혼한 오레스테스가 일흔이 가까운 나이에 뱀에게 발뒤꿈치를 물려 죽자, 그의 아들 티사메노스가 아버지를 이어 뮈케네 왕가의 최후 통치자가 되었다. 아르고스와 스파르테를 지배하던 그는 펠로폰네소스를 침략한 헤라클레스의 후손들에게 왕위를 빼앗기고 아카이아로 피신하였다가 그곳에서 죽었다.

디오메데스와 네스토르는 순조롭게 귀향하였지만, 폭풍을 만나 많은 배를 잃은 메넬라오스는 다섯 척의 배만 이끌고 수니온 곶에 도착하였다. 또다시 바람에 밀려 크레테 섬으로 밀려가면서 아이귑토스까지 가게 된 그는 그곳에서 많은 재물을 모았고, 프로테우스 왕의 궁전에서 헬레네를 발견하였다. 그때까지 메넬라오스가 데리고 있던 헬레네는 헤라가 만든 환영에 불과했던 것이다.

헬레네의 환영 이야기는 서정시인 스테시코로스Stesichoros의 작품 〈팔리노디아〉에서 처음 언급되었다. 그는 〈헬레네〉라는 작품에서 헬

레네의 부정행위를 비난하였다가 눈이 멀자, '취소하는 노래'라는 뜻을 가진 〈팔리노디아〉를 통하여 자신의 잘못을 사죄하여 다시 시력을 회복하였다고 한다. 그리스의 역사가 헤로도토스Herodotos도 파리스를 따라 간 것은 헬레네의 허상이고 진짜 헬레네는 이집트에 머물고 있었다고 기술하였다.

아이귑토스에서 8년간 떠돌다 스파르테로 되돌아온 메넬라오스와 헬레네는 왕좌에 다시 올랐고 평온한 여생을 살다 사후에 행복의 땅 엘뤼시온으로 갔다고 한다. 아테네 시인 파우사니아스Pausanias에 의하면, 메넬라오스 사후에 헬레네는 그의 아들들에 의해 살해될 것이 두려워 로도스 섬으로 피신하였다고 한다. 하지만 남편이 트로이 전쟁에서 사르페돈에게 죽임을 당하여 과부가 된 폴뤽소 여왕이 헬레네에게 원한을 품고 시녀들을 시켜 목욕 중인 헬레네를 나무에 매달아 죽였다고 한다.

나우플리오스(Nauplios)와 팔라메데스(Palamedes)

나우플리오스는 황금양털을 찾아 나섰던 아르고나우타이의 일원이었고 노예매매에도 적극적으로 관여하였다. 크레테의 왕 카트레우스는 자식의 손에 죽을 것이라는 신탁 때문에 두 딸 아에로페와 클뤼메네를 나우플리오스에게 노예로 팔아 넘겼다. 나우플리오스는 아에로페를 아트레우스에게 팔았고, 클리메네는 자신의 아내로 삼아 팔라메데스, 오이악스와 나우시메돈 등 세 아들을 낳았다.

맏아들 팔라메데스는 지혜로운 인물이었으나 트로이 전쟁에 오뒷세우스를 끌어들이는 과정에서 그의 원한을 사서 결국 오뒷세우스의 계략에 빠져 억울하게 죽었다. 나우플리오스는 트로이로 가서 아들의 죽음에 대한 보상을 요구하였으나 거절당하였다. 이에 분노한 그는 그리스의 각 도시를 돌아다니면서 트로이 전쟁에 참가한 왕과 영웅들의 아내에게 남편을 배신하도록 부추겼고 여러 부인들이 그의 말에 넘어가 불륜을 저질렀다. 아이기스토스와 정을 나눈 아가멤논의 아내 클뤼타임네스트라도 그 가운데 하나였다.

그의 보복은 여기에서 그치지 않았다. 트로이 전쟁에서 승리를 거둔 그리스 영웅들이 배를 타고 귀국할 때 언덕 여기저기에 불을 피워 놓아 귀향하는 배들이 항구로 착각하게 만들어 난파시켰고 간신히 해안에 닿은 사람들은 모두 잡아 죽였다. 자식의 죽음에 대한 복수를 끝낸 나우플리오스는 칼키디케로 피신하였지만 자신이 저지른 것과 똑같은 방법으로 가짜 불에 속아 죽었다.

이아손(Iason)

콜키스의 황금양털

보이오티아의 왕 아타마스는 구름의 여신 네펠레와의 사이에 프릭소스와 헬레라는 두 남매를 얻었다. 카드모스의 딸로 두 번째 아내가 된 이노는 전처소생의 자식들을 미워하여 간계를 부려 그들을 없애려고 하였다. 이 소식을 접한 네펠레가 자신의 아이들을 살려달라고 기도하자 제우스는 황금 양을 보내 이들을 구하였다. 콜키스로 향하던 중 누이 헬레는 바다에 떨어져 죽었고, 그곳은 '헬레의 바다'라는 뜻으로 헬레스폰트스(=다르다넬스 해협)라는 이름이 붙여졌다. 한편 프릭소스는 무사히 콜키스에 도착하고 제우스에게 양을 제물로 바쳐 제사를 지냈다. 프릭소스가 아이에테스 왕의 딸 칼키오페

와 결혼하면서 황금양털은 왕에게 선사되었다. 이 황금양털은 아레스의 숲에서 휘드라로 하여금 지키게 하였고, 자신의 임무를 충실히 이행한 양은 황도 12궁의 하나인 양자리가 되었다.

이올코스 왕가 - 계보 11

텟살리아의 이올코스 왕 크레테우스의 부인 튀로는 강의 신 에니페우스를 흠모였다. 포세이돈은 에니페우스로 변신하여 그녀에게 접근했고 쌍둥이 아들을 얻었다. 튀로는 두 아들을 내다 버렸는데, 그때 지나가던 말발굽에 차여 한 아이의 얼굴에 멍이 들었다. 말 주인은 두 아이들을 데려다 키웠고, 멍이든 아이는 펠리아스, 다른 아이는 넬레우스라 불렀다. 훗날 두 형제의 사이가 나빠지자 펠리아스는 텟살리아로 가서 비아스의 딸 아낙시비아와 결혼하여 아들 아카스토스와 4명의 딸을 두었다. 텟살리아의 주도권을 놓고 펠리아스에게 쫓겨 간 넬레우스는 멧세네로 가서 퓔로스를 세우고, 암피온의 딸 클로리스와 결혼하여 딸 페로와 12명의 아들을 두었다. 그 중에서 포세이돈에게 변신술을 이어받은 페리클뤼메노스와 트로이 전쟁에 노장으로 참전하였던 네스토르가 유명하다. 필로스가 헤라클레스에게 공격을 받아 함락될 때 페리클뤼메노스는 사자, 뱀, 벌 등으로 변신하여 싸움을 벌였지만 결국 아버지 넬레우스와 다른 모든 형제들은 죽임을 당하였다. 그러나 게레니아에서 양육되었던 네스토르는 필로스에 없었기 때문에 살아남을 수 있었다. 필로스의 왕이 된 그는 아르고 호號 원정뿐만 아니라 90여척의 배를 이끌고 아들들과 함께 트로이 전쟁에도 참전하였다.

크레테우스 왕은 튀로에게서 아이손, 아뮈타온, 페레스라는 세 아들을 얻었다. 이들은 튀로가 포세이돈의 사랑을 받아 낳은 펠리아스, 네스토르와는 이복형제 지간이었다. 크레테우스가 사망하고 아이손이 왕위를 이었다. 그에게는 어린 아들 이아손이 있었다. 펠리아스의 반란으로 아이손은 왕위를 빼앗기고, 이아손은 케이론에게 보내져 양육되었다.

왕이 된 펠리아스는 장차 신발 한 짝만 신은 청년이 나타나 자신의 자리를 빼앗을 것이라는 신탁을 들었다. 훗날 이아손은 왕위를 되찾기 위하여 이올코스로 가는 도중에 텟살리아의 아나우로스 강에 다다랐고, 노파로 변신한 헤라를 업어서 건네주다가 신발을 한 짝 잃어버렸다. 헤라는 이아손의 선행에 대한 보답으로 언제든지 도움을 주겠노라며 사라졌다. 이올코스에 도착한 이아손을 본 펠리아스 왕은 예언을 생각하고, 콜키스에 있는 황금양털을 찾아오면 왕위를 돌려주겠다는 제안을 하였다.

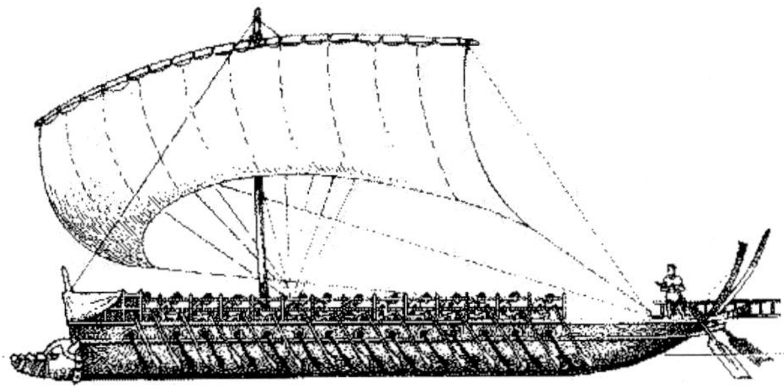

콜키스로의 항해

이아손은 헤라클레스, 테세우스, 휠라스, 오르페우스, 네스토르, 디오스쿠로이 형제, 텔라몬과 펠레우스, 칼라이스와 제테스 형제 등 50명의 영웅들로 아르고나우타이 원정대를 구성하였다. 이 중에는 스코이네우스의 딸 아탈란테도 포함되었다. 배를 건조한 사람의 이름을 딴 아르고 호號에는 헤라의 조언에 따라 50개의 노가 달렸고, 그리스 북서쪽 도도네 지역의 참나무로 만든 그녀의 얼굴이 뱃머리에 붙여졌다.

이아손 일행들이 렘노스 섬에 도착했을 당시, 이곳의 여인들은 아프로디테의 저주를 받고 있었다. 이들이 아프로디테를 숭배하지 않자 이에 대한 복수로 여인들의 몸에서 악취가 나게 하였던 것이다. 이 섬의 남자들은 트라케에서 여자들을 데려와 동침을 하였다. 화가 난 여인들이 자신들의 남편과 아버지를 죽였지만, 여왕 힙시필레는 아버지 토아스를 빼돌려 그의 목숨을 구하였다. 아르고 호號 선원들은 렘노스의 여인들과 살을 섞었고, 이아손도 휩시필레와 동침하여 두 아들을 얻었다. 이들이 떠나고 렘노스 여인들에게 발각된 토아스는 죽임을 당하였고, 휩시필레도 트라케의 왕 뤼쿠르고스에게 노예로 팔려갔다.

렘노스 섬을 떠난 원정대는 소아시아의 뮈시아에 도착하였다. 이곳에서 휠라스가 물을 뜨러 갔다가 요정들이 유혹하는 바람에 물에 빠졌다. 그의 비명소리를 들은 폴뤼페모스와 헤라클레스가 그들을 찾아 나섰고, 두 사람이 휠라스를 찾는 사이에 배는 떠나버렸다.

포세이돈 곶을 지난 원정대는 에욱세이노스에 다다랐으나, 입구의 두 바위 때문에 지나갈 수가 없자 소경 예언자 피네우스를 만나 조언을 들어야 했다. 그는 트라케의 사르미데소스 왕으로 북풍의 신 보레아스의 딸 클레오파트라와 결혼하여 두 아들을 얻었다. 왕비가 죽은 뒤 이다이아와 재혼하였는데, 그녀는 전처의 아들들이 자신을 유혹하였다고 모함하였다. 피네우스가 이 말에 속아 두 아들의 눈을 멀게 하고 감옥에 가두자, 제우스가 그의 눈도 멀게 하였다. 게다가 피네우스는 반인반조 괴물인 하르퓌이아들의 방해로 음식을 먹지 못하여 굶어 죽을 지경에 이르렀다. 하르퓌이아들은 오케아노스의 딸 엘렉트라와 타우마스의 딸들이자 이리스와는 자매간이었다. '탐욕스런 인간' 또는 '욕심 많은 여자'라는 뜻을 지닌 하피harpy는 여기에서 유래하였다.

이때 보레아스의 두 아들 칼라이스와 제테스가 하르퓌이아들을 쫓아내고 피네우스를 구해 주었다. 하르퓌이아들은 이들 형제들에게 죽을 운명이었고, 이들 형제들 또한 괴물들을 죽이지 못하면 그들에게 죽임을 당할 운명이었다. 하르퓌이아들의 고통에서 벗어난 피네우스는 비둘기를 날려 보낸 뒤, 두 바위가 닫혔다가 열리는 시간을 이용하여 이곳을 통과하라고 조언을 하였다.

이아손과 메데이아(Medeia)

콜키스에 있는 파시스 강가에 도착한 이아손은 아이에테스 왕을 찾아가 사정을 이야기하며 황금양털을 달라고 하였다. 왕은 자신이 갖고 있는 야생 황소 두 마리의 등에 멍에를 얹을 수 있다면 황금양털을 주겠노라고 했다. 헤파이스토스로부터 받은 이 황소들의 발굽은 청동으로 되어있었고 입에서는 불을 뿜었다. 마침 아이에테스 왕에게는 사제이자 마법사 메데이아 또는 메디아라는 딸이 있었다. 그녀는 자신을 아내로 삼아 귀향길에 데리고 간다면 이아손을 도와주겠다고 아버지 몰래 약속을 했다. 일설에 따르면, 메데이아가 이아손에게 쉽게 반한 것은 헤라의 계략이라고도 한다. 이아손을 도와 펠리아스를 벌하기 위해 아프로디테 여신에게 부탁하였다는 것이다. 메데이아의 도움을 받은 이아손이 황소의 등에 멍

에를 씌웠으나 아이에테스 왕은 약속은커녕 오히려 일행을 죽이려 하였다. 메데이아의 도움으로 휘드라를 제압하고 황금양털을 손에 넣은 이아손 일행은 서둘러 출항하였다.

아이에테스는 자신의 아들 압쉬르토스와 함께 그들을 뒤쫓았다. 그러나 메데이아가 오라비를 죽여 토막을 낸 뒤 바다에 던졌고, 아이에테스는 아들의 시신을 수습하느라 이아손 일행을 추격하지 못하였다.

아르고 호號가 에리다노스 강가를 지날 무렵, 압쉬르토스의 죽음에 분노한 제우스가 심한 폭풍을 보내 배를 항로에서 이탈시켰다. 키르케에게 죄를 정화받기 전까지는 순항할 수 없다는 신탁을 들은 원정대는 그녀가 있는 아이아이에 섬으로 향하였다. 정화의식을 받은 일행이 세이렌 자매들과 마주치자 오르페우스가 그들에 맞서 노래를 불러주어 무탈하게 항해할 수 있었다. 또한 스퀼라와 카뤼브디스를 만났지만 헤라의 명을 받은 네레이스들의 도움으로 무사히 통과하였다.

이아손 일행은 헬리오스의 소 떼가 있는 트리나키아 섬을 지나 케르퀴라 섬에 도착하였다. 이들을 뒤쫓아 온 아이에테스의 부하들이 알키노스를 찾아와 메데이아를 돌려줄 것을 요구하였다. 그는 메데이아가 이아손과 정을 통하지 않았다면 그녀를 돌려주겠다는 약속을 했다. 이 말을 들은 알키노스의 부인 아레테가 이아손과 메데이아를 결혼시킴으로써 위기를 넘겼고, 너무 멀리 쫓아 온 아이에테스의 부하들은 이곳에서 정착하였다.

크레테 섬에 도착한 일행들은 탈로스라는 청동인간이 아르고 호號를 향해 돌을 던지는 바람에 섬에 접근하지 못하였다. 탈로스는 헤파이스토스가 미노스 왕에게 선사한 것으로 그는 목에서 발의 복사뼈까지 뻗어있는 혈관 하나만 갖고 있었다. 발뒤꿈치에는 그 혈관을 막고 있는 청동 못이 하나 박혀있었는데, 이를 이아손이 빼내자 탈로스는 숨을 거두었다. 크레테 섬에서 하룻밤을 지낸 아르고나우타이 일행은 모든 여정을 마치고 이올코스에 귀향하였다.

한편 아르고 호號 선원들이 돌아오지 못할 것이라 판단한 펠리아스는 아이손 부부를 죽이려고 하였다. 이를 눈치 챈 아이손이 그의 아내와 함께 황소의 피를 마시고 자살하였다. 오비디우스의 〈변신이야기〉에 따르면, 아이손은 이아손이 황금양모 원정에서 데이아를 아내로 삼아 돌아왔을 때까지 살아 있었다고 한다. 그는 메데이아의 마법을 통하여 새로운 피를 수혈 받아 회춘하였다.

아폴로니오스Apollonios의 〈아르고나우티카Argonautika〉에서 묘사된 이 이야기는 이아손이 영웅들과 함께 콜키스까지 다녀와서 이올코스에 입성하면서 끝을 맺는다. 귀향 후에 벌어진 메데이아의 이야기는 다른 작품에서 나타나는 내용들이 추가된 것이다.

메데이아의 마법

귀향한 이아손은 이스트모스로 가서 아르고 호號를 포세이돈에게 바쳤다. 가족들의 죽음에 대한 모든 사실을 안 이아손은 당장 복수를 하고 싶었지만 때를 기다리며 메데이아와 함께 펠리아스에 대한 계책을 모색하였다. 메데이아는 궁전으로 가서 펠리아스의 딸들에게 그녀들의 아버지를 젊게 회춘시켜 주겠노라고 했다. 그리고는 딸들을 믿게 하려고 늙은 양을 솥에 넣고 끓여 어린 새끼 양으로 만들어 보였다. 딸들은 그녀를 믿었지만 메데이아는 펠리아스를 솥에 넣어 삶아 죽였다. 펠리아스의 아들 아카스토스는 주민들의 도움을 받아 아버지를 매장하고, 이아손과 메데이아는 코린토스로 추방되었다.

이아손의 여생

코린토스로 간 이아손과 메데이아는 10년 동안 행복하게 잘 지냈다. 그 무렵 코린토스의 왕 크레온이 자신의 딸 글라우케를 이아손의 아내로 주겠다고 하자 그는 메데이아를 버리고 그녀를 선택하였다. 화가 난 메데이아는 신부에게 독을 바른 옷을 선사하고 자신의 두 아들 메르메로스와 페레스를 죽였다. 그녀는 헬리오스의 날개 달린 용들이 이끄는 마법의 이륜차를 타고 아테네로 갔다. 그곳에서 그녀는 테세우스의 아버지 아이게우스의 부인이 되어 아들 메도스를 낳았다.

이아손은 더 이상 헤라의 도움을 받지 못하였다. 그는 코린토스의 왕이 되었지만 그에게는 더 이상 자식이 없었다. 훗날 이아손이 아르고 호號 뱃머리 밑에 앉아서 생각에 잠겨 있을 때, 배의 들보가 그의 머리에 떨어져 사망하였다. 이아손은 다른 영웅들과는 달리 인생의 말로가 불행하였다. 그는 자신의 힘으로 항해모험을 이룬 것이 아니라 여인의 힘을 빌려 목적을 달성하였다. 메데이아는 그리스 신화를 통틀어 가장 대담하고 지성적인 여성이지만 전형적인 팜므 파탈의 원형이었다. 조국과 부모형제를 배신하고 사랑하는 남자를 선택하였지만 그에게 배신당하는 메데이아를 통해 이방인과 여성에 대한 고대 그리스인들의 의식이 어떠했는가를 짐작할 수 있다.

O

오뒷세우스(Odysseus, lat. *Ulixes* / *Ulysses*)

당대 최고의 소도둑 아우톨뤼코스는 헤르메스와 키오네의 아들이자 오뒷세우스의 어머니 안티클레이아의 아버지였다. 그는 아버지 헤르메스로부터 도둑기술을 이어받았고, 이 분야에서는 타의 추종을 불허했다. 그의 외손자 오뒷세우스가 사용한 투구도 아뮌토르에게서 훔친 것이었다.

오뒷세우스가 놀라운 계책을 부릴 수 있는 것도 아우톨뤼코스와 시쉬포스의 피를 이어 받았기 때문이다. 아우톨뤼코스는 맞수였던 시쉬포스의 소를 훔친 적이 있었다. 자신의 가축들이 점차 줄어들자 시쉬포는 가축들에게 자신만이 알 수 있는 표식을 해두었다. 아우톨뤼코스의 축사에서 자신의 가축을 확인한 시쉬포스는 아우톨뤼코스에게 해명을 요구하였지만 만날 수조차 없었다. 시쉬포스는 그에

대한 보복으로 그의 딸 안티클레이아를 납치하였다. 이 이야기는 시기적으로 일치하지 않지만 아이올로스의 아들이자 코린토스의 창설자였던 시쉬포스가 아우톨뤼코스와 결부되었다. 그리하여 안티클레이아가 오뒷세우스를 낳았을 때, 그의 아버지는 남편 라에르테스가 아니라 시쉬포스라고도 한다.

시쉬포스는 제우스가 강의 신 아소포스와 메토페의 딸 아이기나를 납치해 가는 것을 목격하였다. 제우스는 그녀를 오이노네 섬으로 데려가 사랑을 나누었다. 딸을 찾아다니던 아소포스가 시쉬포스에게 정보를 제공해 달라고 부탁했다. 시쉬포스는 코린토스의 성채에 신선한 샘물이 솟도록 해주면 자기가 알고 있는 바를 말해주겠다고 약속했고, 아소포스는 그 자리에서 페일레네 샘이 솟도록 하였다.

제우스는 시쉬포스의 폭로에 격분한 나머지 죽음의 신 타나토스를 보내 그를 하데스에게 데려가라고 했다. 지혜가 뛰어난 시쉬포스는 타나토스를 교묘히 속여 그를 결박한 뒤 동굴에 감금했다. 이 때문에 인간들이 죽지 않자, 이를 우려한 신들이 아레스를 보내 타나토스를 풀어주었다. 타나토스는 시쉬포스를 찾아서 저승으로 데려갔다. 이와 같은 사태가 일어날 것을 예견한 시쉬포스는 미리 아내 메로페에게 자신의 시신을 매장하지 말고 그 어떤 제물도 바치지 말라고 하였다. 하데스는 메로페가 장례를 치르지 않는 것을 보고 화가 나서, 시쉬포스 자신이 장례를 지내도록 하라면서 그를 다시 지상으로 돌려보냈다(또는 하데스의 아내 페르세포네가 시쉬포스를 지상으로 돌려보냈다고도 한다). 다시 지상에 나와 코린토스로 돌아온 시쉬포스는 하데스의 명령을 따르지 않고 저승의 신들을 피해 다녔다.

시쉬포스는 벨레로폰의 아버지 글라우코스, 오르니티온, 테르산드로스, 아르모스라는 네 자식을 남겼다. 그는 오랫동안 이스트모스에 군림한 뒤 그곳에 매장되었다. 그는 제우스의 분노를 샀을 뿐만 아니라 신들에게 불경스러운 행위를 했기 때문에 타르타로스에서 큰 돌을 산위로 밀어 올리는 형벌을 받았다. 돌은 정상까지 올라가면 다시 밑으로 굴러 떨어져서 영원히 돌을 굴리는 형벌이었다. 무익하고 희망이 없는 노동만큼 무서운 징벌은 없다고 신들은 여겼던 것이다.

오뒷세우스와 페넬로페(Penelope)

이타케의 왕 오뒷세우스도 헬레네에 대한 구혼자 중의 한 명이었지만, 자신이 헬레네를 차지할 수 없다는 것을 알았다. 이때 수많은 구혼자 중에서 한 명을 선택해야 하는 어려움에 처한 튄다레오스에게 오뒷세우스는 페넬로페와의 결혼을 조건으로 그 해결책을 제시하였다. 그의 지략에 따라 헬레네를 차지하지 못한 구혼자들은 메넬라오스와 헬레네의 결혼 이후에 닥치는 모든 어려움을 함께 하겠다는 그리스 동맹을 맺었다. 오뒷세우스가 '원앙', '오리' 또는 '고집이 센 오리'라는 의미를 갖는 페넬로페와 결혼하여 '멀리서 싸우는 자'라는 뜻을 지닌 텔레마코스를 얻어 평온한 시간을 보낼 무렵, 아가멤논 형제가 찾아 왔다. 트로이 전쟁의 지장이라 불릴 만큼 전술과 전략이 뛰어난 그는 트로이 목마를 고안하여 전쟁을 승리로 이끌었다. 전쟁을 마친 오뒷세우스는 포세이돈의 저주로 10년간 지중해를 떠돌아다녀야만 했다.

오뒷세우스의 항해 모험

오뒷세우스는 트로이 전쟁에서 프리아모스의 아내 헤카베를 전리품으로 취하였다. 트로이를 떠난 오뒷세우스 일행이 처음 도착한 곳은 트라케였다. 트로이 전쟁이 발발하자 프리아모스는 막내 아들 폴뤼도로스를 사위이자 트라케의 왕 폴뤼메스트로에게 보내 훗날을 도모하고자 하였다. 그러나 트로이의 국운이 어두워지자 그리스의 보복이 두려웠던 그는 폴뤼도로스를 살해하였다. 그곳에서 아들의 시신을 발견한 헤카베가 심한 우울증을 보이면서 깊은 시름에 빠지자 오뒷세우스는 하는 수없이 그녀를 두고 다시 귀향길에 올랐다.

북풍의 도움을 받은 오뒷세우스 일행이 간 곳은 키코네스족이 사는 이스마로스라는 항구도시였다. 그곳의 주민들과 충돌하여 많은 부하를 잃은 오뒷세우스는 또다시 폭풍에 휘말렸다가 로토파고스에 도착하였다. '로토스를 먹는 사람들'이란 뜻을 지닌 로토파고스는 오늘날 튀니지의 동쪽에 위치한 제르바 섬으로 추정된다. 로토스 Lotos는 연꽃으로 추정되지만, 로토스를 먹은 오뒷세우스 일행이 만사를 잊고 도취되었다는 것으로 보아 최면성분을 함유한 식물로 여겨진다.

다음으로 오뒷세우스가 도착한 곳은 포세이돈과 요정 토오사의 아들 폴뤼페모스가 사는 섬인데, 이는 오늘날 시칠리아 섬으로 추정된다. 그는 외눈박이 괴물로서 야생식물과 양의 젖뿐만 아니라 사람을 잡아먹는 식인거인이었다. 우티스 outis='nobody'라고 자신을 소개한 오뒷세우스는 자신의 동료를 잡아먹는 폴뤼페모스에게 포도주를 먹여 취하게 만든 후 거대한 막대기로 거인의 눈을 찌르고 탈출하였다. 그의 손아귀에서 벗어난 오뒷세우스는 자신의 이름을 크게 소리쳤다. 퀴클롭스는 오뒷세우스에게 눈이 멀게 될 것이라는 예언을 들은 바 있기 때문에 더욱 분노하였다. 이로 인하여 오뒷세우스 일행은 포세이돈의 저주를 사게 된다.

오뒷세우스 일행은 바람의 신 아이올로스가 거주하는 아이올리아 섬에 도착하였다. 그는 제우스에 의해 바람을 일으키고 잠재우는 바람의 관리자였다. 오뒷세우스를 환대한 그는 순풍과 함께 역풍이 담긴 자루를 내주었다. 그 도움으로 순풍에 돛을 달고 고향을 눈앞에 두었으나 오뒷세우스가 잠에 빠져있는 사이에 호기심을 못 이긴 부하들이 아이올로스가 준 자루를 열어 보았다. 자루에서 나온 역풍이 휘몰아쳐서 배는 순식간에 아이올리아 섬으로 되돌아갔다.

다시 고향으로 향한 오뒷세우스 일행은 라이스트뤼고네스라는 식인거인족의 섬에 도착하였다. 거인족의 공격을 받아 12척의 배중 11척이 침몰하고 오뒷세우스의 배만 간신히 빠져 나왔다. 단 한척의 배로 탈출에 성공한 오뒷세우스 일행은 고생 끝에 마법사 키르케가 살고 있는 아이아이에 섬에 도착하였다. '독수리'라는 뜻을 지닌 키르케는 맛있는 음식 냄새를 풍겨 굶주린 선원들을 자기 집으로 끌어들인 뒤 돼지로 만들었고, 오뒷세우스를 유혹하여 자신의 남편으로 삼으려고 하였다. 그러나 헤르메스가 건네준 약초를 먹은 오뒷세우스는 아들과 부인에 대한 사랑으로 그 유혹을 이겨냈다. 그와 일 년을 지낸 키르케는 온갖 마법으로 오뒷세우스를 붙잡아 두려하였지만, 헤르메스의 도움으로 그는 부하들을 이끌고 섬을 탈출하여 다시 귀향길에 올랐다. 아쉬움을 뒤로 한 키르케는 세이렌의 섬을 통과하는 요령, 스퀼라와 카뤼브디스에 대하여 알려주었다. 키르케의 조언을 받은 오뒷세우스는 오케아노스로 가서 죽은 자들을 위한 제물을 바치고, 타르타로스의 플레게톤 강에 있는 예언자 테이레시아스에게 고향으로 가는 길을 물었다. 그곳에서 '헬리오스 섬의 가축을 먹지 말라'는 충고를 들은 오뒷세우스는 자신의 일행과 계속하여 항해하였다.

세이렌 섬으로 항해하던 오뒷세우스 일행은 세이렌 자매들의 노래에 홀려 위기에 처했다. 그들의 상반신은 여자, 하반신은 새의 모습을 한 반인반조 괴물이었다. 이들 중 한 명은 키타라를 연주하고, 한 명은 노래를 부르며 다른 한 명은 피리를 연주하여 지나가는 선원들을 유혹하였다. 키르케의 충고에 따라 밀랍으로 귀를 막은 오뒷세우스는 자신의 몸을 돛대에 묶어 그 노래에 빠져들지 않으려고 애를 썼다. 세이렌 자매들이 자신들 곁에 머물라고 설득하면서 노래를 하자, 오뒷세우스는 몸부림을 치며 자신을 풀어달라고 소리쳤다. 모든 정황을 알고 있는 그의 부하들이 그를 더 꽁꽁 묶어 위기를 넘길 수 있었다.

오뒷세우스 일행은 두 갈래 길에 도착하였다. 한쪽에는 떠도는 바위들이 있고, 다른 쪽에는 거대한 바위가 양쪽에 있었다. 그 중 한 바위에는 스퀼라가 살고 있다. 그녀는 원래 굉장한 미인이었으나 바다 괴물인 글라우코스의 사랑을 거부하는 바람에 키르케에 의해 저주를 받아 인신사족의 괴물로 변하였다. 그녀의 얼굴과 상반신은 여자였지만, 6개의 팔과 12개의 다리는 뱀이었다. 그녀는 죽은 후에도 암초로 변해 항해자들을 괴롭혔다고 한다. 다른 바위에는 하루에 세 번씩 물을 들이마셨다 토해내는 카뤼브디스가 지나가는 배를 침몰시키고 있었다. 그녀는 포세이돈과 가이아의 딸로 대식가였으나 제우스가 번개를 쳐서 시켈리아 근처 바다 속에 던져졌다.

오뒷세우스 일행이 바위 쪽으로 가자, 스퀼라는 절벽 위에서 12개의 다리를 이용하여 6명의 선원들을 잡아먹었다. 이를 피해서 옆으로 비켜가니 물속에서 카뤼브디스의 소용돌이가 역류하여 이들을 집어삼켰다. '스퀼라와 카뤼브디스'는 이탈리아 반도와 시칠리아 섬 사이의 메시나 해협에서 일어나는 소용돌이로 여겨지지만, 그리스 북서부의 스킬라 곶이라고도 한다. 스퀼라와 카뤼브디스는 어쩔 수 없는 상황을 직면할 때 '진퇴양난' 또는 '사면초가'의 뜻으로 쓰인다. 스퀼라와 카뤼브디스에게 6명의 부하를 잃은 오뒷세우스는 가까스로 태양신 헬리오스의 섬에 도착하였다. 테이레시아스의 경고에도 불구하고 오뒷세우스 부하들이 태양신의 소들을 잡아먹음으로써 신의 노여움을 샀다. 섬을 떠난 지 6일 만에 바다에서 태풍을 만난 오뒷세우스는 모든 부하들을 잃었다.

배가 난파당하여 홀로 살아남은 오뒷세우스가 향한 곳은 칼륍소가 있는 오귀기아 섬인데, 이는 오늘날 몰타의 고조Gozo 섬으로 여겨진다. 헬리오스와 페르세이스의 딸 칼륍소는 오뒷세우스와 영원히 살고 싶었지만 제우스의 명을 전한 헤르메스의 말에 따라 배를 만들어 그를 고향으로 돌려보냈다. 이곳에서 7년간 함께 지냈던 오뒷세우스는 뗏목을 타고 홀로 항해하다가 풍랑을 만나 스케리아 섬으로 쓸려갔다. 이곳은 고대 페니키아인들의 터전이었으며 오늘날 이오니아 제도에 있는 케르키라(=코르푸) 섬으로 여겨진다. 오뒷세우스는 만찬에서 악사가 부르는 트로이 전쟁의 무용담을 듣고 감정이 복받쳐 눈물을 흘렸다. 이를 의아해하는 알키노스 왕에게 오뒷세우스는 자신이 누구인지 그리고 트로이 전쟁이후 이제까지 겪은 모험담을 이야기하였다. 그의 이야기를 들은 알키노스 왕과 그의 딸 나우시카의 도움을 받아 오뒷세우스는 20년 만에 고향 이타케에 돌아갈 수 있었다. 호메로스의 〈오뒷세이아〉는 파이아케스인들의 나라 스케리아에 도착한 오뒷세우스의 회고담 형식으로 이루어졌다.

이 무렵 고향 이타케에서는 오뒷세우스가 죽을 줄 알고, 왕비 페넬로페를 차지하기 위하여 모여든 구혼자들이 연일 만찬을 벌이며 그의 재산을 축내고 있었다. 아테나 여신이 양치기로 변신하여 이러한 사실들을 모두 오뒷세우스에게 알려주고 그를 거지로 변신시켜 복수할 수 있도록 도와주었다. 오뒷세우스는 아들 텔레마코스와 계획을 꾸며 활 시합을 열어 페넬로페에게 구혼을 하였던 백여 명의 정적들을 모두 활로 제압하였다. 오뒷세우스의 활은 헤라클레스에게 궁술을 가르쳤던 에우뤼토스가 자신의 아들 이피토스에게 준 것인데, 그는 이를 다시 오뒷세우스에게 선사하였다. 구혼자들을 모두 처치한 오뒷세우스는 페넬로페와 감격적인 상봉을 하고 다시 이타케를 지배하며 여생을 보냈다.

〈오뒷세이아〉는 오뒷세우스 부부가 행복한 여생을 보내는 것으로 끝이 난다. 에우감몬Eugammon의 서사시 〈텔레고네이아Telegoneia〉는 오뒷세우스의 뒷이야기를 전하고 있다. 오뒷세우스가 노년이 되었을 때, 그와 키르케 사이에서 태어난 아들 텔레고노스는 자신의 아버지가 오뒷세우스임을 알게 되었다. 아테나 여신이 키르케에게 텔레고노스의 아버지가 누구인지 밝히라고 조언했기 때문이다. 아버지를 찾아 이타케 섬으로 간 그는 소 떼를 쫓아버렸다는 이유로 한 노인과 시비가 붙어 싸우게 되었다. 텔레고노스는 그 노인이 자신의 아버지 오뒷세우스인줄 모르고 가오리의 뼈가 돋친 창으로 그를 찔러 죽였다. 텔레고노스는 어머니 키르케의 말대로 오뒷세우스의 시신을 그녀의 고향 아이아이에 섬으로 옮겨 장례를 치렀는데, 이때 페넬로페와 텔레마코스가 동행하였다. 키르케는 오뒷세우스를 닮은 페넬로페의 아들 텔레마코스와 결혼하였고, 페넬로페는 키르케의 도움으로 영원한 생명을 얻어 키르케의 아들 텔레고노스와 결혼하여 이탈로스라는 아들을 얻었다. 텔레고노스와 페넬로페는 아테나가 둘을 짝지어 줬다고도 하고, 키르케가 처음부터 두 사람의 결혼을 계획하였다고도 한다.

〈아이네이스〉와 〈신곡〉

<아이네이스(Aineis)>

아우구스투스 황제의 가문과 로마를 예찬하는 〈아이네이스〉는 베르길리우스가 죽기 전 11년 동안 집필하였지만 미완성 작품으로 남았다. 〈아이네이스〉는 '아이네(이)아스의 노래'라는 뜻이다. 아이네이아스Aineias(또는 아이네아스Aeneas)는 아프로디테와 안키세스의 아들이었다. 트로이가 그리스 연합군에 의해 함락되기 직전에 아프로디테의 도움을 받은 아이네이아스는 아버지와 아들 아스카니오스를 데리고 트로이를 떠나 7년간 지중해를 떠돌아다녔다. 이 모험담을 노래한 서사시 〈아이네이스〉는 라틴어로 쓰인 최고의 걸작으로 꼽힌다. 서사시의 주제와 신화적 요소는 호메로스의 〈일리아스〉와 〈오뒷세이아〉에서 빌려왔다. 지중해를 떠돌며 이루는 1-6권까지의 모험은 〈오뒷세이아〉의 구성에서, 이탈리아에 도착한 아이네이아스가 원주민들과 전쟁을 벌이는 7-12권까지는 〈일리아스〉의 전통을 계승하였다. 훗날 베르길리우스는 르네상스의 3대 작가 중 하나인 단테의 〈신곡〉에서 지옥과 연옥의 안내자로 등장함으로써 호메로스, 단테와 함께 3대 서사시인로 불린다.

아이네이아스 - 계보 12

아이네이아스 일행이 처음 도착한 곳은 프리아모스의 막내아들 폴뤼도로스가 처참하게 죽임을 당해 피로 더럽혀진 트라케였다. 저주받은 땅이라고 여긴 아이네이아스는 그곳을 떠나 델로스 섬으로 갔다. 델로스의 아니오스 왕에게 환대를 받은 그는 레토가 아폴론과 아르테미스 쌍둥이를 낳을 때 붙잡았다는 두 그루의 나무에 제사를 지냈다. 그때 '어머니의 나라로 돌아가 나라를 세우라'는 아폴론의 신탁을 받았다. 이 신탁은 제우스와 아틀라스의 딸 엘렉트라 사이에 태어난 아들 다르다노스로 거슬러 올라간다. 그는 자신의 형 이아시온을 죽이고 아르카디아에서 사모트라케 섬으로 도망갔다. 그 섬에 홍수가 나자 다시 소아시아의 트로아스로 건너갔다. 그는 그곳에서 테우케르의 딸 바테이아와 결혼하여 트로이 왕가의 시조가 되었다. 결국 조상들의 고향이 아르카디아이니 이제 어머니 나라로 돌아가서 나라를 되찾으라는 신탁이었다.

아이네이아스는 자신이 테우케르의 자손이라 여기고, 테우케르의 땅인 크레테 섬으로 향하였다. 그곳에 역병과 흉작이 들자, 다시 배를 몰아 항해를 계속해 간 곳은 괴물 하르퓌이아들이 거주하는 섬이었다. 이 괴물들은 소경 예언자 피네우스를 괴롭히다가 이아손 일행에게 쫓겨나 이곳으로 왔다고 한다. 그들의 방해가 지속되자 아이네이아스 일행은 오래 머물지 못하고 다시 출항하였다. 여러 지역을 전전하다가 그리스 서쪽으로 간 일행들은 부트로트스라는 지역에서 헥토르의 부인 안드로마케와 프리아모스의 아들 헬레노스를 만났다. 트로이가 전쟁에서 패전하자 안드로마케는 아킬레우스의 아들 네오프톨레모스의 전리품으로 잡혀왔다가 그의 부인되었다. 헬레노스는 트로이의 예언가로 트로이를 함락시킬 수 있는 방법을 그리스 연합군에게 미리 알려준 공로로 안드로마케와 함께 그리스에 왔다. 네오프톨레모스가 죽자, 안드로마케와 재혼한 헬레노스가 왕이 되었다. 헬레노스에게 자신의 미래에 대한 예언을 들은 아이네이아스는 다시 시켈리아 섬으로 향하였다. 섬으로 접근하는 길에 12개의 다리를 가진 스퀼라와 소용돌이로 배를 감아 바다 밑으로 끌어들이는 카뤼브디스를 만나게 된다.

무사히 고비를 넘긴 일행이 이탈리아 해안에 접근할 무렵 남풍이 불어와 리뷔아 해안으로 밀려갔다. 이는 트로이에 적대심을 갖고 있는 헤라가 트로이를 몰래 빠져나와 목숨을 건진 아이네이아스의 배를 좌초시키기 위함이었다. 헤라의 명령으로 바람의 신 아이올로스가 그들의 배를 풍랑 속에 휩쓸어 넣었지만, 아프로디테의 도움으로 무사히 구출되어 그들은 카르타고로 피신할 수 있었다. 헤르메스는 카르타고의 여왕 디도가 트로이 유랑민에게 호감을 갖도록 유도하였고, 사냥꾼으로 변신한 아프로디테는 자신의 아들에게 카르타고와 디도에 관한 정보를 전해주었다. 카르타고의 여왕 디도는 남편 시카이오스가 죽자 그 시신 앞에서 정절을 맹세했으나 아이네이아스에게 반하여 마음을 빼앗겼다. 디도를 아내로 얻은 아이네이아스는 한동안 이곳에서 지냈다. 제우스로부터 새로운 나라를 건설하라는 신탁이 있었다는 헤르메스의 말을 전해들은 디도는 그와 이별하지 않으면 안 되었다. 그녀는 제사를 지낸다는 명분으로 나무제단을 쌓고 그 위에 올라가 자결하고 자신을 불태웠다.

뤼비아를 떠난 아이네이아스의 일행은 시뷜레가 있는 쿠마에 해변에 이르렀다. 시뷜레는 아폴론의 연인이었다. 아폴론이 시뷜레에게 한 가지 소원을 들어주겠노라고 하자, 그녀는 손에 쥔 한 움큼의 모래만큼 오래 살게 해달라고 했지만 영원한 청춘도 함께 달라는 말을 하지 못하였다. 그 후 그녀는 아폴론의 구애를 거부했기 때문에 계속 늙어가며 900세까지 살아야했다. 아이네이아스는 시뷜레를 찾아가 돌아가신 아버지를 만나서 자신의 운명을 듣게 해달라고 요청하였다. 시뷜레에게 황금나무 가지를 얻어 지하세계에 간 아이네이아스는 아버지를 만나 저승의 풍습과 제도 그리고 전쟁에 임하는 전술을 전해 들었다.

저승에서 돌아온 아이네이아스는 라티움 지역을 통치하고 있던 라티누스 왕과 그의 딸 라비니아를 만나 환대를 받았다. '외국에서 온 자를 사위로 맞는다'는 신탁을 받은 라티누스가 딸의 약혼자 투르누스를 거부하면서 전쟁이 벌어졌다. 공방이 치러지면서 양군은 주변의 종족들을 서로 자기편으로 삼으려고 애썼다. 에트루리아가 이 전쟁의 소용돌이에 휘말리고, 두 진영은 일진일퇴하면서 전투가 장기간 필사적으로 벌어졌다. 이 전쟁은 제우스의 어머니 레아가 개입되면서 종지부를 찍는다. 사건의 발단은 원군이 부족한 투르누스가 아이네이아스의 함대에 불을 지른 것이었는데, 이 배는 레아의 성산聖山에서 자란 소나무로 만들어졌다. 자신의 나무가 불에 탔다는 전언에 화가 난 레아는 가라앉는 배를 요정으로 만들어 살아 움직이게 하고, 아프로디테는 전세를 역전시켜 아들에게 승리를 안겨주었다. 아이네이아스는 라티누스의 딸 라비니아와 결혼을 하여 로마 남쪽 30Km 떨어진 곳에 라비니움을 세웠다. 아프로디테의 요청으로 제우스는 아이네이아스에게 신성을 부여하여 그를 신의 반열에 올렸다. 그를 좋아하지 않는 올림포스 신들도 있었으나 그가 가진 불굴의 용기는 헤라조차도 해묵은 감정을 녹이고 찬양했을 정도였다.

훗날 아이네이아스의 후손이자 베스타 여신의 사제였던 실비아가 전쟁의 신 마르스와 관계를 갖고 로물루스와 레무스 쌍둥이 형제를 낳았다. 이들은 티베르 강에 버려져 늑대의 젖을 먹고 자라던 중 파우스툴로스에게 발견되어 양육되었다. 라비니움을 떠나 황무지였던 로마로 돌아온 이들은 하늘을 나는 새들을 더 많이 본 사람이 이 도시의 왕이 될 것이라는 신탁을 받았다. 레무스가 여섯 마리의 새를 본 반면에, 로물루스는 열두 마리를 목격하여 승자가 되었고 그의 이름에서 '로마'라는 이름이 생성되었다. 기원전 753년에 로물루스가 로마 최초의 왕이 되면서 아이네이아스는 로마의 시조가 되었다.

<신곡(La Divina Commedia)>

피렌체에서 출생한 단테는 정쟁으로 19년간 망명생활을 하면서 〈신곡〉을 지었다. 이 서사시에서 그는 7일 6시간 동안 지옥, 연옥과 천국을 여행한다. 단테의 연인이었던 베아트리체가 타락한 삶을 영위하는 단테를 구하기 위하여 로마의 시인 베르길리우스에게 도움을 청하였다고 한다. 그는 단테에게 예루살렘 지하를 통하여 지옥과 예루살렘 지구 반대편에 있는 연옥을 보여주었고, 천국에서는 베아트리체와 성 베르나르가 그를 안내하였다. 단테는 지옥, 연옥, 천국을 돌아보면서 만난 이 인물들을 통해 구원을 열망하는 인간의 조건을 서술하였다. 〈신곡〉은 서곡을 포함한 지옥편 34곡, 연옥편 33곡 그리고 천국편 33곡으로 총 100곡에 이르는 대서사시이다.

죽음의 신 타나토스는 죽은 이의 영혼을 하데스가 관장하는 지하 세계로 데려간다. 명계에 이르기까지 죽은 자들이 지나가는 통로는 에레보스, 무한 지옥은 타르타로스라 불린다.

〈신곡〉에 따르면, 지옥은 어둠과 증오 그리고 영원한 저주가 있는 9개 지역으로 나눠져 있고, 사후 세계에는 5개의 강이 흐르고 있다고 한다. 이승과 저승 사이에는 영원히 돌아올 수 없는 '비통의 강' 아케론이 있다. 지하세계의 입구에서 흐르는 이 강에는 백발이 성성한 카론이라는 뱃사공이 있다. 이 강을 건너면 칠흑 같은 '슬픔의 골짜기' 림보에 도착한다. 지하의 첫 번째인 이곳은 육체적 고통은 없지만 정신적 슬픔으로 가득한 곳으로 일곱 개의 벽으로 된 성이 있다. 그 안에는 그늘로 얼룩진 이성의 빛이 내리쬐는 초원이 펼쳐져 있다. 이곳에는 영세를 받지 못한 어린 아이들과 그리스도 이전에 살았던 선량한 사람들로 철인, 명장, 열녀들의 영혼이 머물고 있다.

두 번째 지역은 '색욕의 지옥'으로 지하세계의 심판관 미노스가 인신사족의 모습으로 공정하게 심판을 하고 있다. 그 죄의 형량에 따라 뱀의 꼬리가 감기는데, 이에 따라 지옥의 구역이 정해진다. 이 지역은 쾌락을 충족시키기 위해 이성을 버린 색욕자들이 머무는 곳으로 한 점의 빛도 없고 세찬 광풍이 불고 있다. 영원히 쉬지 않는 광풍은 영혼들을 휘두르며 집어던지고 그 괴롭힘으로 요란한 신음소리만 울려 퍼진다. 죄인들의 영혼은 충족될 수 없는 욕망의 바람에 무자비하게 휩쓸려 다니며 그들의 일탈에 대한 죗값을 치르게 된다.

세 번째 지역은 '탐욕의 지옥'으로 오수가 섞인 더러운 흙탕물 속에 음산한 저주의 비와 추위가 감돌고 있다. 이곳에는 음식과 재물을 함부로 낭비했던 자들의 영혼이 모이며, 차갑고 더러운 비가 내려 악취가 나는 진흙탕 속을 뒹굴며 고통을 받게 된다. 세 개의 머리와 붉은 눈을 가진 잔인하고 포악한 개 케르베로스가 이들에게 이빨을 보이며 으르렁거리고 발톱으로는 그들의 살을 찢고 있다.

네 번째 지역은 '부정의 지옥'으로 입구에 늑대의 모습을 한 재물과 부의 신 플루토스 또는 하데스가 지키고 있다. 플루토스는 데메테르와 이아시온의 아들로 하데스의 다른 이름 플루톤과 혼동되어 하데스로 묘사되기도 한다. 이 지역은 두 곳으로 나눠져 있다. 한 곳에는 인색한 자들이, 다른 한 곳에는 낭비가 심한 자들이 벌을 받고 있다. 방탕한 자들과 부정 축재자들은 무거운 짐을 가슴으로 밀어 굴리며 영원한 고통을 받고 있다.

이 지역을 지나가니 저승을 일곱 바퀴 돌아 흐르는 '증오의 강' 스틱스가 나타난다. 이곳은 '분노의 지옥'으로 사공 플레귀아스가 모습을 드러낸다. 그는 전쟁의 신 아레스와 크레세이스 사이에서 태어났고, 텟살리아 왕으로 익시온과 코로니스 남매를 두었다. 자신의 딸 코로니스가 아폴론으로부터 실연당하여 죽자 델포이 신전을 불태웠다가 아폴론에게 죽임을 당하였다. 스튁스 강물에는 분노한 자들과 우울한 자들이 고통을 당하고 있다. 분노한 자들은 발가벗겨진 채 분개하며 서로에게 악을 쓰며 달려들어 이빨로 상대방을 물어뜯고 있다. 우울한 자들은 진흙 속으로 숨으려고 한다. 그들은 앙심과 증오로 가득한 삶을 살아왔기 때문에 이 강에서 영원한 삶을 보낸다.

여섯 번째 지역은 '이단의 지옥'으로 철벽에 둘러싸여 있고, 사탄의 저주를 받아 끔찍한 고문으로 고통에 가득 찬 벌판이다. 천여 명의 악마가 성문을 지키고 있으며 그 안에는 그리스도와 사후세계를 믿지 않았던 이단자들이 비통한 한숨을 내쉬며 괴로워하고 있다. 한쪽에서는 메두사가 영혼불멸을 부정하였던 이단자, 회의주의자, 독신의 죄를 저지른 자와 이교도의 쾌락을 생활 최고의 원리라고 주장하는 에피쿠로스 주의자들을 감시하고 있다. 다른 한쪽에서는 여자의 몸에 뱀으로 된 머리카락을 가진 복수의 여신 에리뉘스 3자매들이 천국에서 추방당한 타락한 천사들을 감시하고 있다.

일곱 번째 지역은 '폭력의 지옥'으로 분노로 이글거리는 피로 가득한 '불의 강' 플레게톤으로 둥글게 감싸져 있다. 이곳에는 폭력배,

자살자, 남색가, 성직모독자, 고리대금업자들이 고통을 받고 있다. 아케론 강에서 느꼈던 비통과 시름을 불로 정화해 깨끗한 영혼을 얻는 곳이기도 하다. 오뒷세우스도 예언자 테이레시아스에게 고향 이타케로 가는 길을 묻기 위하여 이곳을 다녀갔다. 이 지역은 세 곳으로 나뉘어져 있다. 첫 번째에서는 미노타우로스의 감시 하에 폭력배들이 끓는 피가 흐르는 강에서 고통을 받고 있고, 여기에서 도망치려는 자들을 켄타우로스들이 활로 쏘고 있다. 두 번째에서는 자살자들이 움직일 수 없는 나무가 되는 벌을 받으며 주변에는 자라다 말고 비틀어진 나무들과 독과일이 달린 배배 꼬인 나뭇가지들이 있다. 고통에 몸을 비틀고, 그들의 혀는 비통함을 울부짖으며 눈에서는 슬픔이 쏟아져 나온다. 세 번째에서는 자연의 섭리를 어긴 남색가, 성직모독자 그리고 고리대금업자들이 불타는 모래밭에서 고통을 받고 있다.

여덟 번째 지역은 '사기의 지옥'으로 돌로 만들어진 원형 경기장 모습으로 10개의 구덩이로 이루어졌다. 여기서는 사기를 쳐서 많은 사람들을 파멸로 이끈 여러 유형의 죄인들이 영원한 고통을 받고 있다. 제1구덩이에서는 뚜쟁이와 유혹자들이 벌거벗긴 채 뿔 달린 악마들에게 채찍질 당하고 있다. 제2구덩이에서는 아첨꾼들이 더러운 똥물로 가득한 늪에서 자신의 몸을 북북 긁고 있다. 제3구덩이에서는 성직을 매매하였던 성직자들이 땅바닥에 거꾸로 처박혀있고 밖으로 나온 그들의 발은 불꽃에 그슬리고 있다. 제4구덩이에서는 점성술사와 마술가들이 머리가 등 뒤쪽으로 젖혀진 채 형벌을 받고 있다. 제5구덩이에서는 탐관오리들이 뜨거운 역청의 늪에서 허우적거리며 마녀들의 감시를 받고 있다. 제6구덩이에서는 위선자들이 겉은 금으로 되어 있으나 안쪽은 납으로 된 망토를 입고 안간힘을 쓰며 걷는 고통을 받고 있다. 제7구덩이에서는 도둑들이 거대한 뱀에 의해 몸이 휘감겨 고통을 받고 있다. 제8구덩이에서는 권모술수와 중상모략에 능한 사기꾼들이 지옥의 불에 타는 형벌을 받으며 고통받고 있다. 제9구덩이에서는 종교와 정치적 중상모략가들이 몸이 찢겨진 채 괴로워하고 있으며, 제10구덩이에서는 위조지폐범, 연금술사 그리고 거짓 증언자들이 온갖 병마로 고통을 당하며 몸부림치고 있다.

아홉 번째 지역은 타르타로스에서 가장 깊은 곳에 위치한 '반역의 지옥'으로 깊고 검은 '통곡의 강' 코퀴토스가 흐르고 있다. 이곳에서는 신, 조국, 가족 또는 은인들을 배반한 자들이 얼어붙은 절망의 구덩이에서 고통을 받고 있으며, 타락한 천사 루시퍼가 날개 짓으로 코퀴토스의 빙산을 얼리는 차가운 바람을 내보낸다. 이곳은 다시 4개의 구역으로 구분된다. 첫 번째는 부모나 형제 등 혈족을 '배신한 자들의 영역' 카이나Caina로서 아벨을 죽인 그의 형 카인의 이름에서 유래하였다. 두 번째는 조국에 반역한 '반역자들의 영역' 안테노라Antenora이다. 그 이름은 트로이 성문을 열고 횃불로 적군에게 신호를 보내 트로이를 멸망시킨 안테노르에서 유래하였다. 세 번째는 '가족과 친지들을 배신한 자들의 영역' 프톨로메아Ptolomea이다. 그 이름은 장인이자 제사장인 시몬과 그의 두 아들을 초대하여 살해한 프톨레메오의 이름에서 유래하였다. 네 번째는 지옥의 가장 밑바닥으로 '신을 배반한 자들의 영역' 주데카Judecca로서 그리스도를 배반한 유다의 이름에서 유래하였다.

이곳을 지나 아스라한 불빛을 따라 가면 연옥으로 이어진다. 연옥에는 불화의 여신 에리스의 딸이자 '망각의 강' 레테가 흐르고 있다. 죽은 자들이 이 강물을 마시면 이승과 저승에서의 모든 기억을 잊고 영혼은 새로운 육체에 들어가 다시 태어난다고 한다. 단테의 〈신곡〉과 더불어 종교서사시로 일컬어지는 밀턴의 〈실락원, 1667〉에서도 지하세계의 강이 다음과 같이 기술되어 있다.

혐오스런 스틱스, 죽음 같은 증오의 물결
검고 깊은 비통의 강, 슬픈 아케론
회한의 흐름 속에서 커다랗게 울리는 통곡의 강 코퀴토스
불길의 폭포가 분노로 이글거리는 무시무시한 불의 강 플레게톤
여기서 멀리 떨어져 고요히 흐르는 망각의 강 레테가
물의 미로를 더듬는다. 이 물을 마시는 자는
전생의 모습이나 존재 그리고 희로애락을 모두 잊는다.

제5장

생활 속의 신화

이오와 함께 있는 제우스를 발견한 헤라
피터르츠 피터 라스트만(1618) 作, 런던 국립박물관

신화따라 삼만리

가이아 이론(Gaia Hypothesis)

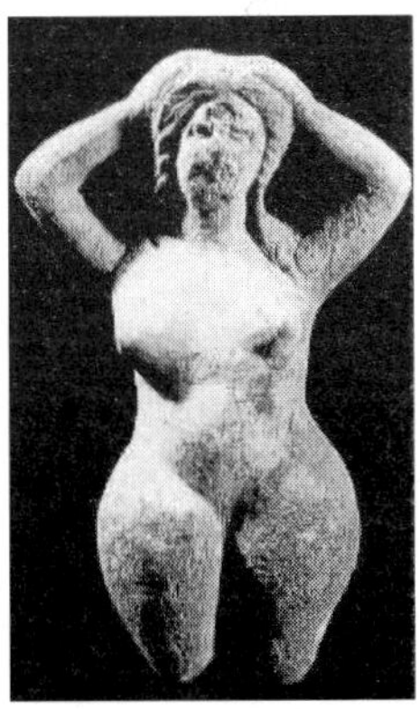

가이아는 우라노스의 어머니이자 아내, 크로노스의 어머니, 제우스의 할머니였다. 그녀는 모든 신들의 어머니이자 대지의 여신으로 지구 그 자체를 의미하였다. 1970년대 초 영국의 대기학자 러브록Lovelock에 의해 발표된 가이아 이론은 그녀의 이름에서 비롯되었다. 인간이 일정한 호흡과 심장박동 수를 갖듯이, 지구도 하나의 생명체로 항상성을 갖는다고 보았다. 물과 대기의 자연 정화력이 그렇고, 대기 중의 산소나 질소의 농도가 일정함이 그러하다고 한다. 생명체는 지구의 세포정도에 지나지 않으며 그 수가 지나치게 많거나 지구에 해가 될 경우 가차 없이 지구 스스로 정리한다는 것이다. 예전의 공룡들이 그랬을 것이고 지금 우리 인간세계도 그럴 것이다. 천적이 없는 인간은 지구의 생태계에 많은 부정적인 영향을 미치고 있다. 어쩌면 인간은 전쟁과 기아, 태풍이나 지진과 같은 자연재해 등으로 가이아에게서 멀어지고 있는 것일지도 모른다.

갈라테이아(Galateia)

'젖빛 여인'이라는 의미를 지닌 바다의 요정 갈라테이아는 바다의 신 네레우스와 도리스 사이에서 태어난 딸이었다. 외눈박이 거인족 퀴클롭스 중의 하나인 폴뤼페모스는 오뒷세우스에 의해 눈이 멀기 전에 갈라테이아를 짝사랑하였다. 흉측한 외모와 들짐승들도 두려워할 정도로 난폭한 성질을 지닌 폴뤼페모스는 살상 행위를 그치고 갈라테이아의 눈에 들기 위하여 애썼으나 그녀는 시켈리아 섬의 앞바다에 살던 목양의 신 판의 아들이자 양치기 미소년 아키스를 사랑하였다. 어느 날 두 연인은 폴뤼페모스가 부르는 긴 사랑의 노래를 듣게 된다. 그 노래에는 갈라테이아에 대한 사랑과 원망, 아키스에 대한 분노가 담겨 있었다. 노래를 마치고 이리저리 헤매던 폴뤼페모스는 두 연인을 발견하고는 분노가 폭발하여 큰 바위를 던져 아키스를 죽였다. 갈라테이아는 연인 아피스의 피를 강이 되어 흐르게 하였고, 그의 이름을 따서 아키스 강이라고 불렀다.

갈란티스(Galantis)

알크메네가 헤라클레스를 임신하였을 때, 헤라가 문 앞에서 그녀의 출산을 방해하였다. 이때 알크메네의 하녀 금발의 갈란티스가 집안일을 하러 오다가 여신을 보았고, 그녀는 헤라에게 알크메네가 신의 축복으로 옥동자를 분만하였다고 거짓을 알렸다. 뜻밖의 소식을 들은 헤라가 기겁하여 팔짱을 푸는 순간 알크메네가 헤라클레스를 출산할 수 있었다. 이를 본 갈란티스가 박장대소하자, 헤라는 그녀의 머리채를 잡아 그녀를 땅바닥에 굴렸다. 이때 그녀의 두 팔은 앞다리가 되었고, 그녀의 몸은 금발로 덮인 족제비가 되었다고 한다. 그 뒤에도 갈란티스는 부지런히 알크메네의 집에 들락거렸다.

고르디아스(Gordias)의 매듭

미다스의 아버지 고르디아스는 프뤼기아의 왕이 되기 전에 농부였다. 하루는 독수리 한 마리가 그의 쟁기에 앉아 떠나지 않자, 예언에 따라 그는 독수리를 잡아 제우스에게 제물로 바쳤다. 당시에 프뤼기아는 내전으로 국내가 어수선하였는데, 이륜마차를 타고 성안으로 들어오는 사람이 나라를 구한다는 신탁이 내려졌다. 어느 날 고르디아스가 마차를 타고 성문을 들어서자 그는 왕으로 추대되었다. 신탁을 통해 왕이 된 고르디아스는 마차를 제우스에게 받치고는 복잡한 매듭으로 마차를 묶어 두었다. 그러자 이 매듭을 푸는 사람이 이오니아 지역의 주인이 될 것이라는 말이 전해지기 시작했다.

많은 사람들이 매듭을 풀고자 했지만 모두 실패했고, 알렉산더 대왕 역시 실패하자 칼로 매듭을 잘라버렸다고 한다. 어찌 되었든 그는 소아시아를 재패했다. 아무리 애를 써도 풀기가 어려운 문제를 '고르디아스의 매듭' 또는 '고르디아의 매듭'이라고 한다.

나르시시즘(Narcissism)

자기 자신을 사랑의 대상으로 삼고, 그것에 도취되는 자아도착증을 나르시시즘이라고 한다. 이는 에코의 사랑을 거부하였던 나르키소스에서 유래하였다. 이 용어는 엘리스Ellis가 〈남성 자위행위에 대한 연구보고서〉에서 심리적 상황을 설명하면서 처음 사용되었다. 프로이트Freud는 〈섹스이론에 대한 세 논문〉에서 나르시시즘을 단순히 '자신의 육체에 대한 애착'이 아니라 '하나의 통일되고 연속된 개체로서의 자기 자신에 대한 애착'으로 확장시켜 정신분석이론에 도입하였다. 그에 따르면, 나르시시즘은 누구나 다 거치는 정상적인 발달과정의 한 부분이라고 한다. 나르시시즘은 자신의 육체에 대해 성적 충동을 느끼는 심리를 가리킨다. 따라서 인간은 누구나 나르시시즘을 갖고 있으며 이 심리현상으로 자기에게 애착을 갖고 살아갈 수 있다는 것이다.

나르키소스(Narkissos) - 에코(echo)

숲의 요정 에코는 아르테미스의 총애를 받았기 때문에 여신이 사냥할 때면 늘 따라다녔다. 그녀는 말하기를 좋아했다. 하루는 제우스를 감시하던 헤라 곁에서 수다를 떨다가 그녀가 그만 제우스의 애정현장을 놓치게 하고 말았다. 화가 난 헤라는 그녀의 혀를 못 쓰게 만들었고, 남이 마지막으로 한 말만을 되풀이 할 수 있게 되었다. 그 무렵 에코는 나르키소스라는 미소년을 보고 반하였다. 그는 외모가 출중하지만 타인에게는 냉담한 성격의 소유자였다. 수많은 요정과 여성들이 그에게 구애를 했지만 모두 냉정하게 뿌리쳤다. 그는 에코의 구애도 무시했다. 에코는 너무도 가슴이 아파 동굴 속에 숨어 지냈고 그 슬픔 때문에 점점 야위어 가다가 마침내 몸이 형체도 없이 사라져 목소리만 남았다. 산 속에서 울려 퍼지는 메아리 소리가 바로 에코의 목소리인 것이다.

죽은 에코는 복수의 여신 네메시스에게 나르키소스도 사랑이 무엇인지 알게 하고 또한 애정의 보답을 받지 못하는 것이 얼마나 괴로운 것인지 깨닫게 해달라고 기도를 올렸다. 네메시스는 그녀의 소원을 들어 주기로 하였다. 사냥을 갔다가 길을 잃어 지친 나르키소스가 작은 옹달샘을 발견하였다. 목을 축이려고 옹달샘에 다가간 그는 그 속에 비친 자신의 아름다운 보습을 보았다. 그는 물에 비친 자신의 미모에 반한 나머지 그를 샘물의 요정이라 여겼다. 한없이 바라보다 다가가면 사라지고, 손을 치우면 다시 나타나 애간장을 태웠다. 입을 맞추면 사라지는 그 모습을 잊지 못한 그는 너무나 슬퍼 아무것도 먹지 않고 애타게 자신만 바라보다 야위어 죽었다. 죽음의 강을 건널 때에도 그는 자신의 미모를 사모하여 배에서 떨어지기도 하였다. 그의 죽음을 애도한 물의 요정들이 그의 시체를 찾으려 했지만 그 자리에는 한 송이의 수선화만이 피어 있었다.

나이키(Nike)

니케는 오케아노스와 테튀스의 손녀, 즉 그들의 아들 팔라스와 증오의 강 스틱스의 딸이었다. 아테나의 니케는 날개가 없고 반면에 니케 혼자일 때는 날개가 있다. 그녀의 로마식 이름은 빅토리아였고, 여기에서 승리를 뜻하는 〈victory〉가 유래하였다. 우측의 그림은 승리를 관장하는 여신인 니케를 묘사한 대리석상으로 현재 루브르 박물관에 전시되어 있다. 길이는 328cm이며, 머리와 양팔이 잘려진 채로 남아있다. 1863년 사모트라케 섬에서 발견된 이 조각상은 에게 해海에서 일어난 해전에서의 승리를 기념하기 위해 기원전 190년 로도스 섬의 주민들이 세운 조각상으로 추정된다.

다나오스(Danaos)

벨로스에게는 아이귑토스와 다나오스라는 두 아들이 있었다. 아이귑토스에게는 50명의 아들들이, 다나오스에게는 50명의 다나이스라는 딸들이 있었다. 아버지가 죽자 두 형제 사이에 왕권다툼이 일어났고, 아이귑토스에게 패배한 다나오스는 아테나의 조언에 따라 딸들을 데리고 아이귑토스를 떠났다. 로도스 섬에 도착한 그는 린도스에 아테나 상을 세우고는 조상들의 땅 아르고스로 가서 겔라노르 왕에게서 왕위를 넘겨받았다.

아이귑토스는 멜람포데스 지역을 자신의 이름에 따라 이집트라 불렀고, 그는 다나오스를 찾아가 50명의 딸들과 자신의 아들들과의 결혼을 강요하였다. 이에 굴복한 다나오스는 앙심을 품고 딸들에게 칼을 주어 결혼 첫날밤에 남편들의 목을 베도록 명하였다. 49명의 다나이스 자매들은 아버지의 명령을 따랐지만, 맏딸 휘페름네스트라는 자신을 존중해 준 남편 링케우스를 살려 두었다. 링케우스는 휘페름네스트라를 제외한 49명의 자매들을 모두 죽였다. 결혼 첫날밤에 남편들을 죽인 다나이스 자매들은 타르타로스에서 밑 빠진 독에 물을 채우는 벌을 받고 있다.

〈변신이야기〉에 의하면, 다나이스 자매들과 다나오스의 머리는 레르나에 묻혔고 그들의 시신은 도시 앞에서 따로 매장되었다. 제우스의 명을 받은 아테나와 헤르메스가 그녀들의 죄를 정화해 주었고, 휘페름네스트라는 링케우스와 함께 살았다고 한다.

다르다노스(Dardanos) - 트로아스(Troas)

다르다노스는 제우스와 아틀라스의 딸 엘렉트라 사이에서 태어난 아들로 트로이 왕가의 시조였다. 그는 원래 사모트라케에 살았는데, 그의 형제 이아시온의 죽음으로 인하여 테우크로스가 지배하는 소아시아로 갔다. 그는 다르다노스에게 영토를 나누어주면서 자신의 딸 바티에이아도 아내로 주었다. 테우크로스가 죽자, 다르다노스는 그의 영토를 합쳐 하나의 나라로 만들고 자신의 이름을 따서 다르다니에라 불렀다. 그의 손자 트로아스는 자신의 이름을 따서 트로이Troy라 불렀고, 트로아스의 아들 일로스의 이름에서 일리오스Ilios 또는 일리온Ilion이란 명칭이 유래하였다.

다이달로스(Daidalos) - 이카로스(Ikaros)

다이달로스는 헤파이스토스가 아테나의 허벅지에 사정해서 난 아테네 왕 에릭토니오스의 자손으로 '명장'이란 뜻을 지닌다. 아테나 여신에게서 기술을 전수받은 다이달로스는 누이의 어린 아들 페르딕스가 발명에 천재성을 보이자 이를 시기하여 그를 아크로폴리스 언덕에서 떨어뜨려 죽였다. 그 죄로 추방되어 크레테 섬으로 간 다이달로스는 왕에게 크노소스 궁전과 미궁 라뷔린토스를 지어 바쳤다. 미노스의 총애를 받으며 지내던 그는 왕의 하녀 나우카테와 결혼하여 아들 이카로스를 얻었다.

미궁에 살던 미노타우로스가 테세우스에게 살해당하자 미노스의

미움을 받았던 그는 아들 이카로스와 함께 미궁에 갇혔다. 다이달로스는 미궁의 탑 꼭대기에 떨어지는 새의 깃털을 모으기 시작했다. 깃털이 어느 정도 모였을 때, 그는 아들과 함께 날개를 만들어 탈옥을 시도하였다. 하지만 이카로스는 아버지의 충고를 무시하고 너무 높게 나는 바람에 날개를 붙인 밀초가 뜨거운 햇볕에 녹아 바다로 추락하고 말았다. 이 이야기에서 이카로스의 날개는 욕심 많은 인간의 추락을 상징하기도 하지만 끊임없는 도전의식으로 해석되기도 한다.

크레테 섬을 탈출한 다이달로스는 시켈리아 섬의 코칼로스 왕에게 가서 그를 위해 인공 저수지를 짓고 토목사업을 번창시켰다. 이 소식을 접한 미노스 왕은 다이달로스를 다시 잡아들이기 위해 '소라고둥의 입구부터 반대쪽 구멍까지 실을 꿰는 사람에게 포상금을 주겠다'고 공표하였다. 이를 전해들은 다이달로스는 하루도 안 되어 실을 꿰었고, 문제가 풀렸다는 전갈을 받은 미노스 왕이 직접 시칠리아에 가서 목욕 중이던 그의 욕조에 끓는 물을 부어 그를 죽였다.

다프네(Daphne)

아폴론이 거대한 뱀 퓌톤을 죽이고 돌아오는 길에 활과 화살을 가지고 놀고 있던 에로스를 발견하였다. 아폴론은 활과 화살이 어

린아이에게 위험하다면서 그를 나무랐다. 이에 마음이 상한 에로스는 아폴론에게 사랑의 금화살을 쏘았다. 마침 아폴론은 숲을 거닐다가 다프네라는 요정을 만나게 되고, 에로스는 이때를 놓치지 않고 사랑을 거부하는 은화살을 다프네에게 쏘았다. 다프네는 아폴론의 사랑을 무조건 거부하면서 도망을 쳤지만 그는 집요하게 쫓아다녔다. 막다른 길에 몰려 지친 그녀는 아버지인 강의 신에게 차라리 식물이 되게 해달라고 기도했다. 그 말이 끝나자마자 그녀의 팔다리는 굳어졌고 가슴은 부드러운 나무껍질로 뒤덮였다. 머리카락은 나뭇잎으로, 팔은 나뭇가지가 되었다. 그녀의 다리는 뿌리가 되어 땅속 깊이 파고 들어갔다. 슬픔에 빠진 아폴론은 월계수 나무가 되어버린 그녀의 잎과 가지로 자신의 모자와 화살통을 장식하였고, 후에 올림픽 경기에서 우승한 사람에게 머리에 월계수로 만든 관을 씌어주었다.

데우칼리온(Deukalion) - 퓌르라(Pyrrha)

제우스는 포세이돈과 함께 홍수를 보내 타락한 인간 세상을 물바다로 만들기로 하였다. 이를 미리안 프로메테우스가 자신의 아들 데우칼리온과 에피메테우스의 딸 퓌르라에게 대비하라고 일러두었다. 홍수가 모든 것을 휩쓸고 지나가자, 앞길이 막막해진 두 부부는 가이아

신전에 가서 기도를 했다. 하지만 '머리에 베일을 쓰고 옷을 벗은 다음 이 신전을 나가 너희 어머니의 뼈를 등 뒤로 던져라'라는 이해할 수 없는 신탁을 듣게 된다. 고민하던 그들은 대지는 곧 만물의 어머니요, 돌은 그 뼈라는 숨은 의미를 깨달았다. 두 사람은 땅에 놓인 돌을 들어 등 뒤로 던졌다. 데우칼리온이 던진 돌은 남자가 되었고, 퓌르라가 던진 돌은 여자가 되었다. 딱딱한 돌은 뼈, 표면에 붙어있던 진흙은 살이 되었다. 돌에 파인 결은 그대로 혈관이 되었다. 그래서 사전에서 〈vein〉은 '혈관' 또는 '암석'이라는 두 가지 의미를 갖고 있다.

마르쉬아스(Marsyas)

아테나가 피리를 만들어 불자 여신의 얼굴모양이 우스꽝스럽다고 놀림을 받았다. 화가 난 여신이 그 피리를 버렸는데, 프뤼기아의 사튀로스 마르쉬아스가 이를 주워 불었다. 마르쉬아스는 그 소리가 제법 유연해지자 음악의 신 아폴론에게 시합을 청하였다. 이 시합에서 이긴 자가 진 자의 살가죽을 벗기기로 하였다. 아폴론은 뤼라를, 마르쉬아스는 피리를 연주하였지만 심판을 보았던 미노스 왕과 9명 무사들의 판정을 얻지 못하였다. 악기를 거꾸로 연주하자는 아폴론의 제의로 재대결을 펼치게 되었고, 패배한 마르쉬아스는 산 채로 소나무에 묶여 살가죽이 벗겨졌다. 그를 사랑하였던

요정들, 사튀로스, 양떼와 목동들이 그의 죽음을 애도하였다. 그들이 흘린 눈물은 시냇물로 흘렀다. 이 물은 프뤼기아에서 가장 맑았는데 이를 마르쉬아스 시냇물이라고 불렀다.

멘토르(Mentor)

오뒷세우스는 트로이 전쟁에 참가하면서 절친이었던 멘토르에게 자신의 가족을 돌보게 하였다. 그는 오뒷세우스의 아들 텔레마코스의 선생이자, 친구, 아버지 역할을 하였다. 전쟁이 끝나고 수년이 지났음에도 불구하고 오뒷세우스가 고향으로 돌아오지 않자, 장성한 텔레마코스는 아버지를 찾아 나섰다. 이때 오뒷세우스의 수호신 아테나가 멘토르의 모습으로 텔레마코스에게 나타나 스파르테의 메넬라오스를 찾아가라고 조언을 하였다. 이 일로 인해 현명한 조언자 또는 스승의 의미로 쓰였던 멘토르는 친구, 상담자, 후언자라는 의미까지 확대되었다.

멜람푸스(Melamphous)

이올코스 왕 크레테우스의 아들이자 아이손의 동생 아뮈타온은 멜람푸스와 비아스라는 두 아들을 두었다. '검은 발'이란 뜻을 지닌 멜람푸스는 어머니가 그를 낳아서 그늘에 뉘었으나 발이 햇볕에 노출되어 검게 그을렸다고 해서 붙여진 이름이었다. 하루는 하인들이 멜람푸스의 집 앞에 있는 참나무 밑에 살고 있던 뱀들을 죽였다. 멜람푸스가 죽은 뱀들을 태우고 그 새끼들을 키우자 그는 동물들이 하는 말을 알아들을 수 있는 능력을 갖게 되었다. 한편 넬레우스의 딸 페로와 결혼하려는 동생 비아스는 퓔라케에 있는 소 떼를 가져오라는 요구를 듣고 멜람푸스에게 도움을 청하였다. 소를 훔치려다 퓔라코스에게 잡힌 멜람푸스가 다 썩어가는 작은 방에 갇혔는데, 그때 지붕이 곧 무너질 것이라는 나무벌레들의 말을 듣고는 방을 옮겨달라고 요청하였다. 얼마 후 지붕이 무너지는 것을 본 퓔라코스는 그를 예언자라 여기고 자신의 아들 이피클로스가 아들을 얻을 수 있게 도와달라고 했다. 멜람푸스는 자신에게 소를 주면 그 요구를 들어주겠노라고 하며 황소 두 마리를 죽였다. 먹이를 보고 달려든 독수리에게 이피클레스가 아이를 가질 수 있는 방법에 대하여 물었다. 멜람푸스는 독수리의 조언에 따라 퓔라코스가 잃어버린 칼을 되찾고 그 칼의 녹을 긁어 이피클로스에게 열흘간 마시게 하였다. 이피클로스는 득남을 하였고, 멜람푸스는 대가로 얻은 소 떼를 비아스에게 주어 결혼할 수 있게 하였다.

모르핀(Morphine)

꿈의 신 모르페우스는 잠의 신 휘프노스의 맏아들이라고도 하고, 어둠의 신 에레보스와 밤의 여신 뉙스의 아들이라고도 한다. 모르페우스는 '형태' 또는 '모양'을 뜻하는 모르파이morphai에서 파생한 말로 '모양을 빚는 자'라는 의미를 갖는다. 그는 꿈속에서 사람의 형상을, 둘째 이켈루스는 동물의 형상을, 셋째 판타소스는 사물의 형상을 빚어내는 역할을 하였다. 오비디우스의 〈변신이야기〉에 따르면, 모르페우스는 특정인의 걸음걸이와 표정은 물론 목소리까지 완벽하게 흉내 내어 꿈속에 나타났다고 한다. 오늘날 '형태학'을 가리키는 〈morphology〉와 수면 및 진정 등의 효과를 지닌 〈morphine〉은 모르페우스에서 유래하였다. 모르핀은 신경계에 작용하여 고통을 없앨 뿐만 아니라 환각상태에까지 이르게 한다. 아마도 환각상태는 꿈을 꾸고 있는 것과 같이 여겨지기 때문에 이에 비유되었을 것이다.

몽마르뜨(Montmartre)

몽마르뜨는 '언덕'을 뜻하는 〈Mont〉과 '순교자'를 뜻하는 〈martre〉가 합성된 순교자의 언덕(Mont des Martyrs, 129m)에서 유래하였다. 이곳은 실제로 272년 성 도니와 2명의 제자가 순교한 곳이었다. 전쟁과 정쟁에 상처를 입은 파리 시민들과 가톨릭교도의 마음을 달래기 위해 지어진 사크레 쾨르 성당과 베네딕트회 수도원의 피레르 교회가 이곳에 있다. 다른 설에 의하면, 그리스 신화의 아레스와 동일시되는 전쟁의 신 마르스에서 '마르스의 언덕Mont de Mercure'이 유래하였다고도 한다. 오늘날 테르트르 광장 주변에는 자유분방함을 즐기는 예술인들의 향기가 가득하며, 몽마르트르 묘지에는 스탕달, 드가, 모로, 졸라 등이 잠들어 있다.

무사(Mousa) - 음악(music) - 박물관(musuem)

〈music〉은 음악을 관장하는 무사Mousa 여신에서 유래하였고, 로마 이름은 뮤즈Muse였다. 이 여신들은 제우스와 기억의 여신 므네모쉬네에게서 태어난 아홉 자매였다. 이들은 음악뿐만 아니라 연극, 서사시, 정치, 희극, 비극, 합창, 역사 등 문화와 예술을 관장하였다. 예전에는 악보가 없었으므로 모두 외워야만 했기 때문에 음악은 기억을 통해서만 전해졌다고 여겨진 것 같다. '무사들의 궁전'이라는 뜻을 가진 박물관은 방대한 예술과 문화의 기억을 한 자리에 모아놓은 장소라는 뜻으로 볼 수 있을 것이다.

뮈르미돈(Myrmidon)

아이아코스가 다스리던 아이기나 섬에 전염병이 돌아 거의 모든 사람이 죽었다. 이는 제우스와 아이기나의 아들 아이아코스가 원래 오이노네라고 부르던 섬에 자신의 어머니 이름을 붙여 아이기나 섬이라고 부르게 함으로써 헤라의 분노를 샀기 때문이었다. 아이아코스는 제우스에게 백성들을 다시 살려주지 않으려거든 자신의 목숨도 거두어달라고 기도하였다. 그때 나무 밑으로 떼 지어 가는 개미들이 눈에 띄자 텅 빈 섬을 개미만큼 많은 백성들로 다시 채워달라고 신탁을 구하였다. 아이아코스는 낮에 보았던 나무 밑의 개미떼가 사람으로 변하는 꿈을 꾸었고 다음 날 꿈이 현실로 이루어졌다. 이들은 '개미'를 뜻하는 뮈르멕스에서 유래하여 뮈르미돈이라고 불렸다. 이들은 개미처럼 힘든 일에 잘 견디고 근검하고 소박한 종족이었다. 훗날 아이아코스의 손자 아킬레우스가 뮈르미돈족을 이끌고 트로이 전쟁에 참가하였는데, 이들은 아킬레우스에게 헌신적인 충성을 바쳤다. 이로 인해 오늘날에도 뮈르미돈은 '명령을 어김없이 수행하는 충실한 부하'를 가리키는 말로 쓰이기도 한다. 뮈르미돈은 종족의 이름으로도 사용되지만, 이는 제우스가 개미로 변신하여 클레토르의 딸 에우리메두사에게 접근한 뒤 관계를 맺어 태어난 아들이었다.

미다스(Midas)

디오뉘소스의 스승 실레노스가 술에 취해 방황하자 프뤼기아 사람들이 그를 미다스 왕에게 데려갔다. 미다스 왕은 그를 극진히 보살핀 후, 디오뉘소스에게 인도하였다. 그 대가로 디오뉘소스는 왕에게 한 가지 소원을 말하라고 하였다. 욕심이 많았던 그는 자기 손에 닿는 모든 것을 금으로 변하게 해달라고 했고 그의 소원대로 되었지만 그 기쁨도 잠시였다. 그의 손은 음식이며 사람이며 모두 금으로 만들었고 심지어는 자신의 딸까지 황금으로 만들었다. 그것은 행운이라기보다는 오히려 저주가 되었다. 크게 뉘우친 그는 다시 디오뉘소스를 찾아가 원래대로 되돌려 달라고 부탁하였다. 디오뉘소스는 팍톨로스 강에 들어가 몸과 머리를 담그고 손을 깨끗이 씻을 것을 명하였다. 미다스 왕은 그가 일러준 대로 했고, 그 후 이 강에서는 사금이 채취되었다고 한다.

아폴론과 목양의 신 판이 연주 시합을 할 때 미다스 왕은 자신이 숭배하던 판이 이겼다고 주장하였다. 이에 화가 난 아폴론은 소리를 제대로 들으라며 그의 귀를 잡아당겨 당나귀 귀로 만들어 버렸다. 왕의 이발사가 이 사실을 알고 갈대밭에 들어가 땅을 파고 그 비밀을 속삭였다. 그러자 바람이 불면 갈대가 흔들리면서 그 비밀이 세상에 알려졌다.

바우키스(Baukis) - 필레몬(Philemon)

제우스가 인간 세계를 살피려고 헤르메스와 함께 프뤼기아를 찾았다. 남루한 나그네 차림의 그들을 반기는 곳은 그 어디에도 없었다. 제우스는 인내심을 갖고 마지막으로 보잘것없는 오두막의 문을 두드렸다. 바우키스와 그녀의 남편 필레몬은 부족하지만 극진하게 그들을 대접하였다. 식사 중에 빈병이 저절로 술로 채워지는 것을 보고 놀란 두 노부부는 머리를 조아리며 대접이 소홀하였음을 사죄하였다. 이들의 친절함과 따스한 마음에 감동을 받은 두 신은 노부부를 제외한 마을 전체를 물에 잠기게 하였다. 그들의 오두막이 신전으로 변하자, 노부부는 사제가 되어 평생을 함께 살다 죽고 싶다고 말했다. 장수를 누린 노부부는 자신들의 몸에서 나뭇잎 가지가 돋아나는 것을 보며 서로 작별인사를 했고, 이들은 한 쌍의 보리수와 참나무로 변신하여 마주 보게 되었다.

벨레로폰(Bellerophon)

코린토스 왕 글라우코스에게는 벨레로스와 힙노스라는 두 아들이 있었다. 평소에 페가소스를 갖고 싶어 했던 힙노스는 아프로디테가 구름을 변형하여 만든 페가소스가 진짜인줄 알고 활을 쏘았다. 그러나 여신의 계략으로 그 화살이 방향을 바꿔 글라우코스의 말을 돌보던 벨레로스에게 명중하였고, 이에 놀란 말들이 서둘러 달려온 글라우코스를 잡아먹었다. 벨레로스 몸에 꽂힌 화살의 주인이 힙노스라는 것이 밝혀지자, 사람들은 그를 '벨레로스를 죽인 자'라는 뜻으로 벨레로폰이라 불렀다. 본의 아니게 아버지와 형을 죽게 한 벨레로폰은 정화의식을 받기 위하여 티륀스의 왕 프로이토스를 찾아갔다. 이때 티륀스의 왕비 안테이아(또는 스테노보이아)가 벨레로폰에게 호감을 갖고 그에게 구애하였지만 거절당하게 된다. 자존심이 상한 왕비는 오히려 벨레로폰이 자기를 농락하였다고 남편에게 거짓을 고하였다. 이에 분노한 프로이토스 왕은 자신의 손님을 직접 죽이지 못하고, 한 장의 편지와 함께 그를 자신의 장인이자 뤼키아의 왕 이오바테스에게 보냈다. 그 편지에는 '이 서신을 지참한 자를 죽이시오'라고 쓰여 있었으나, 이오바테스는 벨레로폰에게 키마이

라를 물리치라는 과제를 주었다. 사자의 머리, 염소의 동체, 뱀의 꼬리를 가진 키마이라는 튀폰과 에키드나의 자식으로 뤼키아 지역의 주민들을 공포에 떨게 하였다. 고대 그리스인들은 이 화산의 꼭대기에 사자가 살고, 중턱에는 염소가 살고 있으며, 산기슭에는 뱀이 살고 있다고 여겼고, 아마도 이를 하나의 괴물 키마이라로 표현한 것 같다.

아테나 여신의 도움을 받은 벨레로폰은 페가소스를 얻어 타고 높은 곳으로 올라가 활을 쏘아 키마이라를 죽였다. 그는 이오바테스의 명령대로 솔리모 족과 아마조네스 족을 정복한 대가로 뤼키아의 왕녀 필로노에를 아내로 맞이하였다. 이에 기세가 오른 벨레로폰은 내친 김에 올륌포스로 가서 신들과 함께 지내고 싶은 마음으로 하늘높이 날아올랐다. 그의 오만함을 눈치 챈 제우스가 번개를 내려 그의 몸을 불구로 만들었다. 제우스의 벌에 수치심을 느낀 그는 사람들을 피하여 숨어 지냈다.

뷔블리스(Byblis)

제우스와 에우로페의 세 아들 미노스, 사르페돈, 라다만튀스는 아폴론의 아들 밀레토스를 놓고 서로 차지하려고 다투었다. 그가 사르페돈을 좋아하자, 권력을 쥔 미노스는 그를 두 동생과 함께 크레테 섬에서 쫓아냈다. 함께 떠난 사르페돈과 밀레토스는 소아시아 남부에서 헤어졌다. 밀레토스는 이오니아 지역의 해안에 나라를 건국하였고 자신의 이름을 따서 밀레토스라 불렀다. 그는 강의 신 메안데르의 딸 키아니에와 결혼을 하여 이란성 쌍둥이 카우노스와 뷔블리스를 낳았다.

뷔블리스는 오빠 카우노스를 무척 사랑하여 결혼까지 생각하였고 다른 여자가 그의 곁에 다가오는 것을 질투를 하였다. 제우스를 비롯한 많은 신들이 자신의 누이와 결합하였다는 것을 빌미로 뷔블리스 자신도 오빠와의 결혼을 정당하게 여겼다. 이러한 마음을 담은 뷔블리스의 편지를 본 카우노스는 밀레토스를 떠나 뤼키아로 갔다. 오빠가 그녀의 곁을 떠나자 애통해 하던 뷔블리스는 실성을 하여 그를 찾기 위하여 카우노스 전역을 헤맸다. 카우노스를 찾지 못한 뷔블리스는 하염없이 눈물을 흘리다 몸 전체가 녹아 눈물이 되어 흐르면서 샘으로 변하였다고 한다.

사이렌(siren < Seiren)

세이렌 자매들은 대양의 신 오케아노스와 9명의 무사 중의 하나인 멜포메네(또는 테릅시코레)의 딸들로서 '위험에 대한 경고'라는 뜻을 가졌다. 이들은 원래 페르세포네의 시녀였지만 그녀가 하데스에게 납치당하는 것을 막지 못했기 때문에 데메테르에게 벌을 받아 괴물이 되었다. 반인반조, 즉 상반신은 여자, 하반신은 새의 몸을 지닌 이들은 시켈리아 섬 근처 작은 섬에 살면서 악기 연주에 따라 고운 목소리로 노래를 부르며 뱃사람을 유혹시켜 배를 좌초시켰다. 이들은 바다에 대한 공포와 위험을 의인화한 존재들이었다.

이아손이 이끄는 아르고나우타이 원정대가 이 섬 근처에 이르렀을 때, 오르페우스가 뤼라를 연주하여 그녀들의 노래에 대항함으로써 원정대가 무사히 항해할 수 있었다. 또한 트로이 전쟁이 끝난 뒤 귀향길에 오른 오뒷세우스의 배가 그곳을 지나칠 때에는 키르케의 충고에 따라 부하들의 귀를 밀랍으로 막고 자신을 배의 돛대에 묶어 놓음으로써 그녀들의 노래 소리를 들으면서 무사히 통과할 수 있었다.

사피즘(sapphism) - 레즈비언(lesbian)

고대 그리스의 여성 시인이자 탁월한 예술적 재능으로 여신으로 추앙되었던 사포Sappho은 사피즘과 레즈비언이란 단어와 연관되었다. 그녀가 동성애자였다는 기록이 없다. 하지만 사피즘은 사포의 이름에서, 레즈비언은 '레스보스의 여자들'이란 뜻으로 그녀의 고향 레스보스에서 유래되었다. 당시 레스보스 섬의 여성들은 각종 사교모임을 통해 오락과 예술을 즐겼고, 많은 여성들이 시와 음악을 배우기 위해 사포 주위에 몰려들었다고 한다. 그녀가 이러한 사교모임을 통하여 당시 남성들에 비해 상대적으로 지위가 열악했던 여성들을 계몽하고 인간 본성의 바닥에 가라앉아 있는 내면을 솔직하게 드러냄으로써 여성을 가정이라는 속박에서 해방시키려 했다는 것이다. 그녀는 최초의 페미니스트로 평가되기도 한다.

스퀼라(Skylla)

일반적으로 스퀼라라고 하면, 바다의 신 글라우코스를 사이에 두고 마녀 키르케의 미움을 사 마법에 의해 흉측한 바다 괴물이 된 요정의 이름이었다. 또 다른 스퀼라는 니소스의 딸로서 자신 나라에 쳐들어 온 적국의 왕을 흠모하여 아버지를 배신하고 나라를 적의 손에 패망하게 만들었던 메가라의 공주였다. 미노스 왕과 니소스의 전투가 6개월간이나 지속되었는데, 이는 니소스 왕의 정수리에 보랏빛 머리카락이 빛나는 동안 나라가 함락되지 않는다는 신탁이 있었기 때문이었다. 그러자 미노스에게 반한 스퀼라가 아버지 머리카락을 잘라 그에게 바쳤다. 미노스 왕은 사랑에 눈이 멀어 아버지와 조국을 배신한 스퀼라를 사악한 계집이라고 욕하며 바다에 던져 버리고 크레테로 귀향하였다. 스퀼라는 몸부림치며 미노스 왕의 배에 필사적으로 매달렸지만, 어디선가 물수리 한 마리가 나타나서 그녀를 쪼아 댔다. 그녀는 바다로 추락하다가 미풍에 감겨 공중으로 솟구치더니 한 마리의 바다 새로 변하였다. 스퀼라를 쪼아 댔던 물수리는 그녀의 아버지 니소스 왕이 변신한 것이었다.

스틱스(Styx)

대양의 신 오케아노스와 테티스의 딸이지만 티타노마키아 전쟁에서 아버지 형제들에게 대항하여 제우스 편에서 싸웠다. 그 대가로 신들의 모든 맹세는 스틱스 강물에서 떠 온 물 한잔을 앞에 두고 이루어졌다. 스튁스는 이런 방법으로 신들의 맹세를 지켜보았다. 어느 신이든 맹세를 지키지 않으면 직무에서 배제되어 신들의 회의에 참석할 수 없을 뿐만 아니라 신들의 음료 암브로시아와 넥타르도 마실 수 없는 벌을 감수해야 했다. 또 9년 동안 신들의 향연에 참가할 수 없고 10년이 되어야 비로소 신으로서의 모든 권한을 회복할 수 있었다.

아그디스티스(Agdistis)

제우스가 프뤼기아에서 자면서 흘린 정액이 땅에 스며들어 남녀 양성을 지닌 아그디스티스가 태어났다. 그의 기이한 모습을 본 신들이 그의 성기를 잘라 버렸다. 따라서 프뤼기아의 신화에서는 거세되어 여성만 남은 아그디스티스가 대모신 퀴벨레가 되었다고 한다. 잘린 성기는 땅에 떨어져서 아몬드 나무로 자랐다.

어느 날 강의 신 상가리오스의 딸 나나가 아몬드 열매를 가슴에 품고 있다가 임신하여 아티스를 낳았다. 갓 태어난 아티스는 버려졌으나 염소의 젖을 먹고 미소년으로 자랐다. 아티스는 친척들에 의해 페시노스의 왕에게 보내져 공주와 결혼하게 되었다. 그러나 거세되어 여성만 남은 아그디스티스가 아티스를 사랑하였다. 아티스의 결혼식장에 나타난 아그디스티스는 아티스를 미치게 만들었다. 정신착란이 된 아티스가 자신의 성기뿐만 아니라 자신에게 딸을 준 왕의 성기도 잘랐다. 아그디스티스는 곧 자신의 행위를 뉘우치고 제우스에게 호소하여 아티스의 시신은 절대로 썩지 않게 해달라고 하였다.

아그디스티스는 프뤼기아의 안키라 근처의 산이 되었고, 아티스의 시신은 이곳에 묻혔다.

아네모네(Anemone)

아도니스를 사랑한 아프로디테는 페르세포네와 삼각관계를 이루었다. 여신은 사냥을 좋아하는 그를 따라다니며 위험한 짐승들을 피하라고 당부하였다. 그를 질투한 전쟁의 신 아레스가 멧돼지로 변신하여 사냥을 하던 아도니스를 공격하였다. 아도니스는 창을 뽑아들고 멧돼지에게 반격하였지만 멧돼지의 뿔에 옆구리를 받혀 중상을 입고 죽었다. 일설에 따르면, 사냥의 여신 아르테미스의 분노로 멧돼지에게 죽임을 당하였다고도 한다. 슬픔에 잠긴 아프로디테가 아도니스에게 신주를 뿌리자 그곳에서 석류꽃 같은 빨간 꽃 한 송이가 피어났다고 한다. 그 꽃의 수명은 너무 짧아서 바람이 불어오면 꽃이 피고, 또 다른 바람이 불면 그 꽃잎이 졌다. 사람들은 꽃이 피고 지는 것이 모두 바람 때문이라고 여겼기 때문에 그 꽃을 '바람꽃'이라는 뜻을 지닌 아네모네라 불렀다.

아도니스 콤플렉스(Adonis complex)

아프로디테가 사랑했던 아도니스에서 유래하였다. 남성들이 외모 때문에 갖는 강박관념, 우울증 등을 지칭하는 용어로서 남성외모집착증이라고도 한다. 많은 사람들이 자신의 신체에 불만을 가져 근육질 몸매를 만들어야 한다는 강박관념에 사로잡혀서 우울증에 빠지기도 한다.

아스클레피오스(Asklepios)

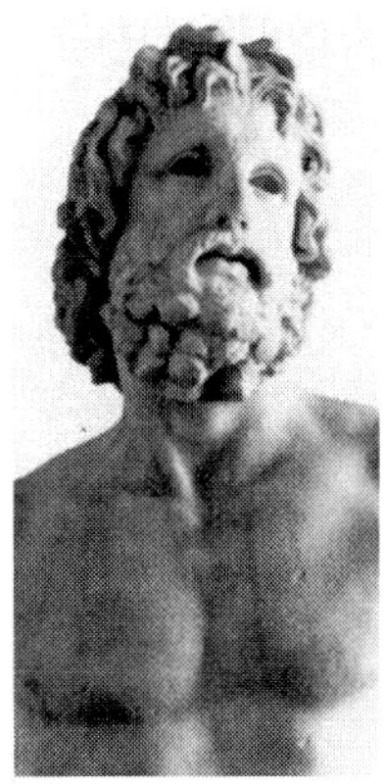

아폴론은 텟살리아의 공주 코로니스를 사랑하였는데, 그녀는 아르카디아의 왕자 이스퀴스를 더 좋아하였다. 그녀를 감시하던 까마귀가 그녀가 이스퀴스와 결혼한다는 소식을 아폴론에게 전하였다. 이에 화가 난 그는 아르테미스를 시켜 그녀를 활로 쏘아 죽였다. 결혼 사실을 알렸던 흰 까마귀는 화가 난 아폴론의 저주로 까맣게 되고 말았다. 괜한 화풀이 대상이 되었던 것이다. 그녀가 죽어갈 때, 그녀의 복중에 태아가 있는 것을 안 아폴론은 아이를 꺼내어 켄타우로스의 현자 케이론에게 데려갔다. 케이론은 그 아이를 양육하면서 의술과 사냥 기술을 가르쳐 주었는데, 그가 바로 아스클레피오스였다.

그는 사람들을 죽지 않게 해주었을 뿐만 아니라 죽은 사람도 되살렸다. 아르테미스를 숭배하던 테세우스의 아들 힙폴뤼토스가 죽자, 여신은 아스클레피오스에게 그를 살려달라고 하였다. 그가 여신의 부탁을 들어주었기 때문에 산 자와 죽은 자가 구분이 안 되었고 우주의 질서도 흐트러졌다. 하데스의 불만을 들은 제우스는 벼락을 내려 그를 죽였다. 아들의 죽음에 화가 난 아폴론이 벼락을 선사한 퀴클롭스 형제들을 죽였다. 제우스가 아폴론을 타르타로스에 가두려 하였으나 레토가 애원하여 그를 일 년간 인간의 노예가 되게 하였다. 그는 페라이 왕 아드메토스를 찾아가 봉사하였으며 그의 암소들이 모두 쌍둥이를 낳게 해주었다.

아이기스토스(Aigistos)

뮈케네 왕위에 오른 아가멤논이 트로이 전쟁에 나가 자리를 비우자 아이기스토스는 아가멤논의 부인 클뤼타임네스트라를 유혹하였다. 아가멤논이 아르테미스의 분노를 잠재우기 위해 자신의 딸 이피게네이아를 살해한 것에 대해 분노하고 있던 그녀는 쉽게 아이기스토스에게 빠져들었다. 개선장군이 되어 트로이의 공주 캇산드라를 데리고 귀향한 아가멤논을 본 클뤼타임네스트라와 아이기스토스는 자신들의 계획대로 남편을 살해하였다. 뮈케네 왕위에 오른 아이기스토스와 클뤼타임네스트라는 7년간 뮈케네 왕위에 있다가 아가멤논의 아들 오레스테스와 딸 엘렉트라의 손에 죽임을 당하였다. 이 전설은 많은 변형을 보이면서 비극작가들도 즐겨 쓰는 작품의 소재가 되었다.

아킬레스건(Achilles' heel)

아킬레우스는 프티아 왕 펠레우스와 바다의 여신 테티스 사이에서 태어난 아들로 본래의 이름은 리귀돈이었다. 테티스는 여신으로 불사의 몸이지만 펠레우스는 인간이었기 때문에 아이도 반드시 죽어야 하는 운명이었다. 아폴로도로스에 의하면, 테티스는 인간으로부터 물려받은 필사의 몸을 불사의 몸으로 바꾸기 위해 자식을 낳을 때마다 불 또는 물에 집어넣었지만 자식들이 이를 견뎌내지 못하고 모두 죽었다고 한다. 그런 식으로 여섯 명의 아이들이 죽었고, 마지막으로 낳은 아들도 불에 집어넣었지만 이를 보게 된 남편 펠레우스 덕에 리귀돈은 살아남을 수 있었다. 테티스는 아들을 불사의 몸으로 만들기 위해 제우스에게 부탁하여 스틱스 강물에 담갔다. 그러나 테티스가 리귀돈의 발목을 잡고 강물에 담갔기 때문에 이 부분은 인간의 발뒤꿈치 그대로 머물렀다. 테티스의 이러한 행동에 놀란 펠레우스가 기겁을 하여 아내를 나무라자 그녀는 화가 나서 바다로 되돌아갔다. 그래서 리귀돈의 이름은 '입술에 엄마 젖이 닿은 적이 없는 아기'라는 뜻을 지닌 아킬레우스로 바뀌었다. 아킬레우스는 프티아에서 그의 사촌이자 친구인 파트로클로스와 함께 성장하였고 켄타우로스의 현자 케이론에게 맡겨져 교육을 받았다. 훗날 트로이 전쟁에서 트로이 왕자 파리스의 화살이 그의 발뒤꿈치에 명중하여 아킬레우스는 죽음에 이른다. 이에 따라 이 부분의 근육은 가장 취약한 부분이라는 뜻으로 아킬레스건이라고 불리게 되었다.

아탈란테(Atalanate)

보이오티아 왕 스코이네우스는 딸이 태어나자 실망하여 그녀를 깊은 산중에 버렸다. 곰의 젖을 먹고 자란 아탈란테는 체력이 뛰어난 아름다운 처녀 사냥꾼이 되었다. 이 무렵 칼뤼돈 왕 오이네우스가 아르테미스에게 제물을 바치지 않자 여신은 멧돼지를 보내 칼뤼돈을 어지럽혔다. 오이네우스의 아들 멜레아그로스는 그리스 전역에서 영웅들을 불러 모아 멧돼지 사냥에 나섰고 여기에 아탈란테도 참가하였다. 그녀가 쏜 화살이 멧돼지의 몸에 명중해 첫 부상을 입혔고, 멜레아그로스가 옆구리에 마지막 일격을 가해 멧돼지의 숨통을 끊었다. 아탈란테에게 마음을 빼앗긴 멜레아그로스가 멧돼지 가죽을 그녀에게 주려고 하자 그의 외삼촌들이 반대하였다가 죽임을 당하였다. 이 사실에 화가 난 멜레아그로스의 어머니는 아들에게 저주를 내려 죽게 하고 자신도 목숨을 끊기로 결심한다. 멜레아그로스가 일곱 살 때, 운명의 여신들이 나타나 화덕에서 불타고 있는 장작이 다 타면 아들의 목숨이 끊어질 것이라 알려주었고 이에 어머니 알타이아가 장작을 상자에 잘 보관하고 있었던 것이었다. 남동생들이 살해당한 것에 화가 난 그녀가 상자에서 장작을 꺼내어 불태웠고, 그리하여 멜레아그로스는 목숨을 잃었다.

스코이네우스는 멧돼지 사냥으로 명성을 떨친 아탈란테를 자식으로 인정하고 그녀가 결혼하기를 원하였지만 그녀는 결혼을 거부하였다. 그 이유는 그녀가 결혼을 하면 파멸된다는 신탁 때문이라고도 하고, 아르테미스에게 처녀로 살 것을 맹세했기 때문이라고도 하고, 또는 자신을 위해 희생된 멜레아그로스에 대한 배신이라고 여겼기 때문이라고도 한다.

아탈란테는 그 어떤 영웅들보다 발이 빠르기로 유명했다. 결혼을 재촉하는 아버지의 청을 거절하다 못한 그녀는 자신과 달리기 경주

를 하여 이긴 남자와 결혼할 것이며, 진 사람은 모두 죽이겠다는 조건을 내세웠다. 많은 남자들이 그녀와 경주에서 패배하여 목숨을 잃었다. 경주의 심판을 보았던 멜라니온(또는 힙포메네스)이 그녀를 흠모하여 마지막으로 청혼을 하였다. 아프로디테에게 황금사과 세 개를 얻은 그는 아탈란테가 앞서갈 때마다 그녀 앞에 사과를 하나씩 떨어뜨렸다. 그녀가 사과를 줍는 사이에 경주에서 이긴 멜라니온은 그녀와 사랑을 이루었고, '처녀가 낳은 아이'라는 뜻을 지닌 파르테노파이오스라는 아들을 하나 얻었다. 멜라니온이 아프로디테에게 감사의 제물을 드리지 않자, 이에 화가 난 여신은 그를 벌주기로 마음을 먹었다. 이들이 숲 속에 있는 헤라의 신전에서 머물고 있을 때, 아프로디테가 멜라니온에게 욕정을 불러일으켰다. 신전 안에서 아탈란테와 사랑을 나눈 멜라니온을 괘씸하게 여긴 제우스가 이들을 암수 사자로 변신시켜 헤라의 마차를 끌게 하였다. 고대 그리스인들은 수컷 사자는 암사자가 아닌 표범과 짝짓기를 한다고 믿었기 때문이었다.

아트레우스(Atreus) - 튀에스테스(Thyestes) - 계보 8

아가멤논의 아버지 아트레우스는 테세우스의 외할아버지 피테우스, 클뤼타임네스트라의 정부가 된 아이기스토스의 외할아버지 튀에스테스와 형제간이었다. 아트레우스는 튀에스테스와 함께 배다른 동생 크뤼십포스를 죽이고 뮈케네의 왕 에우뤼스테우스에게 도망갔다가 그가 죽자 왕위에 올랐다. 튀에스테스는 아트레우스의 아내 아에로페를 유혹하여 왕위를 빼앗으려다 추방되었다. 튀에스테스는 자기 아들로 키운 아트레우스의 아들을 보내 아트레우스를 죽이려고 하였으나, 오히려 아트레우스가 그를 죽이고 만다. 자신의 친아들을 죽인 것을 뒤늦게 안 아트레우스는 튀에스테스를 초대하였고 그의 두 아들을 죽인 후 요리하여 튀에스테스에게 먹게 하였다. 뒤늦게 이 사실을 알고 분노한 튀에스테스는 아드레우스에 대한 복수심으로 가득 찼다. 그는 자신의 딸 펠로피아와의 관계에서 태어나는 아들만이 아트레우스에게 복수할 수 있다는 신탁을 들었다. 자신의 신분을 감추고 몰래 딸의 방에 들어간 튀에스테스는 강제로 딸을 범하였고, 이때 펠로피아는 자신의 방에 들어온 남자의 칼을 감추어 간직하였다. 이후 아트레우스는 펠로피아가 동생의 딸인 줄 알지 못한 채 결혼을 하였다. 그 무렵 펠로피아는 튀에스테스의 아이를 임신하고 있었다. 그녀는 아들을 낳은 뒤 버렸는데, 이 아기는 목동에게 거두어져 염소의 젖을 먹고 자랐다. 이 사실을 알게 된 아트레우스는 그 아기가 자신의 아들인줄 알고 데려다 길렀고, '염소의 젖을 먹고 자란 아이'라는 뜻으로 아이기스토스라고 불렀다.

훗날 튀에스테스는 델포이에서 아트레우스의 아들 아가멤논과 메넬라오스에게 붙잡혀 뮈케네로 끌려왔다. 아트레우스는 튀에스테스를 감옥에 가둔 뒤, 아이기스토스를 보내 죽이려 하였다. 아이기스토스는 어머니 펠로피아가 간직해 둔 칼을 가지고 갔는데, 이로 인해 부자관계가 밝혀졌다. 자신을 범한 사람이 아버지라는 사실을 알게 된 펠로피아는 그 칼로 자살하였다. 아이기스토스는 어머니의 피가 묻은 칼을 아트레우스에게 보여 주며 튀에스테스를 죽였노라고 거짓을 고하였다. 아트레우스가 그 말을 믿고 신들에게 감사의 제물을 바치려고 할 때, 아이기스토스는 그를 살해하였다. 뮈케네 왕위를 이어받은 튀에스테스는 스파르테 왕 메넬라오스의 지원을 받은 아가멤논에게 공격을 받았다. 패전한 튀에스테스는 퀴테라 섬으로 갔다가 그곳에서 숨을 거두었다.

안티고네(Antigone)

테베의 왕 오이디푸스가 고행 길을 떠나자, 폴뤼네이케스와 에테오클레스 두 형제는 왕위를 놓고 다투었다. 이들의 외삼촌 크레온은 폴뤼네이케스보다 유약한 에테오클레스를 조종하여 섭정하기 위해 폴뤼네이케스를 테베에서 추방하였다. 이에 폴뤼네이케스가 아르고스의 영웅들과 함께 테베를 공격하였는데, 이 전쟁을 소재로 한 작품이 비극작가 아이스퀼로스의 〈테베를 공격한 일곱 장수〉이다.

테베 전쟁에서 두 형제는 모두 사망하였다. 크레온은 에테오클레스를 정중히 매장하였지만, 폴뤼네이케스의 시신은 매장을 금지한다는 명을 내렸다. 아버지 오이디푸스와 함께 떠났다 돌아온 안티고네가 이 소식을 접하였다. 그녀는 혼자서 오빠의 시신을 거두었지만 국법을 어겼다는 이유로 동굴에 갇혔다. 테베의 예언자 테이레시아스가 죽은 자들의 장례를 치르지 않은 것에 대하여 경고를 하자, 크레온은 아르고스 영웅들의 시신을 거두어 장례를 치렀다. 그러나 동굴에 갇혔던 안티고네는 스스로 목숨을 끊었고 격분한 하이몬이 아버지를 칼로 살해하려다 실패하자 연인을 따라 자결하였다. 아들의 죽음을 비관한 그의 어머니도 목을 매어 자결하였다.

일반적으로 비극은 선과 악의 충돌 또는 정의와 불의의 충돌을 보여 주고 있지만, 소포클레스의 〈안티고네〉는 공적인 국법과 개인적 윤리의 대립을 보여 주고 있다. 안티고네에게 중요한 것은 오빠인 폴뤼네이케스가 '무엇을 했는가가 아니라 그가 누구인가'였다. 즉, 행위보다는 존재를 우선시 하였다. 크레온에게 문제가 되는 것은 폴뤼네이케스가 안티고네의 오빠라는 존재보다는 그녀가 무엇을 했는가라는 행위를 중시하였다. 다시 말해, 양심(=자연법)에 따라 오빠의 시신을 수습하였던 안티고네는 국법(=실정법)을 위반하여 유죄판결을 받을 수밖에 없다는 것이다. 이는 개인과 국가 간의 정치적 상황에서 개인이란 무엇이고, 과연 국가권력이 개인의 인권보다 우선시 되어야 하는가에 대한 논쟁으로 이어졌다. 어떤 일이나 사건에 대한 반대 또는 좋아하지 않는다는 의미의 〈anti〉는 안티고네에서 유래되었다.

야누스(Janus)

라티움 근교에 도시를 세운 야누스는 태초의 신으로 그리스 신화에 나타나지 않는 유일한 로마의 신이었다. 야누스와 야나Jana는 모든 신들 중에서 가장 먼저 제물을 받았다. 그는 문門의 수호신으로 문 그

자체를 의미하였다. 문이 양면의 속성을 지닌 것처럼 야누스도 두 얼굴을 지닌 모습이었다. 그의 한쪽 얼굴은 들어오는 사람을 바라보고, 다른 얼굴은 떠나가는 사람들에게 작별인사를 위하여 필요했다. 야누스 신전의 양 끝에도 서로 반대방향으로 향하는 문이 두 개 있다. 한 쪽은 과거를 향한 문이고 다른 한쪽은 미래를 향한 문이다.

야누스는 공간뿐만 아니라 시간의 모든 시작을 주관하였다. 당시의 로마 달력에는 열 달밖에 없었다. 초대 왕 로물루스가 첫 번째 달에 그의 이름 〈Ianuarius〉를 붙였고, 여기에서 1월 〈January〉가 생성되었다. 이는 한해를 여는 문과 같은 의미를 지닌 달이라고 해석할 수 있을 것이다. 2대왕 폼필리우스는 페브루움을 추가시켰는데, 이는 로마의 정화의식인 페브루아Februa가 열리는 시기라는 의미로 2월 〈February〉가 추가되었다.

제우스에게 제압당한 크로노스가 이탈리아로 쫓겨 오자 야누스는 그에게 호의를 베풀고 모든 권한을 양도하였다. 그러나 야누스가 로마를 아주 떠난 것은 아니었다. 사비니 족의 침공으로 로마가 위기에 빠졌을 때 야누스는 이들을 물리쳤다. 로마인들은 이에 감사하며 야누스 신전을 세우고 위기에 처할 때마다 도움을 받고자 했다. 무쇠로 지어진 신전의 문은 백 개의 빗장으로 굳게 닫혀 있고 그 안에는 야누스가 머물러 있다고 고대 로마인들은 믿었다. 그 문을 열면 나와서 도와달라는 뜻이고, 문을 닫으면 평화로우니 걱정하지 말고 편히 쉬시라는 의미였다. 로마제국 시기에 그 문이 닫혀있던 시간은 얼마 되지 않았기 때문에 열린 문과 닫힌 문은 각기 전쟁과 평화를 상징하였다. 그러나 오늘날 야누스의 얼굴은 위엄을 갖춘 보호자로서의 모습이 아니라 속임수를 쓰는 위선자로서의 모습으로 평가절하 되었다.

에오스(Eos)

새벽의 여신 에오스는 트로이 왕 라오메돈의 아들 티토노스를 몹시 사랑한 나머지 그를 아이티오피아로 납치하여 에마티온과 멤논을 낳았다. 에오스는 제우스를 졸라 그에게 영원한 생명을 주었지만 이와 함께 영원한 젊음을 달라는 청을 잊고 말았다. 나날이 늙어가는 티토노스를 보며 에오스는 가슴이 아팠지만 어쩔 수가 없었다. 그는 여신의 궁전에서 함께 지냈으나 너무 늙어 움직이지 못하게 되자, 에오스는 그를 방안에 가두었다. 힘없이 흐느끼는 소리가 종종 밖으로 새어나왔고, 가슴이 아팠던 여신은 그를 메뚜기로 만들었다고 한다.

아이티오피아의 왕 멤논은 아버지의 형제들을 돕기 위하여 트로이 전쟁에 참전하였다. 아킬레우스와의 전투에서 그가 전사하자 아들을 잃은 에오스는 슬픔에 잠겼다. 지금도 새벽이 되면 에오스는 아들 생각에 눈물을 흘리기 때문에 이른 새벽아침이면 풀잎에 맺혀있는 그녀의 눈물을 볼 수 있다.

에피고노이(Epigonoi) - 에피고넨(Epigonen)

테베 전쟁이후 10년의 세월이 흘렀다. 폴뤼네이케스의 아들 테르산데르는 테베를 다시 공격하기 위하여 일곱 장수의 아들들을 찾아 나섰다. 아드라스토스의 아들 아이기알레우스, 암피아라오스의 아들 알크마이온과 암필로코스, 튀데우스의 아들 디오메데스, 파르테노파이오스의 아들 비안테스, 카파네우스의 아들 스테넬로스와 힙포메돈의 아들 폴뤼도로스가 바로 그들이었다. 에피고노이 또는 에피고넨이라 불리던 그들의 용맹함은 그 아버지들에 못지않았다. 테베 전쟁 때와 마찬가지로 암피아라오스의 아들 알크마이온이 전쟁을 거부하고 나섰다. 이 전쟁을 이기기 위해서는 그가 군대를 지휘해야 한다는 신탁이 있었기 때문에 테르산데르는 초조하기 이를 데가 없었다. 자신의 아버지 폴뤼네이케스가 황금목걸이로 에리필레에게 청탁한 것처럼, 테르산데르 자신도 하르모니아의 황금예복을 에리필레에게 주었다. 어머니의 말씀을 거역할 수 없었던 알크마이온은 결국 참전하였다.

크레온의 뒤를 이어 에테오클레스의 아들 라오다마스가 테베를 다스리고 있었다. 아버지 못지않게 용감한 그는 군대를 이끌고 들판에서 전면전을 하였다. 라오다마스가 알크마이온의 손에 죽자, 왕을 잃은 테베 군사들은 모두 성안으로 퇴각하였다. 테베가 함락될 것이라고 예언한 테이레시아스는 알크마이온에게 전령을 보내어 휴전 협상을 제안하였고, 그 사이에 그의 가족과 모든 병사들이 도망갈 수 있었다. 그날 밤 테이레시아스는 틸풋사 샘물을 마시고 숨을 거두었다. 테베인들이 도망친 것을 안 아르고스인들은 성을 함락하고 가장 아름다운 전리품을 아폴론 신에게 바치겠다는 서약에 따라 전리품 일부와 테이레시아스의 딸 만토를 델포이로 보냈다. 알크마이온은 아폴론의 신탁에 따라 자신의 어머니에 대한 분노로 그녀를 죽였다. 그는 살인죄로 복수의 여신들에게 쫓기면서 정신착란을 일으켰으나 아르카디아에서 정화의식을 받았다. 테베를 함락시킨 아드라스토스는 자신의 아들만이 유일하게 전사하자 상심하여 귀향길에 죽고 말았다. 그의 외손자 디오메데스가 뒤를 이어 아르고스의 왕이 되었다.

에피메테우스(Epimeteus) – 판도라(Pandora)

프로메테우스에게 음식과 불로 농락을 당한 제우스는 그 보복으로 인간에게 재앙을 주기로 하였다. 그는 헤파이스토스에게 명하여 여자를 만들게 하였다. 그녀는 신들로부터 최상의 선물을 받았기 때문에 '모든 선물을 받은 여인'이란 의미를 지닌 판도라라 불렸다. 제우스로부터는 어떠한 선물도 받아서는 안 된다는 프로메테우스의 충고를 잊은 에피메테우스는 상자 하나를 들고 온 판도라를 선물로 받았다. 절대 열어보지 말라는 말과 함께 상자를 받았던 판도라가 호기심에 뚜껑을 열자 그 속에 담겨 있던 온갖 재앙들이 튀어나왔다. 이에 당황한 판도라가 다시 뚜껑을 닫았지만 상자

안의 모든 것들이 이미 날아가 버린 뒤였다. 상자 안에는 오로지 희망만이 남아있었기 때문에 인간에게는 그 희망이 유일한 위안이 되었다고 한다.

오로라(aurora)

에오스는 휘페리온의 딸이자 새벽의 여신으로 로마 명칭은 아우로라였다. 극지방의 화려한 경관 오로라는 이 여신의 이름에서 유래하였다. 오로라는 태양표면의 폭발로 우주공간으로부터 날아온 전기입자가 지구 자기변화에 의해 극지방의 고도 100-500km 상공에서 대기 중 산소분자와 충돌해서 생기는 방전현상을 말한다. 극지방에 잘 나타나기 때문에 극광이라고도 한다.

오르페우스(Orpheus)

결혼의 신 휘메나이오스는 요정 칼리오페의 아들 오르페우스와 에우뤼디케의 결혼식에 아무런 선물도 가져오지 않았다. 오히려 그의 횃불로 인해 하객들은 눈물만 흘렸다. 에우뤼디케는 피로연 도중에 요정들과 산책을 나갔다가 뱀에 물려 죽었다. 아내를 잃은 오르페우스는 자신의 슬픔을 호소하였으나 아무 소용이 없었다. 아내를 찾아나선 그가 뤼라를 연주하자 카론과 케르베로스도 감동하여 지하세계로 들어갈 수 있었다. 아내를 되찾기 위한 그의 음악에 감동한 하데스와 페르세포네도 에우뤼디케를 지상으로 돌려보낼 것을 허락했다.

단 하나의 조건은 지상에 도착하기까지는 그가 뒤를 돌아보아서는 안 된다는 것이었다. 오르페우스가 앞서고 에우뤼디케는 뒤따르면서 둘은 어둡고 험한 길을 말 한마디 하지 않고 걸었다. 마침내 지상세계로 나가는 출구에 거의 도착할 무렵 오르페우스는 순간 약속을 잊고 자신의 여인이 따라오는지를 확인하기 위하여 뒤를 돌아보았다. 그 순간 그녀는 지하세계로 다시 끌려갔지만 남편을 원망할 수도 없었다. 자신이 보고 싶어 저지른 일을 어찌 탓할 수 있겠는가. 오르페우스는 그녀를 따라 다시 명계로 내려가려 했으나 이번에는 카론과 케르베로스가 그의 앞을 막아섰다. 모든 것을 체념한 그는 모든 처녀들의 구혼을 거절하고 어린 소년들을 가까이 했다. 이를 계기로 트라케 지역에서 동성애가 시작되었다고 한다. 디오뉘소스의 제전에 참석한 그를 발견한 마이나스들이 그의 사지를 찢어 죽였다. 음악의 여신들은 그의 시신을 모아 피에리아에 묻었고, 그의 뤼라는 제우스에 의하여 별자리로 올려졌다. 오르페우스는 타르타로스에서 에우뤼디케를 다시 만나 재회의 기쁨을 누릴 수 있었다.

오이디푸스(Oidipus) - 스핑크스(Sphinx)

테베의 왕 라이오스는 아들이 태어나면 자신을 죽일 것이라는 신탁을 들었다. 오이디푸스가 태어나자 신탁이 두려웠던 라이오스는 양치기에게 그를 데려가서 죽이라고 명하였다. 오이디푸스를 키타이론 산에 데려간 양치기는 그를 차마 죽이지 못하고 그의 두 다리를 묶어 나뭇가지에 매달아 놓았다. 코린토스 왕 폴뤼보스의 양치기가 그를 발견하여 왕비 페리보이아에게 데려갔다. 왕비는 그를 아들로 삼았고, 당시 발이 퉁퉁 부어있던 아이에겐 '발이 부은 자'란 뜻을 지닌 오이디푸스란 이름을 주었다. 오이디푸스는 아버지를 죽일 것이라는 청천벽력 같은 신탁을 들었다. 자신에게 주어진 운명을 피하기 위하여 코린토스의 반대편으로 향하던 오이디푸스는 좁은 길에서 한 노인과 마주쳤다. 그가 길을 비키지 않았다는 이유로 왕의 전령이 그의 말 한 마리를 죽였다. 이에 격분한 오이디푸스는 왕과 그 부하들을 모조리 죽였다. 신탁을 구하러 떠났던 왕이 죽자 그의 처남 크레온이 왕위를 계승하였다. 하지만 테베에는 여전히 큰 재앙이 돌고 있었다. 당시 테베에는 라이오스를 벌하기 위하여 헤라가 보낸 여자의 머리와 사자의 몸 그리고 날개를 가진 스핑크스라는 괴물이 버티고 있었다.

'목 졸라 죽이는 자'라는 의미를 갖는 스핑크스는 무사 여신들에게 수수께끼를 배웠다. 그녀는 테베 근교의 피키온 산에 앉아서 나그네들에게 수수께끼를 냈다. 문제는 '목소리는 하나인데, 때로는 4개, 때로는 2개, 때로는 3개의 다리로 걸으면서 다리가 가장 많을 때 가장 약한 동물은 무엇인가?'와 '두 자매가 서로 번갈아 낳고 죽는 것은 무엇인가?'였다(정답은 사람, 낮과 밤). 이 문제를 풀지 못하여 수많은 테베인들이 죽었고, 크레온의 아들 하이몬까지 목숨을 잃을 위기에 처했다. 크레온은 이 괴물을 처치하는 사람이 홀로 남은 왕비를 차지하고 왕이 된다고 하였다. 오이디푸스가 수수께끼를 풀자 스핑크스는 절벽에서 몸을 던져 자살하였다.

약속대로 왕위에 오른 오이디푸스는 자신의 운명을 알지 못한 채 어머니 이오카스테와 결혼하여 두 아들 에테오클레스와 폴뤼네이케스, 두 딸 안티고네와 이스메네를 낳고 행복하게 살고 있었다. 테베에 기아와 전염병이 나라 안에 가득차자, 왕은 신탁을 구하기 위하여 예언자 테이레시아스를 델포이 신전으로 보냈다. 신탁을 통하여 아버지를 살해하고 어머니를 간음한 자가 있기 때문이라는 사실이 알려지자, 왕은 그 불경한 자를 찾아 추방하라는 엄명을 내렸다. 그러나 신탁의 주인공이 바로 오이디푸스 자신임이 밝혀졌고 이에 충격을 받은 왕비는 자살하였다. 목숨을 끊는 것만으로는 자신이 지은 죄에 대한 벌이 너무 약하다고 생각한 오이디푸스는 스스로 눈을 멀게 하고, 죄를 씻기 위해서 참회의 길을 떠났다. 아버지의 기구한 운명을 안쓰럽게 여긴 안티고네가 아버지와 동행하였다. 아테네의 콜로니스에 도착한 그는 테세우스에게 몸을 의탁하며 자비의 여신 에우메니데스(=복수의 여신 에리뉘스 3자매) 사당에서 지난날의 죄를 씻었다. 오이디푸스는 죽어서 신과 같은 대우를 받았고, 아버지가 죽자 안티고네는 고향 테베로 되돌아갔다.

오이디푸스 콤플렉스(Oedipus complex)

오이디푸스 콤플렉스는 오스트리아 심리학자 프로이트Freud가 인간의 성격이 어떻게 형성되어 발달하는가를 설명하면서 사용되었던 용어이다. 그의 성적발달 이론에 따르면, 인간은 구강기, 항문기, 남근기, 잠복기, 성기기의 5단계를 거쳐 자아를 인식한다고 한다. 오이디푸스 콤플렉스란 3-6세의 남자아이가 이성인 어머니의 사랑을 독차지하기 위해 아버지를 경쟁자로 여겨 적대시하는 심리현상을 가리키는 말이다. 아버지와 동일시 된 자신을 보면서 어머니를 사랑하는 아버지에 대한 원망이 아버지처럼 되고 싶다는 욕망으로 변한다. 이 콤플렉스를 극복하고서야 비로소 자아의식과 정체성이 형성되지만 이를 정상적으로 극복하지 못하면 신경증 환자가 될 수 있다고 한다.

올림픽(Olympic)

올륌피아는 펠로폰네소스 반도의 북서쪽 엘리스 지역에 있는 제우스의 성역이었다. 올림픽은 과거의 올륌피아 제전에서 나온 말이다. 고대 그리스의 4대 제전으로 제우스를 위한 올륌피아 경기와 네메아 경기, 아폴론을 위한 퓌티아 경기 그리고 포세이돈을 위한 이스트모스 경기가 있었다. 올륌피아 제전은 고대 그리스인들이 4년마다 올륌피아 평원에서 5일간 벌였던 경기였다. 제1회 올림픽은 기원전 776년에 열렸고, 이때 180m 달리기, 멀리뛰기, 레슬링, 원반던지기, 창던지기 또는 권투 등 5종목이 열렸다. 이 경기의 성화는 헤라 신전에서 채화되었고, 선수들은 나체로 경기를 벌였기 때문에 여인들의 출입이 금지되었다. 음악과 시 그리고 웅변대회도 함께 개최되었다. 393년 로마의 테오도시우스 황제에 의해 중단되었던 이 경기는 프랑스 쿠베르탱Coubertin에 의하여 1896년 그리스 아테네에서 제1회 올림픽으로 부활했다.

원소의 이름

자연계에 존재하는 100여 가지 원소들 중에서도 그리스 신화에서 유래된 명칭이 많은데, 그 중에 몇 가지를 살펴보면 다음과 같다.

니오븀(Nb) : 비련의 아르고스 여왕 니오베Niobe
셀레늄(Se) : 달의 여신 셀레네Selene
우라늄(U) : 하늘의 신 우라노스Ouranos
이리듐(Ir) : 무지개의 여신이자 헤라의 시녀 이리스Iris
티타늄(Ti) : 우라노스의 아들 티탄Titan 신족

은하수

갤럭시Galaxy 또는 젖의 길Milky Way이라고도 하는 은하수는 헤라클레스와 관련이 있다. 그는 제우스와 알크메네에게서 태어났다. 제우스는 헤라클레스를 불사의 몸으로 만들기 위하여 그에게 헤라의 젖을 먹이려고 했다. 바람을 피워 낳은 자식에게 헤라가 젖을 먹일 리 없는 까닭에 헤르메스는 헤라를 잠들게 하였다. 그녀가 잠든 사이에 헤라클레스가 헤라의 젖을 조금 먹을 수 있었지만 어찌나 세게 빨았던지 잠에서 깨어난 헤라가 놀라서 아기를 떼어놓았다. 그때 헤라클레스가 빨던 헤라의 젖이 하늘에 뿌려져 은하수를 이루었다고 한다.

이오(Io) - 아르고스(Argos)

제우스가 헤라의 여사제 이오에게 관심을 보였다. 헤라가 가까이 오자, 이를 눈치 챈 제우스가 이오를 암소로 변신시켰다. 미심쩍게 여긴 헤라가 그 암소를 자신에게 달라고 하자, 제우스는 의심을 받지 않기 위해 어쩔 수없이 소를 주었다. 여신은 100개의 눈을 갖고 있는 아르고스로 하여금 그 암소를 지키게 했다. 그는 이나코스의 아들이라고도 하고, 아게노르 또는 아레스토르의 아들이라고도 한다. 목 뒤에 제3의 눈이 붙어 있었다고도 하고 또는 온 몸에 무수한 눈을 가졌다고도 한다. 100개의 눈을 번갈아 자기 때문에 그는 항상 눈을 뜬 상태에서 이오를 잠들지 못하게 감시하였다. 혹독한 고문에 시달리는 이오를 가엾게 여긴 제우스는 헤르메스를 보내 아르고스를 제거하라는 명을 내렸다. 헤르메스는 양치기의 모습으로 변장하여 피리를 불며 아르고스에게 다가갔다. 헤르메스가 자신이 불고

있는 쉬링크스라는 피리에 얽힌 이야기를 들려주자, 아르고스는 서서히 잠이 들면서 100개의 모든 눈을 감았다. 헤르메스는 이때를 놓치지 않고 그의 목을 단칼에 베어 이오를 구출했다.

자신을 위하다 죽임을 당한 아르고스를 측은하게 여긴 헤라는 아르고스의 아름다운 눈들을 공작의 꼬리에 달았고, 그녀의 복수는 더욱 집요하게 계속되었다. 그녀는 암소로 변한 이오에게 쇠파리를 보내 온 몸을 물어뜯게 하였다. 헤라의 사주를 받은 각 지역의 신들도 이오를 받아 주지 않았기 때문에 그녀의 고난은 끝이 없었다. 이오가 바다를 건너자, 제우스는 그녀를 다시 사람의 모습으로 바꾸어 주었다. 이오는 네일로스 강변에서 에파포스를 낳았고, 그 아이가 훗날 아이귑토스(=이집트)를 건국하였다.

이피스(Iphis)

크레테 섬에 릭도스와 텔레투사라는 행실이 바른 부부가 살았다. 텔레투사가 임신을 하였을 때, 릭도스는 부인에게 두 가지 소원이 있다고 말했다. 그 첫째는 그녀가 큰 고통 없이 출산하는 것이고, 둘째는 아들을 얻는 것이었다. 만일 그녀가 딸을 낳으면 가정형편상 그녀를 죽일 수밖에 없다는 비정한 말도 덧붙였다. 텔레투사가 딸을 출산하자, 그녀는 산파와 짜고 아들을 낳았다고 했다. 그녀에게 남자아이나 여자아이 모두에게 잘 어울리는 이피스라는 이름을 지어 주었다. 아이가 성장하여 13살이 되었을 때, 이안테스라는 소녀와 만나면서 결혼이 급하게 진행되었다. 동문수학한 이들은 서로를 잘 알고 있었고, 여자 부모의 재촉에 이들은 이루어질 수 없는 결혼을 하게 되었다. 안절부절 못하던 텔레투사는 결혼 날짜를 차일피일 미룰 수밖에 없었다. 결혼 날짜를 더 이상 연기할 수 없게 되자, 그녀는 이피스를 데리고 네일로스 강가에 있는 신전으로 가서 이리스 여신에게 사죄하며 도움을 요청하였다. 그녀의 신탁을 들은 여신은 이피스를 남자로 변신시켜 주었고, 그는 이안테를 아내로 맞을 수 있었다.

익시온(Ixion)

텟살리아의 라피타이 왕 익시온이 에이오네우스의 딸 디아와 결혼할 때 장인에게 결혼지참금을 주겠노라고 약속하였다. 부부사이에서 첫아들 페이리토오스가 태어났지만, 익시온은 장인과의 약속을 지키지 않았다. 오히려 지참금을 줄 수 없다는 익시온의 태도에 화가 난 장인이 그의 말을 빼앗아 갔다. 사태의 심각성을 파악한 익시온은 장인에게 지참금을 줄 터이니 만날 것을 요구하였다. 그리고 약속한 장소에 함정을 파고 그 밑에는 시뻘건 숯을 묻어 놓았다. 에이오네우스가 여기에 빠져 죽었는데, 이는 최초의 인척살인이었다. 익시온은 자신의 죄를 반성하며 신들에게 용서를 빌었다. 제우스는 참회하는 그의 모습을 보고 그 죄를 씻어 주었을 뿐만 아니라 암브로시아와 넥타르를 마시게 하여 불사의 몸으로 만들어 주었다.

한편 헤라의 미모에 반한 익시온은 헤라에게 사랑을 고백하였다. 여신에게 이 사실을 전해들은 제우스는 그 말을 믿지 않았지만 구름으로 헤라의 형상을 만들어 익시온을 시험해 보기로 하였다. 헤라가

자신의 사랑을 받아들인 것으로 착각한 익시온은 헤라의 형상과 정을 통하였다. 이 사랑으로 반인반마인 켄타우로스가 태어났다. 제우스는 익시온을 불붙은 수레바퀴에 묶어 공중에 던졌다. 죽음만이 이 영겁의 고통에서 벗어날 수 있는데, 그는 불행히도 불사의 몸이 되었기 때문에 그의 고통은 영원히 지속되었다.

일렉트라 콤플렉스(Electra complex)

스위스의 심리학자 융Jung에 의하여 정의된 일렉트라 콤플렉스는 오이디푸스 콤플렉스와 상반되는 개념으로서 딸이 아버지에게는 애정을, 어머니에게는 반감을 갖고 적대시하는 심리상태를 가리키는 용어이다. 다시 말해 3-5세의 남근기에 여자아이들은 자신에게는 남동생이나 아버지가 갖고 있는 성기가 없다는 사실을 알고 남성을 부러워하고, 자신에게 성기를 주지 않은 어머니에게 적대감을 갖는다. 이러한 욕구는 어머니의 여성적 가치를 인식하고 나서 어머니와 자신을 동일시하여 자아가 형성되면서 사라진다고 한다.

트로이 전쟁에서 승리하고 금의환향한 아가멤논은 그의 부인 클뤼타임네스트라와 정부 아이기스토스 손에 살해되었다. 생명의 위협을 느낀 딸 엘렉트라가 동생 오레스테스와 함께 피신하여 아버지의 원수를 갚기 위한 복수의 결의를 다졌다. 오레스테스가 성장을 하여 누이와 함께 아이기스토스와 클뤼타임네스트라를 살해하였다. 아버지에 대한 엘렉트라의 집념과 어머니에 대한 증오는 일렉트라 콤플렉스로 이어졌다.

일로스(Ilos) - 팔라디움(Palladium)

라오메돈의 아버지 일로스는 신탁에 따라 이데 산 근처에 정착하여 도시를 건설하고 그곳을 '일로스의 도시'라는 뜻으로 일리온이라 불렀다. 그가 도시를 세울 때 제우스는 그의 기도에 응답하여 아테나의 모습을 본뜬 목제 조각상 팔라디움을 내려 주었다. 팔라디움은 자신에게 죽임을 당한 친구 팔라스의 영혼을 기리기 위하여 아테나가 만든 목상이었다. 제우스가 이 동상을 땅에 던졌는데, 팔라디움 스스로 일로스가 지은 아테나 신전으로 들어가 자리를 잡았다고 한다. 이 조각상이 아테나 신전에 머무는 한 트로이는 결코 멸망하지 않는다는 믿음이 퍼져 있었다. 트로이 전쟁에서 오뒷세우스에게 붙잡힌 트로이 예언자 헬레노스가 팔라디움의 진실을 밝히자, 디오메데스와 오뒷세우스가 성안으로 잠입하여 팔라디움을 훔치는데 성공하고, 그 후 트로이 목마로 인하여 트로이가 함락되었다.

카드모스(Kadmos) - 계보 9

포이니케의 공주 에우로페가 제우스에게 납치되었을 때, 카드모스는 아버지 아게노르의 명을 받고 누이동생을 찾아 나섰다. 카드모스는 어머니 텔레팟사와 함께 트라케로 갔지만 그곳에서 어머니를 잃고 만다. 어머니의 장례를 치른 카드모스는 에우로페의 소식을 알기 위하여 델포이로 갔다. 그곳에서 그는 누이 때문에 애쓰지 말고, 암소를 길잡이 삼아 뒤따르다가 암소가 지쳐 쓰러지는 곳에 도시를 세우라는 신탁을 받았다. 이곳은 그의 이름을 따서 카드메이아라 불렸고, 훗날 테베로 그 이름이 바뀌었다. 그는 그 암소를 아테나에게 제물로 바치기 위하여 일행 가운데 몇 명을 보내 아레스의 샘에서 물을 길어오게 하였다. 아레스의 구렁이 한 마리가 그 샘을 지키고 있다가 카드모스의 병사들을 모두 죽였다. 이에 화가 난 카드모스는 아테나의 조언에 따라 구렁이를 죽이고 그 이빨들을 땅에 뿌렸다. '땅에 뿌려진 남자들'란 의미를 갖는 스파르토이라고 불리는 무장한 병사들이 땅속에서 나왔다. 카드모스가 이들을 향해 돌을 던지자, 그들은 서로 돌을 던지며 싸우다 죽었다. 카드모스는 그 구렁이를 죽인 대가로 8년간 아레스의 노예로 지냈다.

과업을 마친 그에게 제우스는 아프로디테와 아레스에게서 태어난 조화의 여신 하르모니아를 아내로 주었다. 이로써 그는 인간 중에서 여신과 결혼한 최초의 인물이 되었다. 카드모스와 하르모니아 부부는 모든 신들의 축복을 받고 결혼하였다. 하지만 테베는 그리스 신화에서 신들의 저주를 가장 혹독하게 받았던 대표적인 왕가였으며, 그의 자녀들과 후손들은 아주 비참한 삶을 살았다. 구렁이의 저주로 자신의 모든 것을 빼앗기고 지속적으로 괴롭힘을 당한 두 부부는 차라리 구렁이가 되고 싶다고 하소연하였다. 구렁이에게 괴롭힘을 당한 아픔을 간직한 이들은 사람을 해치지 않는 구렁이가 되어 엘뤼시온 들판으로 보내졌다. 카드모스는 에우로페를 찾아가는 과정에서 포이니케의 문자를 그리스에 전달한 역사적 인물로 여겨졌다.

카오스 이론(Chaos theory)

카오스는 태초의 신으로서 스스로 존재하였고 여기에서 자연의 신들이 출생하였다. 카오스 이론이란 초기 조건에 극히 민감한 결과를 갖는 시스템을 말한다. 미국의 기상학자 로렌츠Lorenz가 수학을 풀던 중 소수점 세 자리 미만을 생략하였다. 나중에 이를 검토하던 중 초기 조건을 아주 미세하게 조금만 다르게 입력하면 그 결과가 심하게 차이난다는 것을 발견하였다. 이는 아주 미세한 오차들이 겹치고 겹쳐 더 큰 결과를 이뤄내기 때문에 예측할 수 없는 결과가 일어난다는 가설이다. 이는 카오스 이론이라 불리면서 그에 대한 연구가 시작되었다. 이 이론의 개념은 수학에서 시작되었지만 실제로는 수학보다는 로지스틱 수열과 연관되며 혼합성, 주기성, 초기조건의 민감성이라는 세 가지 성질을 지닌다. 흔히 말하는 나비효과란 카오스 이론의 한 실례가 된다. 예를 들어, 브라질이나 베이징에서 나비 한 마리가 날갯짓을 하면 뉴욕에서 허리케인을 불러올 수 있다는 것이다. 나비효과는 카오스 이론의 세 가지 성질 가운데 초기조건의 민감성을 설명하기 위한 하나의 예시이자 비유인 것이다.

칼리스토(Kalisto)

'가장 아름다운'이란 뜻을 지닌 숲의 요정 칼리스토는 아르테미스의 시녀였지만 여신으로 변신한 제우스에게 정절을 빼앗겼다. 요정들과 함께 목욕을 하던 아르테미스는 불룩해진 칼리스토의 아랫배를 발견하고는 그녀를 쫓아냈다. 그녀는 인적이 드문 숲 속에서 아르카스를 낳았다. 그는 아르카디아를 건국한 영웅으로 펠로폰네소스 반도의 아르카디아는 그의 이름에서 유래하였다.

칼리스토는 헤라의 저주로 곰으로 변신되었고, 아이는 아르카디아에서 아틀라스의 딸 마이아에게 양육되었다. 훗날 숲 속에서 사냥을 하던 아르카스를 발견한 칼리스토가 반가워 그에게 다가가려하자, 곰으로 변신한 자신의 엄마를 알아보지 못한 아들이 그녀를 향해 활시위를 당겼다. 이 광경을 본 제우스가 아르카스를 곰으로 변신시켰고, 두 모자 모두 천상으로 올려져 별자리가 되었다. 칼리스토는 큰곰자리, 아들은 작은곰자리가 되었다. 밤하늘에 반짝이는 국자모양의 북두칠성은 큰곰자리의 꼬리부분에서 빛나고, 캇시오페이아와 북두칠성 가운데 유난히 밝은 북극성은 작은곰자리의 꼬리 끝에서 빛나고 있다. 칼리스토와 그의 아들까지 천상에서 명예로운 자리에 앉자 헤라의 심기가 몹시 불편하였다. 여신은 자신을 양육한 오케아노스에게 청하여 큰곰자리가 지평선에 잠기지 못하고 하늘에서만 머물게 하였다. 이렇게 수백 년이 지나고 헤라의 화가 가라앉자, 제우스는 북극의 위치를 바꾸어 큰 곰의 꼬리가 바다에 살짝 닿아 휴식을 취할 수 있게 했다고 한다.

칼카스(Kalchas)

테스토르의 아들 칼카스는 태양신 아폴론으로부터 예언의 능력을 받았다. 특히 새가 나는 모습을 보면서 점을 쳤던 그는 트로이 전쟁에서 명성을 떨쳤다. 칼카스는 아가멤논의 요청으로 트로이 전쟁에 함께 하게 되었고 아킬레우스의 참전, 10년간의 트로이 전쟁, 아르테미스 여신의 분노로 인한 그리스 연합군 출항 지연, 아킬레우스의 아들과 헤라클레스의 활을 가진 필록테테스의 참전 등을 예언하였다. 전쟁 이후 칼카스는 자신보다 더 지혜로운 예언자를 만나서 죽을 운명이었다. 그는 테이레시아스의 손자 몹소스와 두 가지 시합을 하였다. 첫 번째가 무화과나무에 달린 열매의 숫자를 알아내는 것이었는데, 몹소스가 칼카스를 1개 차이로 제압하였다. 두 번째는 암돼지의 뱃속에 들어 있는 암수 새끼의 수와 출산 시기를 알아맞히는 것이었다. 칼카스는 8마리 모두 수놈이고 9일 내로 출산한다고 대답하였다. 하지만 세 마리 중 한 마리만 수놈이고 다음날 정오에 출산한다는 몹소스의 예언이 적중하였다. 몹소스에게 패배한 칼카스는 비탄에 빠져 죽었다고 한다. 다른 설에 의하면, 자신의 죽음에 대한 예언의 날이 다가왔는데도 죽지 않자 너무나 기쁜 나머지 웃다가 죽었다고도 한다.

캇시오페이아(Cassiopeia)

아이티오피아의 왕 케페우스와 그의 부인 캇시오페이아는 페르세우스의 부인 안드로메다의 부모였다. 허영심과 자만심이 가득한 캇시오페이아가 딸의 미모를 바다의 요정 네레우스와 비교하였다가 포세이돈의 저주를 받았다. 바다의 제물이 된 안드로메다를 페르세우스가 구출하고 위기에 처한 나라를 구하였다. 인간의 자만심을 경고하기 위하여 올려진 이 별자리는 하루 중 절반은 하늘에 거꾸로 매달리게 되었다.

케팔로스(Kephalos) - 프로크리스(Prokris)

사냥을 좋아하던 케팔로스와 그의 아내 프로크리스의 사랑은 부러움의 대상이 되었다. 새벽의 여신 에오스가 그를 흠모하여 납치하였지만, 유혹에 넘어가지 않은 그에게 반드시 후회하게 만들겠다고 했다. 프로크리스는 아르테미스로부터 절대로 빗나가지 않는 창을 선물로 받았다. 아내에게 받은 창을 들고 케팔로스는 산과 들을 누비며 사냥을 즐겼다. 사냥이 끝나면, 그는 개울가 나무 그늘에 누워 '나의 감미로운 아우로라여! 내게로 와서 뜨거운 내 가슴을 식혀다오'라고 혼잣말을 하곤 했다. 이 소리를 우연히 들은 한 여인이 이 사실을 그의 아내에게 고자질하였다. 그녀는 수풀 속에 숨어서 남편의 중얼거림을 듣고는 충격을 받아 흐느껴 울었다. 이 소리를 들은 케팔로스는 그녀를 들짐승으로 여기고 창을 던졌다. 피를 흘리며 쓰러진 아내는 케팔로스에게 '아우로라와 결혼하지 마세요'라는 부탁과 함께 숨을 거뒀다.

퀴크노스(Kyknos)

퀴크노스는 포세이돈과 요정 칼뤼케의 아들, 그리고 아폴론과 튀리아의 아들로 구분된다. 포세이돈의 아들 퀴크노스는 트로이 전쟁에서 아킬레우스와 맞서 싸우다 목 졸려 죽었다. 아폴론의 아들 퀴크노스는 아버지가 자신을 사랑하는 것을 알고 비관하여 카프노스 호수에 몸을 던져 자살하였다. 부자지간의 동성애로 인하여 사랑하는 아들을 잃은 것이다. 이야기는 다르지만 죽은 아들 퀴크노스를 사랑하였던 포세이돈과 아폴론은 자신들의 아들을 백조로 환생시켰다고 한다. 신화에서 빈번하게 일어나는 변신은 자신들뿐만 아니라 상대방까지도 변신을 가능케 하였다. 백조를 뜻하는 〈Cygnus〉는 그의 이름 〈Kyknos〉에서 유래하였다.

퀴파릿소스(Kyparissos)

케오스 섬의 미소년 퀴파릿소스는 아폴론의 사랑을 받았다. 케오스 섬에는 금빛 뿔을 지닌 아름다운 수사슴이 있었는데, 이는 태어나면서부터 카르타이아 요정들의 사랑을 받아 사람을 두려워하지 않았다. 퀴파릿소스는 이 수사슴의 등에 올라타 말처럼 몰고 다니면서 친하게 지냈다. 어느 날, 그가 던진 창에 수사슴이 맞았다. 사랑하는 수사슴이 고통스럽게 죽어가는 모습을 지켜본 퀴파릿소스 자신도 따라 죽으려고 하였다. 아폴론이 그를 달래보았으나 영원히 슬퍼하는 존재가 되게 해달라고 기도하는 그의 마음을 돌릴 수 없었다. 결국 아폴론이 그 기도를 들어주어 퀴파릿소스의 몸을 사이프러스 나무로 변신시켰다. 그리스와 로마에서는 주로 묘지 근처에 심어지는 이 나무는 죽음을 상징한다.

클뤼티에(Klytie)

물의 요정 클뤼티에는 아폴론을 무척 사랑했지만 아폴론은 그녀의 사랑을 받아주지 않았다. 절망한 그녀는 머리카락을 풀어헤친 채 하루 종일 차가운 땅 위에 앉아서 식음을 전폐하였다. 그녀는 점점 야위어 가면서도 언제나 아폴론의 태양마차가 있는 쪽으로만 얼굴을 돌리고 있었다. 그러다 마침내 그녀의 다리가 땅속에 뿌리를 내렸고 얼굴은 해바라기가 되었다. 그녀가 아직도 아폴론을 사랑하고 있기 때문에 해바라기는 동쪽에서 떠서 서쪽으로 지는 태양만 바라보고 있다.

탄탈로스(Tantalos)

뤼디아의 탄탈로스는 아틀라스의 딸 디오네와 결혼하여 브로테아스, 니오베, 펠롭스를 얻었다. 브로테아스는 훌륭한 사냥꾼이었으나 아르테미스에게 불경을 저지르고 죽임을 당하였다. 니오베의 일

곱 명의 아들과 일곱 명의 딸들은 아폴론과 아르테미스에게 모두 죽임을 당하였다. 올림포스 신들과 가깝게 지내던 탄탈로스는 그들의 친절에 답례를 하고자 자신의 집으로 초대하였다. 오만에 빠진 그는 신들을 시험해보려고 아들 펠롭스를 죽인 고기를 대접하였다(탄탈로스가 암브로시아와 넥타르를 훔쳐 인간들에게 나누어주었기 때문에 제우스의 벌을 받았다고도 한다). 그 자리에 있던 신들은 그의 범행을 알아차렸지만, 페로세포네를 찾다가 뒤늦게 온 데메테르는 그 고기 한 점을 먹고 만다. 분개한 제우스는 타르타로스의 연못에 박힌 말뚝에 그를 묶었다. 물은 그의 턱까지 차있었지만, 그가 물을 마시려고 고개를 숙이면 물은 그만큼 내려갔다. 또한 머리 위에 걸린 풍성한 과일을 따려고 손을 뻗으면 그만큼 위로 올라갔다. 탄탈로스는 풍성한 물과 과일을 옆에 두고도 영원한 갈증과 기아의 고통에 시달리고 있다. '감질나다' 또는 '애를 먹이다'라는 뜻을 가진 <tantalize>는 그의 이름에서 유래하였다.

태양계

'水 金 地 火 木 土 天 海 明'은 태양계 행성을 순서대로 나열한 것인데, 이 행성들의 명칭은 모두 로마 명칭에서 유래하였다.

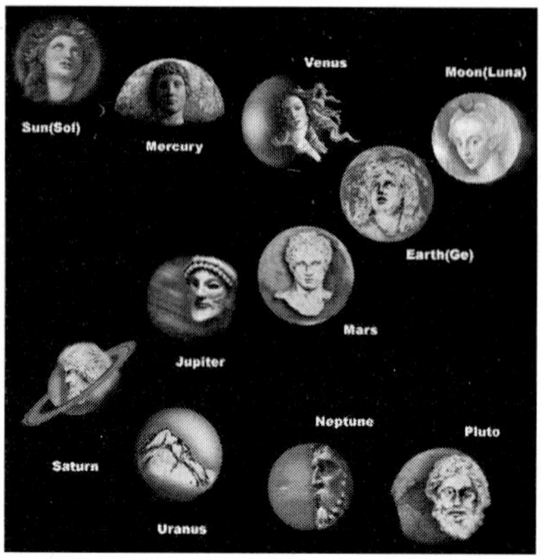

① 수성Mercury : 상업의 신 헤르메스의 로마 표기 Mercurius에서 유래하였고, 수성은 그 자체가 날개 달린 모자와 신발을 신고 날아다니는 헤르메스처럼 그 움직임이 빨라서 관측하기 어렵기 때문에 그의 이름을 얻었다.

② 금성Venus : 사랑과 미의 여신 아프로디테의 로마 표기이다. 뱃사람들은 금성을 샛별이라 불렀는데 그만큼 아름다운 별이었기 때문에 미의 여신 아프로디테의 이름이 붙었다.

③ 지구Earth : 명칭이 그리스 신화에서 유래하지 않았지만, 대지의 여신 가이아와 연관되며 그녀의 이름에서 유래한 접두사 ⟨ge-⟩는 '지구' 또는 '토지'라는 의미를 갖는다.

④ 화성Mars : 전쟁의 신 아레스의 로마 표기로서 화성에서의 불 화火는 전쟁과 무관하지 않을 것이다. 화성은 아레스의 두 아들이었던 포보스와 데이모스라는 2개의 위성을 가지고 있다.

⑤ 목성Jupiter : 제우스의 로마 이름으로 목성은 지구의 10배로 태

양계에서 태양을 제외하고 가장 큰 행성이다. 목성은 제우스의 연인이었던 이오, 에우로페, 칼리스토, 가뉘메데스 등 63개의 위성을 갖고 있다.

⑥ **토성**Saturn : 농업의 신 크로노스의 로마 이름으로 목성에 이어 두 번째로 크며 23개의 위성을 가지고 있다. 그 중 아틀라스, 프로메테우스, 에피메테우스, 휘페리온, 이아페토스 등은 크로노스와 같은 티탄 신족의 일원이었고, 그 외에도 야누스, 판도라, 칼륍소 등 상당히 많은 위성을 소유하고 있다.

⑦ **천왕성**Uranos : 하늘의 신 우라노스Ouranos에서 유래하였다.

⑧ **해왕성**Neptune : 바다의 신 포세이돈의 로마 이름에서 유래하였다. 해왕성이 포세이돈의 이름을 가졌지만 그 푸름은 바다가 아니라 얼음덩어리로 확인되었다. 그 위성으로는 그의 아들 트리톤과 바다의 요정 네레이데스 등이 있다.

⑨ **명왕성**Pluto : 지하의 신 하데스의 로마 이름으로 태양계의 맨 끝에 있기 때문에 명계의 신과 일치한다.

테레우스(Tereus) - 프로크네(Prokne)

아테네 왕 판디온의 딸 프로크네는 트라케 왕 테레우스와 결혼하였다. 하지만 테레우스가 처제 필로멜레를 겁탈하고, 이를 발설하지 못하도록 그녀의 혀를 잘랐다. 이를 알고 분노한 프로크네는 자신과 테레우스 사이에서 태어난 아들 이튀스를 죽여 그의 인육으로 요리를 하여 남편에게 주었다. 테레우스가 나중에 이 사실을 알고, 두 자매를 죽이려 하였다. 이때 제우스는 테레우스를 오디새로, 프로크네는 나이팅게일로, 필로멜레는 제비로 변신시켜 죽음을 면해 주었다.

테이레시아스(Teiresias)

테이레시아스는 요정 카리클로와 양치기 에베레스 사이에서 태어났으며 아테나의 총애를 받았다. 그가 소경이 되어 예언의 능력을 받았다는 것에 대한 이야기는 두 가지 설이 있다. 카리클로가 아테나와 함께 목욕을 하고 있을 때, 근처에서 사냥을 하던 테이레시아스가 그 광경을 엿보게 되었다. 화가 난 아테나는 자신의 벌거벗을 몸을 본 테이레시아스의 시력을 빼앗았다. 아들이 소경이 된 것을 슬퍼하는 카리클로를 위로하기 위하여 아테나는 테이레시아스에게 새의 말을 알아듣고 미래를 내다볼 수 있는 능력과 7세대를 살 수 있는 생명을 부여하였다고 한다.

두 번째는 제우스와 헤라와 관련된 이야기이다. 길을 가던 테이레시아스가 퀼레네 산에서 뱀들이 교미하는 것을 보고 지팡이로 이들을 건드리자 그는 여자로 변신되었다. 7년을 여자로 살던 그가 같은 장소에서 그 뱀들을 보고 다시 지팡이로 건드리자, 그는 남자로 돌아왔다. 한편 제우스와 헤라는 사랑을 나눈 뒤, 남녀의 쾌감정도에 대해 이야기를 하다 논쟁을 펼치게 되었다. 이에 제우스가 테이레시아스를 불러

남녀의 쾌감정도에 대해 묻자, 그는 남자의 정도가 하나라면 여자는 아홉이라고 말했다. 이 말을 듣고 화가 난 헤라가 그를 소경으로 만들자 제우스는 그에게 예언의 능력을 주었다고 한다. 테베의 예언자 테이레시아스는 자신의 예언대로 테베가 함락된 후 샘물을 마시고 죽었다.

티튀오스(Tityos)

가이아의 아들이라고도 하고, 제우스가 오르코메노스의 딸 엘라레와의 사이에서 낳은 아들이라고도 한다. 후자에 따르면, 제우스가 엘라레와 관계를 맺은 뒤 헤라의 질투를 두려워하여 그녀를 에우보이아의 동굴에 숨겼다. 이 동굴은 엘라레의 이름을 따서 엘라리움이라고 불렸다. 엘라리움에서 태어난 티튀오스는 헤라의 꼬임에 넘어가 델포이로 가는 레토를 겁탈하려 하려다가 그녀의 자녀 아폴론과 아르테미스에게 살해당했다. 커다란 몸집의 거인으로 묘사된 티튀오스는 타르타로스에서 두 손이 묶인 채 독수리에게 간을 쪼아 먹히는 형벌을 당하고 있다.

파에톤(Phaeton)

파에톤은 헬리오스와 바다의 요정 클뤼메네 사이에서 태어난 아들이었다. 파에톤은 자신이 신의 아들임을 증명해 달라고 헬리오스에게 졸랐다. 아들에게 믿음을 주려고 헬리오스는 자신의 태양의 마차를 빌려주면서 각별한 주의를 당부하였다. 그러나 인간의 힘에 한

계가 있어 파에톤의 운전은 미숙하였다. 그의 실수로 인하여 지구는 불바다가 되었고, 식물이 타죽은 지역은 사하라 사막으로 변하였다. 이때 아이티오피아인들이 검게 그을렸다고 한다. 이처럼 많은 문제를 일으키자 제우스는 번개를 던져 파에톤을 죽였다. 파에톤의 누이들은 그의 죽음을 슬퍼한 나머지 포플러 나무로 변하였고, 그녀들이 강가에서 흘린 눈물은 호박이라는 보석이 되었다.

판(Pan)

목양의 신 판은 인간의 모습이지만 머리에는 염소의 뿔이 있고, 하반신은 염소의 몸이었다. 그의 아버지에 대해서는 헤르메스, 제우스, 아폴론, 크로노스 등 다양하게 언급된다. 그가 요정 쉬링크스를 사랑했지만, 그녀는 그의 추한 모습이 너무나 싫었다. 그가 접근할 때마다 그녀는 도망을 갔고, 그에게서 영원히 도망치기 위하여 강의 신 아버지에게 차라리 갈대가 되게 해달라고 했다. 그녀가 갈대로 변하자, 판은 너무나 슬픈 나머지 갈대로 변한 그녀의 몸 몇 가지를 잘라서 길이 별로 엮어 악기를 만들었다. 이렇게 하여 만들어진 것이 팬파이프라고도 불리는 팬 플루트이다. 이는 피리처럼 입으로 무는 부분이 없고 아래쪽이 막혀있어서 파이프의 위 부분을 가로방향으로 불어서 소리를 낸다.

숲 속에 살고 있는 판은 밤에 이상야릇한 괴성을 지르는 습관이 있었는데 사람과 동물들이 그때마다 깜짝 놀라서 혼란스러웠다. 이러한 괴성이 위력을 발휘할 때도 있었다. 제우스가 튀폰과의 전쟁에서 위기에 처했을 때, 그가 소리를 질러 튀폰을 깜짝 놀라게 하여 제우스를 구할 수 있었다. 원인을 알 수 없는 갑작스런 공포, 당황, 두려움 등을 나타내는 〈panic〉은 그의 이름에서 유래하였다.

펠레우스(Peleus) - 텔라몬(Telamon)

아킬레우스의 아버지 펠레우스와 텔라몬은 이복형제 포코스를 시기하여 죽인 죄로 아버지 아이아코스에 의해 아이기나 섬에서 추방되었다. 텔라몬은 살라미스 섬으로, 펠레우스는 텟살리아의 프티아에 있는 악토르 궁전으로 쫓겨 갔다. 펠레우스의 죄를 정화해준 악토르는 그를 자신의 딸 안티고네와 결혼시켜 사위로 삼고 영토를 나누어 주었다. 그러나 칼뤼돈의 멧돼지 사냥에 나섰다가 실수로 처남 에우뤼티온을 죽였기 때문에 이올코스 왕인 펠리아스의 아들 아카스토스에게 가서 그 죄를 정화 받았다. 이때 아카스토스의 아내 아스튀다메이아가 그를 흠모하여 구애를 하였지만 펠레우스는 이를 거부하였다. 이에 화가 난 그녀는 펠레우스가 자신을 욕보였다며 자신의 남편에게 거짓을 고하였다. 자신의 손으로 그를 죽일 수 없다고 생각한 아카스토스는 그를 펠리온 산으로 유인하였고 그가 잠든 사이에 그의 칼을 감추었다. 산속에 남겨진 펠레우스는 켄타우로스에게 죽임을 당할 뻔했으나 케이론의 도움으로 위기를 넘겼다. 훗날 펠레우스는 디오스쿠로이 형제와 이아손의 도움을 받아 이올코스를 함락하고 아카스토스와 아스튀다메이아를 죽였다.

당대 최고의 영웅들이 참여한 아르고 호號 원정대의 일원이었던 펠레우스는 칼뤼돈의 멧돼지 사냥에도 참가하였지만 커다란 활약을 보이지는 못하였다. 펠리아스의 축하연에서 펼쳐진 레슬링 시합에서도 아탈란테에게 패배하였지만, 그가 아카스토스 부인 아스튀다메이아의 구애를 거부했다는 점이 제우스에게 높이 평가되어 테티스의 남편감으로 정해졌다. 처음에는 테티스가 그 결혼을 완강히 거부하며 여러 가지로 변신하여 펠레우스로부터 도망쳤지만, 케이론에게 조언을 얻은 펠레우스가 그녀에게 끝까지 매달려서 결혼에 성공할 수 있었다.

포르투나(Fortuna) - 행운(fortune)

행운의 여신 튀케Tyche는 도시의 번영과 운명을 지키는 수호신으로 로마 신화에서는 포르투나였다. 헤시오도스의 〈신통기〉에 의하면, 대양의 신 오케아노스와 테티스의 딸이라고 하며, 헤르메스와 아프로디테의 딸이라고도 한다. 헤시오도스가 언급한 튀케가 헬레니즘 시대에 숭배된 행운의 여신 튀케와 동일 인물인지는 분명하지 않다. 어찌하였든 행운의 여신 튀케는 뒷머리가 없어서 뒤에서 잡을 수가 없다고 한다. 그래서 행운은 한번 지나가면 잡을 수 없는 이야기가 여기에서 유래하였다고 한다.

퓌그말리온 효과(pygmalion effect)

오비디우스의 〈변신이야기〉에 따르면, 아프로디테의 고향 퀴프로스 섬의 여인들은 나그네들을 박대하여 여신의 저주를 받아서 그들에게 몸을 팔게 되었다고 한다. 이에 분노한 아프로디테는 이들이 혼전에 매춘을 하여 그 비용의 일부는 혼수를 준비를 하도록 하고 나머지는 신전에 헌납하도록 강요하였다. 이렇게 해서 그리스에서 매춘이 시작되었다고 한다. 여인들의 매춘행위를 지켜보았던 이 섬의 조각가 퓌그말리온은 그 지역의 여자들을 증오하였다. 키도 작고 별로 잘생기지도 못한 그는 상아로 여자의 상을 조각하였는데 그것을 어찌나 정교하게 만들었던지 실제로 살아 숨 쉬고 있는 것 같았다. 그는 아프로디테 축제에서 자신이 만든 상아와 같은 아내를 달라는 소원을 빌었다. 그날 집으로 돌아와 상아로 만든 처녀에게 입을 맞추는 순간 상아의 입술에 온기가 돌았다. 놀란 그가 그녀의 몸을 쓰다듬어 보니 몸에서도 따뜻한 온기가 느껴졌다. 조각상은 '거품'이라는 의미를 지닌 갈라테이아라는 여인으로 변신되었다. 아프로디테가 그의 소원을 들어준 것이다.

퓌그말리온 효과는 미국의 교육학자 로젠탈Rosenthal에 의한 교육이론이다. 그는 교사가 임의로 학생을 가리키며 '너는 이번에 성적이 오를 것이다'라고 말을 하면 그 학생의 성적이 실제로 올라간다는 연구결과를 얻었다. 어떻게 행동하리라는 주위의 말이 행위자에게 영향을 주어 결국 그렇게 행동한다는 이론이 퓌그말리온 효과, 즉 자기충족예언이라 한다. 이에 상반되는 스티그마 효과stigma effect는 미국의 사회학자 베커Becker의 이론으로 사회심리학에서 일탈행동을 설명할 때 주로 사용된다. 다시 말해, 한 번 부정적으로 낙인찍히면 실제로 그 대상이 스스로 더 나쁜 행동을 함으로써 그 대상의 부정적 인식이 지속된다고 해서 낙인 효과라고도 한다.

퓌라모스(Pyramos) - 티스베(Tisbe)

바빌로니아에 퓌라모스와 티스베라는 연인이 있었다. 서로 이웃한 그들은 두 집안의 반대로 밀애를 나누었고, 마침내 마을의 경계선 너머 들판에 있는 뽕나무 아래서 만나 도망치기로 약속하였다. 가족 몰래 먼저 나온 티스베는 베일로 얼굴을 가리고 기다리고 있는데, 그때 사자 한 마리가 입에 피를 묻힌 채 다가왔다. 놀란 티스베가 도망치면서 베일을 떨어뜨렸고, 이를 사자가 물어뜯었다. 조금 늦게 온 퓌라모스는 그녀의 피가 묻은 찢겨진 베일과 사자 발자국을 발견하고는 그녀가 살해되었다고 생각하였다. 슬픔에 젖은 퓌라모스는 자신의 심장을 칼로 찔러 죽음을 택하였다. 사자에게 쫓겼던 티스베가 돌아와 퓌라모스의 시신을 보고 그의 뒤를 따라 자살하였다. 이때 두 사람이 흘린 피로 인하여 하얀 뽕나무와 그 열매가 붉은 빛을 띠게 되었다고 한다.

프로메테우스(Prometheus)

암브로시아와 넥타르만 먹고 마시는 신들에게 가축을 잡아 바치는 인간들의 제물은 합당하지 않았다. 프로메테우스는 신과 인간 사이의 분배를 보고 인간들이 너무 손해보고 있다고 여기고는 제우스를 속여 인간의 이익을 꾀하기로 하였다. 프로메테우스는 제우스에게 바쳐질 황소에서 살코기와 간을 따로 떼어 지저분하게 보이는 내장에 담고, 먹을 수 없는 단단한 뼈들을 보기 좋게 포장하여 제물로 바쳤다. 모든 사실을 알고 있었던 제우스는 하얀 비계 덩어리를 선택하면서 크게 분노하였다.

프로메테우스에게 속은 제우스는 인간에게서 불을 빼앗았다. 신들은 불을 물푸레나무에 보관하여 썼고, 인간들에게는 이를 회향풀줄기에 담아 나누어 주었다. 보통나무들은 겉은 건조하고 속은 수액이 있어서 축축하지만, 이와 반대로 회향풀은 겉이 축축하고 속은 건조하여 불씨를 보존하기에 적격이었다. 불의 사용이 어려워지면서 인간의 생활이 곤란해지자, 프로메테우스는 불씨를 훔쳐 지상으로 가져다 인간에게 주었다. 인간은 이때부터 스스로 농사를 지어 자급자족해야했고, 수확한 곡식을 저장할 생활도구를 빚어 만들어 생활을 해야만 했다. 프로메테우스가 자신을 두 번씩이나 속인 것을 안 제우스는 그를 카우카소스(=코카서스) 산의 바위에 쇠사슬로 묶어서 독수리로 하여금 그의 간을 쪼아 먹게 하였다.

프리아모스(Priamos) - 계보 12

헤라클레스가 힙폴뤼테의 허리띠를 가지고 돌아올 때, 트로이에서는 아폴론과 포세이돈이 라오메돈을 위해 페르가몬 성벽을 쌓고 있었다. 라오메돈이 대가를 지불하지 않자, 포세이돈의 저주로 라오메돈의 딸 헤시오네가 바다괴물의 희생물로 바쳐졌다. 이때 지나가던 헤라클레스가 그녀를 구해 주었다. 그 대가로 제우스가 그의 아버지 트로스에게 준 천마를 주겠다고 약속했지만 이 또한 라오메돈은 지키지 않았다. 이에 헤라클레스는 12과업을 모두 마치고 자신의 굴레에서 벗어나자, 군대를 이끌고 가서 트로이를 함락하고 라오메돈과 그의 아들들을 모두 죽였다. 하지만 헤시오네 간청으로 동생 포다르케스는 목숨을 부지하여 살 수 있었다. '두 번 산다'는 의미를 갖는 이가 바로 트로이의 왕 프리아모스였다. 헤라클레스는 큰 공을 세운 텔라몬에게 헤시오네를 아내로 주었다.

프쉬케(Psyche) - 심리학(psychology)

에로스와 프쉬케는 서로 사랑하였지만, 어머니 아프로디테는 프쉬케를 탐탁하게 여기지 않았다. 그녀는 둘 사이를 떼어놓으려고 온갖 어려운 일을 다 시켜보았지만, 이를 극복한 프쉬케는 아프로디테와 제우스에게 인정을 받아 신의 반열에 올랐다. 프쉬케는 그리스어로 '나비' 혹은 '영혼'이라는 의미를 지닌다. 온갖 고난을 이긴 애벌레가 화려한 나비로 변하여 하늘을 날아다니는 모습에서 그리스인들은 인간 영혼의 모습을 그렸다. 그 결과 프쉬케는 온갖 고난을 거치고 정화된 후 순수하고 진정한 행복을 누릴 수 있는 영혼의 상징으로 비추어지고 있다. 프쉬케에서 연유된 그리스어 Ψ(= psi - 프사이)는 심리학psychology을 상징하는 약자로 사용되고 있다.

플로라(Flora > flower)

요정 클로리스는 서풍 제퓌로스의 연인으로 로마 신화에서는 꽃의 여신 플로라였다. 보티첼리의 〈비너스의 탄생〉에서 왼쪽 상단에 입김을 뿜고 있는 제취로스의 품에 안긴 여인, 〈프리마베라〉에서는 오른쪽에 제퓌로스에게 쫓기는 모습으로 나타나는 여인이 클로리스이며, 그 옆에는 꽃으로 치장된 옷을 입은 여신 플로라가 있다. 오비디우스의 〈변신이야기〉에서 클로리스가 플로라로 변신하는 모습은 봄의 정경을 나타낸다.

헤스페로스(Hesperos)

아폴론이 태양의 마차를 몰고 서쪽 하늘에 내리면, 그 뒤를 이어 헤스페로스는 모든 별들을 거느리고 나타난다. 이때 밤하늘은 별들로 수 놓인다. 해 뜰 무렵 새벽의 여신 에오스가 기지개를 켜면, 헤스페로스는 다시 별들을 거느리고 되돌아간다. 그리스 신화에서 금성은 헤스페로스였다. 그러나 오늘날 금성이라고 하면 아프로디테를 연상하는데, 이것은 그리스 신화에서 유래한 것이 아니다. 금성은 해질 무렵 서쪽하늘에 제일 먼저 보이고, 새벽 무렵에는 해가 뜨기 전 동쪽하늘에서 가장 마지막까지 보인다. 따라서 금성은 뱃사람들에게는 뱃길을 알려주는 별이 되었고 가장 아름답다는 이유로 미의 여신 아프로디테와 연결되었다.

헬레노스(Helenos)

헬레노스는 캇산드라의 쌍둥이 남매로 어려서 아폴론 신전에서 잠을 잘 때, 뱀들이 이들의 귀와 입을 핥아서 예언의 능력을 갖게 되었다. 다른 설에 의하면, 캇산드라는 아폴론의 구애를 받아 예언의 능력을 갖게 되었다고 한다. 헬레노스는 라오코온, 캇산드라와 더불어 트로이의 3대 예언가로 꼽혔다. 그러나 캇산드라는 아폴론의 사랑을 거부하는 바람에 그녀의 예언은 맞지만 사람들이 그녀의 말을 믿지 않았다.

트로이 전쟁에서 필록테테스가 쏜 헤라클레스의 화살에 맞아 파리스가 죽자 헬레네스는 헬레네를 차지하고자 하였다. 헬레네스는 데이포보스에게 그녀를 빼앗기자, 이데 산에 숨어 있다가 오뒷세우스에게 붙잡혀서 트로이를 함락할 수 있는 방법을 알려주었다. 그는 아킬레우스가 전사한 뒤 오뒷세우스와 아이아스가 그의 갑옷을 서로 차지하려고 다투었을 때 갑옷의 주인을 정하는 일도 위임받았다. 그의 조언에 힘입어 그리스인들은 트로이를 함락할 수 있었다. 전쟁이 끝난 뒤 아킬레우스의 아들 네오프톨레모스가 헥토르의 아내 안드로마케를 전리품으로 그리스로 데려갔다. 이때 헬레노스도 네오프톨레모스의 포로가 되어 그리스로 끌려갔다. 그는 네오프톨레모스가 죽자 형수였던 안드로마케와 결혼하여 에페이로스의 왕이 되었다.

휩시필레(Hysipyle)

렘노스 섬의 여왕 휩시필레는 디오뉘소스와 아리아드네의 아들 토아스의 딸이었다. 렘노스 섬은 헤파이스토스의 성지였다. 아프로디테가 전쟁의 신 아레스와 정을 통하자 이 섬의 여인들이 아프로디테에 대한 숭배를 소홀히 하였다. 이에 화가 난 여신이 여인들의 몸에서 악취가 나게 하자 섬의 남자들은 자신의 부인들을 멀리하고 트라케의 여인들을 데려왔다. 이를 질투한 여인들이 모든 남자들을 살해하였지만 휩시필레는 자신의 아버지 토아스를 탈출시켰다. 휩시필레가 아버지의 뒤를 이어 렘노스 섬을 다스리던 중 아르고 호號를 타고 황금의 양털을 찾아 콜키스로 향하던 이아손 일행이 찾아왔다. 이들은 이 섬에서 일 년간 여인들과 머물렀고 휩시필레는 이아손과의 사이에서 두 아들을 얻었다. 이 일행이 떠난 뒤 휩시필레가 아버지를 살려주었다는 사실이 발각되어 섬에서 쫓겨난 뒤 해적들에게 붙잡혀 네메아의 리쿠르고스 왕에게 노예로 팔려갔다. 리쿠르고스의 아들 오펠테스가 네메아에서 뱀에 물려 죽자 그의 죽음을 애도하며 장례 경기가 열렸다. 유모로 있던 휩시필레는 그의 죽음에 대한 책임이 있었지만 목숨을 부지할 수 있었다.

그리스 비극작가 에우리피데스의 〈휩시필레〉에 따르면, 리쿠르고스 왕은 경기를 열어 우승자에게 휩시필레를 처벌하게 하였다. 하지만 휩시필레의 두 아들, 에우네오스와 토아스가 이 경기에서 우승하여 어머니를 구하고 렘노스 섬으로 돌아갔다고 한다.

히아신스(Hyachinth)

아폴론은 히아킨토스라는 소년을 몹시 귀여워하여 그를 항상 데리고 다녔다. 아폴론과 소년이 원반던지기를 하던 중, 소년은 자신도 던져보고 싶은 마음에 아폴론이 던진 원반을 잡으러 달려갔다. 그때 땅에 떨어진 원반이 다시 튀어 오르면서 히아킨토스의 이마에 맞았다. 히아킨토스를 사랑하였던 서풍의 신 제퓌로스가 심술을 부린 것이었다. 아폴론은 상처의 출혈을 막아보려 애를 썼지만 소년은 끝내 죽고 말았다. 너무 슬퍼한 나머지 아폴론은 그 소년의 주검을 꽃으로 피어나게 했다. 봄마다 피는 히아신스라는 이 꽃은 백합꽃과 비슷하였다. 백합이 은백색인데 반하여 히아신스는 진홍빛을 띠었다.

황도 12궁

물병자리(Aquarius, 1월20일-2월18일)

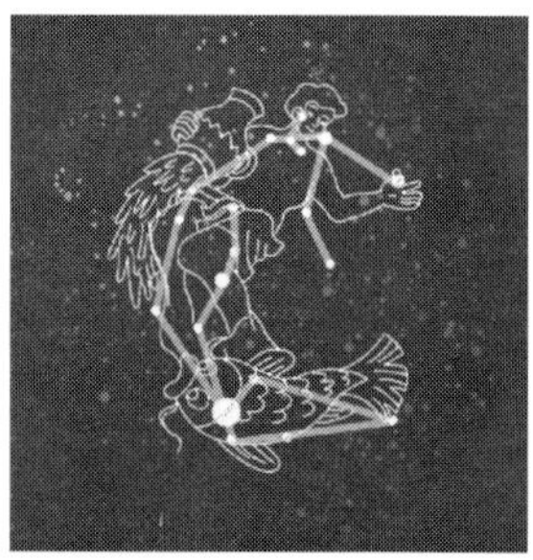

신족들의 연회에서 넥타르를 따르던 젊음의 여신 헤베가 헤라클레스와 결혼을 하면서 그 직무를 그만두었다. 이 일을 대신할 적임자를 찾던 중 제우스는 자신의 독수리를 시켜 트로이 왕자 가뉘메데스를 납치하였다. 가뉘메데스는 제우스에 의해 불사의 몸이 되어 올륌포스에서 젊음의 술을 따르게 되었다. 그의 가족들이 그를 그리워하며 시름에 잠기자, 제우스는 별자리를 만들어 그들을 위로하였다. 물병자리의 물병으로부터 쏟아져 나온 물은 그대로 에리다누스 강(=이탈리아의 포 강)으로 흘러갔고 이 물이 대홍수를 일으켰다고 한다.

물고기자리(Pisces, 2월19일-3월20일)

티타노마키아 전쟁과 기간토마키아 전쟁에서 승리한 올림포스 신족들이 자축연을 베풀고 있었다. 제우스의 기고만장함을 본 가이아는 튀폰을 보내 복수를 꾀하였다. 갑자기 나타난 인신사족의 거대한 괴물에 놀란 신들은 제각기 동물의 형상을 하고 아이귑토스의 네일로스 강까지 도망가서 숨었다. 아프로디테는 아들 에로스가 보이지 않자 튀폰을 의식하지 못한 채 이리저리 그를 찾아 다녔다. 한쪽 구석에서 공포에 떨고 있는 에로스를 찾은 여신은 아들의 다리에 끈을 묶고는 황급히 물고기로 변신하여 하늘로 올라갔고 이 모습은 밤하늘에 빛나게 되었다. 서로 연결된 두 마리의 물고기가 서로 반대방향으로 헤엄치는 모습을 지닌 물고기자리는 고대 메소포타미아 문명에 유래한 별자리로 여겨지기도 한다.

양자리(Aries, 3월21일-4월19일)

카드모스의 딸 이노가 텟살리아의 아타마스 왕에게 시집을 왔다.

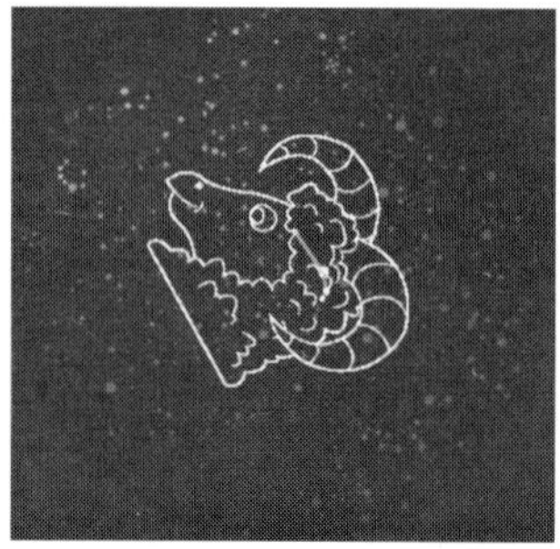

질투심이 강한 이노는 프릭소스와 헬레라는 전처 네펠레의 두 자녀 때문에 나라에 흉년과 기근이 돈다고 하였다. 왕이 두 남매를 처형한다는 소식을 접한 네펠레가 자신의 아이들을 보호해 달라고 기도를 하자, 제우스의 명을 받은 헤르메스가 황금의 양을 보냈다. 양을 타고 콜키스로 가던 중 누이 헬레는 바다에 빠졌고, 콜키스에 도착한 프릭소스는 양을 잡아서 제우스에게 제사를 지내고는 황금양털을 아이에테스 왕에게 바쳤다. 제우스는 자신의 임무를 완수한 양을 하늘의 별자리로 올렸다. 다른 설에 의하면, 자축연 중 괴물 튀폰의 등장에 놀란 제우스가 양으로 변신하여 도망쳤는데 이를 잊지 않기 위하여 자신의 모습을 별자리로 올렸다고도 한다.

황소자리(Taurus, 4월20일-5월20일)

포이니케의 공주 에우로페가 황소로 변신한 제우스에게 납치되었다. 그녀를 태운 황소는 에게 해를 건너 크레테 섬에서 비로소 자신의 모습을 드러냈다. 에우로페는 제우스와의 사이에서 미노스, 라다만튀스, 사르페돈을 낳았다. 훗날 그녀와 결혼한 아스테리오스 왕은 크레테라는 딸을 하나 두었다고 한다. '별이 빛나는 하늘'이라는 뜻을 지닌 아스테리오스는 테크타모스의 아들이었다. 테크타모스는 그리스인들의 시조 헬렌의 손자로서 크레타 섬으로 와서 왕이 되었고 아스테리오스에게 왕위를 물려주었다. 미노스가 크레테의 왕위를 이었으며 아스테리오스의 딸 크레테는 미노스의 아내가 되었다고 한다.

쌍둥이자리(Gemini, 5월21일-6월21일)

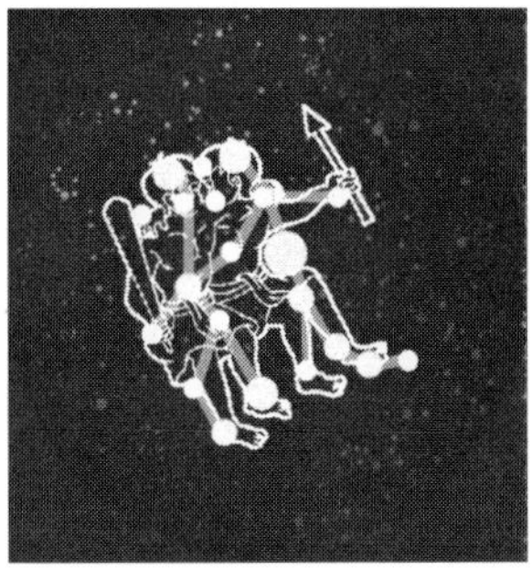

백조로 변신한 제우스는 스파르테 왕 튄다레우스의 아내 레다를 취하였다. 이 사이에서 디오스쿠로이 형제라 불리는 카스토르와 폴뤼데우케스, 클뤼타임네스트라와 트로이 전쟁의 주인공 헬레네 자매가 태어났다. 폴뤼데우케스는 불사의 몸이었지만 카스토르는 인간의 몸으로 죽어야 할 운명이었다. 훗날 두 형제가 레우킵포스의 딸들을 납치하여 강제로 결혼을 하려하자, 그들의 삼촌들과 싸움이 벌어졌다. 이때 카스토르가 죽임을 당하자 폴뤼데우케스는 제우스에게 그와 함께 있게 해달라고 기도하였다. 그들의 형제애에 감동한 제우스는 이들을 영원히 함께 하도록 허락하여 천상에 별자리로 올렸다.

게자리(Cancer, 6월22일-7월22일)

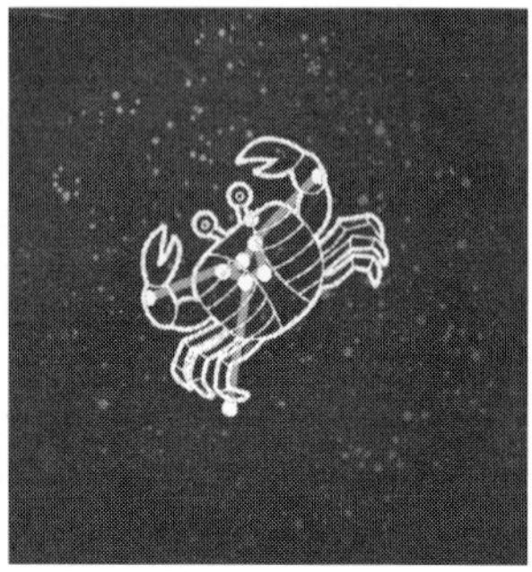

헤라클레스는 에우뤼스테우스의 속박에서 벗어나기 위하여 12과업을 치렀다. 그의 두 번째 과업은 머리가 9개인 휘드라를 제거하는 일로, 괴물은 물이 귀한 레르나 지역의 아뮈모네라는 샘에 물을 얻으러 오는 사람들을 잡아먹고 있었다. 헤라클레스는 이 괴물과 30일간의 사투 끝에 전세를 유리하게 이끌고 있었다. 이때 헤라가 보낸 게 한 마리가 그의 발가락을 물었다. 하지만 그 게는 헤라클레스의 발에 밟혀 한쪽 발이 부러진 채 죽고 말았다. 헤라는 자신을 위해 싸우다 죽은 게를 애도하는 마음으로 그 형상을 하늘에 올렸다. 게의 한쪽 다리가 부러진 채 오려진 이 별자리는 희미한 별들로 만들어졌기 때문에 황도 12궁에서 가장 어둡고 주로 겨울철에 관찰된다.

사자자리(Leo, 7월23일-8월22일)

튀폰과 에키드나 사이에서 태어난 네메아의 사자는 몸집이 클 뿐만 아니라 성질이 포악해서 지역주민들에게 고통을 주었다. 이 나라를 다스리던 에우뤼스테우스 왕은 헤라클레스에게 이 사자를 처치하도록 하였다. 에우뤼스테우스의 12과업 중에서 첫 번째 과업이었

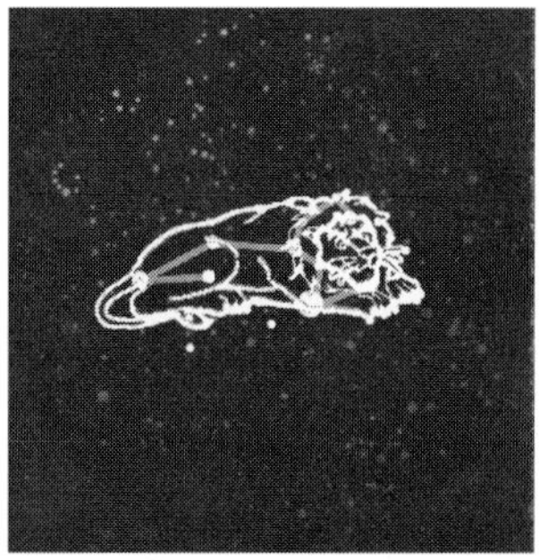

다. 그는 활과 창, 방망이로 사자와 싸웠지만 별 효과가 없자 무기를 버리고 맨손으로 사자와 뒤엉키며 대혈투를 벌였다. 헤라클레스의 힘을 당하지 못한 사자는 목 졸려 죽었다. 헤라클레스가 자신이 생각했던 것보다 훨씬 용감한 것을 안 에우뤼스테우스는 그에 대한 경계심이 더욱 커져서 그로 하여금 성 밖에 머물게 하였다. 하늘에서 이를 지켜본 제우스는 아들의 용맹함을 알리고자 죽은 사자를 하늘에 올려 별자리를 만들어 헤라클레스를 치하하였다.

처녀자리(Virgo, 8월23일-9월22일)

에로스에게 금화살을 맞은 하데스는 꽃을 꺾고 있던 페르세포네를 납치하였다. 데메테르가 딸을 찾아 헤매는 동안 지상세계는 황폐해져서 많은 생명체들이 죽어갔다. 처녀자리는 두 모녀가 모처럼의 회포를 풀고 있는 겨울에는 그 모습을 드러내지 않고, 페르세포네가 지하에서 올라오는 봄에만 관찰된다. 또한 이 별자리는 정의의 여신 아스트라이아와도 연관되는데, 그 이유는 정의를 상징하는 천칭자리가 그 주변에 있기 때문이다. 인간들이 점차 사악해지고 거칠어지면서 신들은 모두 천상으로 올라갔지만, 아스트라이아는 마지막까지 인간들에게 정의를 가르치다가 결국 실망하여 스스로 천상에 올라 별자리가 되었다고 한다.

천칭자리(Libra, 9월23일-10월23일)

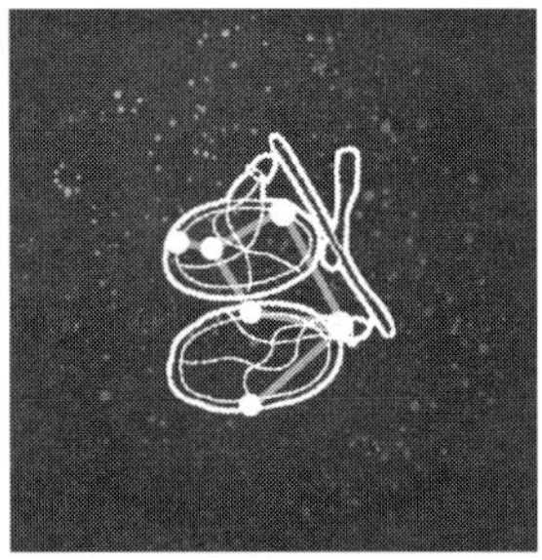

인간들이 처음 만들어졌을 때에 신들은 인간과 함께 지상에서 살았다. 인간들이 사악해지고 거짓과 폭력이 심해지자 신들은 천상으로 올라갔다. 그러나 아스트라이아는 인간의 착한 심성을 믿으면서 다시 선해지도록 정의를 가르쳤다. 숱한 전쟁으로 상처를 입은 여신은 결국 하늘로 올라갔지만 인간의 순수성에 기대를 버리지 않았다. 제우스는 그녀가 지녔던 선과 악을 상징하는 정의의 천칭을 하늘에 올려 별자리가 되게 하였다(고대 로마인들은 아스트라이아를 처녀자리와 관련되어 있다고 여겼다). 천칭자리는 원래는 전갈자리의 집게발이었고 황도12궁에서 가장 늦게 만들어졌다.

전갈자리(Scorpius, 10월24일-11월21일)

포세이돈의 아들 오리온은 거인 사냥꾼으로 바다를 걷는 능력을 받았다. 그의 부인 시데가 자신의 미모를 헤라와 비교하였다가 죽임

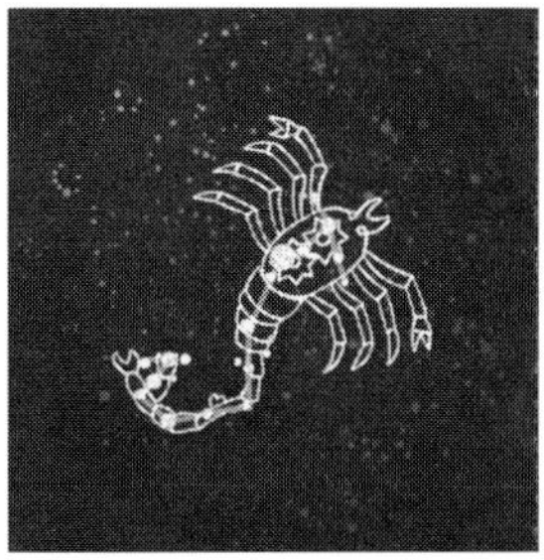

을 당하였다. 혼자 된 오리온이 키오스의 왕 오이노피온의 딸 메로페와 결혼하려 하였지만 왕의 간계로 두 눈이 멀었다. 방황하다 렘노스 섬에 도착한 그를 불쌍히 여긴 헤파이스토스는 케달로스를 오리온의 어깨에 앉히고는 그를 동쪽 길로 안내하였다. 아폴론의 도움으로 시력을 되찾은 오리온은 그의 누이 아르테미스에게 연민의 정을 느꼈다. 이를 시기한 아폴론이 오리온을 벌하고자 전갈을 보내 그의 뒤꿈치를 물어 죽였다(오리온이 헤라의 저주 또는 아르테미스의 활에 죽었다고도 한다). 헤라는 오리온과 전갈을 별자리로 만들어 하늘에서도 그의 뒤를 따라다니게 하였다. 이를 본 아르테미스는 오리온의 곁에 개 한 마리를 보내 그를 지키게 하였는데, 바로 큰개자리이다.

궁수자리(Centarus, 11월22일-12월21일)

케이론은 말로 변신한 크로노스와 요정 필뤼라의 사이에서 태어났다. 다른 켄타우로스와는 달리 박식하고 온순한 그는 아폴론과 아르테미스로부터 의술, 음악, 사냥, 예언의 능력을 배워 아스클레피오스, 이아손, 아킬레우스와 같은 영웅들에게 가르침을 주었다. 불사의 몸이었던 케이론은 헤라클레스의 독화살에 맞아 고통에서 헤어날 수 없었다. 케이론은 프로메테우스에게 불사의 운명을 걸어달라고 부탁한 후 죽을 수 있었다. 제우스는 케이론의 공로를 치하하여 별자리로 올리려하였다. 그러나 별자리들이 이미 치밀하게 잘 정리되어 있었기 때문에 그를 위한 공간이 없었다. 하는 수 없이 남쪽하늘에 올려진 이 별자리는 아주 희미하기 때문에 육안으로는 잘 보이지 않는다.

염소자리(Capricomus, 12월22일-1월19일)

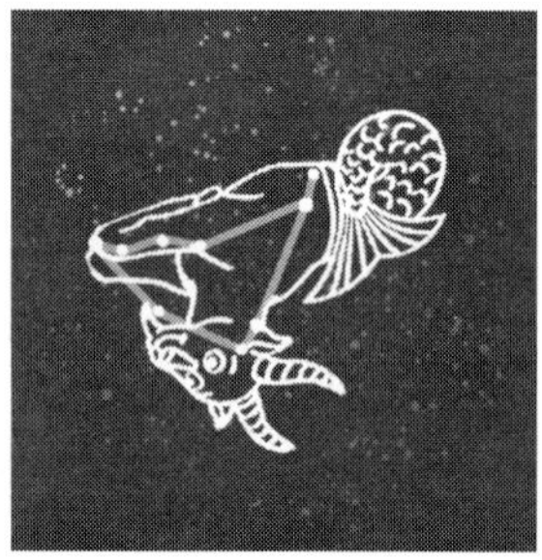

가이아가 보낸 튀폰이 올림포스 신족을 공격하였을 때, 목양의 신 판도 주문을 외면서 물속으로 뛰어 들었다. 하지만 너무 서둘러 주문을 외는 바람에 그의 상반신은 뿔과 수염을 가진 염소로, 하반신은 물고기 모습이 되었다. 자신의 모습을 본 판이 다시 주문을 바꾸려는 순간 제우스의 비명소리가 들려왔다. 판이 다급히 피리를 불자 살을 에는 듯한 처절한 소리를 내기 시작하였다. 이 소리에 튀폰이 몸을 움찔하였고 그 순간 제우스는 위기를 모면할 수 있었다. 판의 재치를 영원히 기억하고자 제우스는 반은 염소, 반은 물고기 형태를 별자리로 올렸다. 남쪽 하늘의 염소자리는 '뿔 달린 염소' 또는 '염소의 뿔'을 의미하며, 하늘의 바다에 해당되는 부분에 있어서 바다염소자리라고도 한다.

계절에 따른 별자리

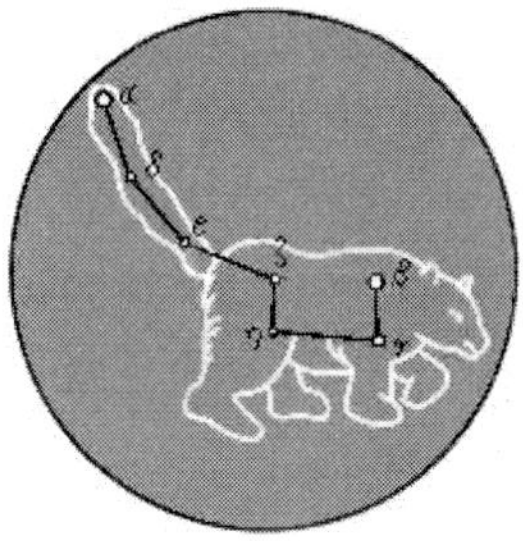

모든 별자리들은 북극성을 중심으로 하루 한 바퀴씩 회전한다. 밤하늘에 빛나는 별들은 계절에 따라 그 위치가 다르기 때문에 일부 별자리는 때에 따라 관측되지 않기도 한다. 그러나 북쪽하늘에서 반짝이는 큰곰자리(=북두칠성), 작은곰자리(=북극성), 캇시오페이아자리, 케페우스자리, 그리고 용자리는 사계절 내내 관찰된다.

봄철의 별자리

수많은 별들이 화려하게 비추던 겨울철에 비하여 봄철의 별자리는 어딘지 모르게 한적한 느낌을 준다. 황도 12궁에서는 사자자리와 처녀자리가 밤하늘을 수놓는다.

왕관자리(=반원형) : 아테네 왕 테세우스에게 버림을 받고 낙소스 섬에 혼자 남겨진 아리아드네에게 디오뉘소스가 청혼을 하였고, 그녀는 결혼예물로 7개의 진주가 박힌 왕관을 받았다.

까마귀자리(=사다리꼴) : 아폴론의 전령이었던 흰 까마귀가 그의 연인 코로니스가 다른 남자와 결혼을 한다고 거짓을 고했다가 화가 난 아폴론에 의해 저주를 받아 검게 되었다.

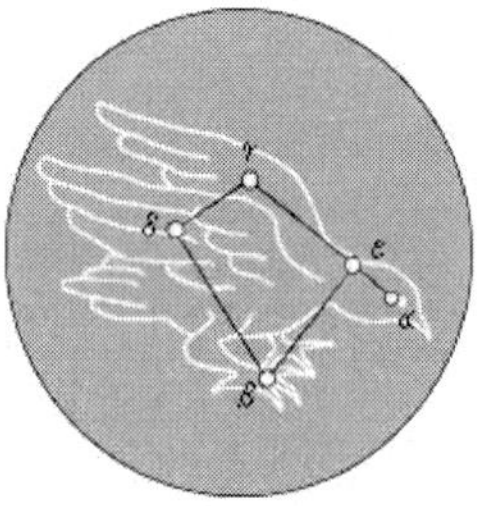

사냥개자리(=일자형) : 북극성 폴라리스를 포함한 별자리로서 단 두 개의 별로 이루어져있다. 목욕하던 아르테미스의 나신을 본 악타이온은 그 죄로 사슴이 되었고 주인을 알아보지 못한 자신의 사냥개에게 죽임을 당했다. 이 별자리는 겨울철에 나타나는 큰개자리, 작은개자리와 달리 구분된다.

여름철 별자리

은하 중심부를 관찰할 수 있는 여름철의 밤하늘은 가장 아름답게 빛난다. 황도 12궁에서는 천칭자리, 전갈자리, 궁수자리가 여름철 밤하늘을 장식한다.

거문고자리(=평행사변형) : 결혼 첫 날 비명으로 목숨을 잃은 에우뤼디케를 찾기 위하여 뤼라 하나만을 들고 지하세계를 찾아간 오르페우스는 하데스와 페르세포네를 감동시킨다.

독수리자리(=S자형) : 제우스의 명으로 트로이 왕자 가뉘메데스를 납치한 독수리 또는 카우카소스 산의 바위에 묶인 프로메테우스의 간을 쪼아 먹었던 독수리가 그 공로를 인정받아 천상으로 올려졌다.

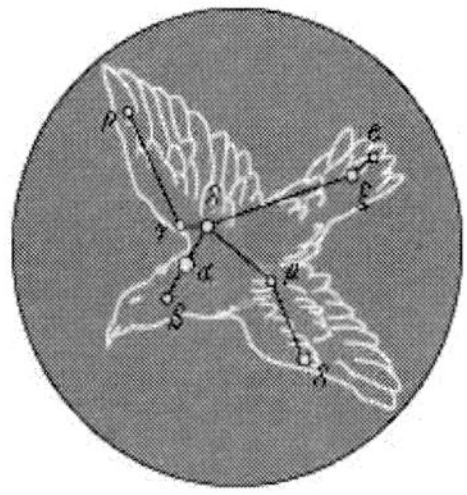

뱀자리(=삼각형) : 뱀주인자리와 함께 있는 별자리로 의술을 상징하는 뱀이 뱀 주인에게 붙잡히는 모습으로 나타난다.

뱀주인자리(=오각형) : 죽은 자까지도 소생시켰던 아스클레피오스가 제우스의 번개에 죽자, 그의 아버지 아폴론이 그를 천상으로 올려 별자리로 만들었다. 뱀은 약초를 찾는 비법을 알고 있다고 믿어졌기 때문에 이 뱀을 위하여 수탉이 제물로 바쳐졌다.

헤라클레스자리(=H자형) : 넷소스라는 켄타우로스의 간계로 죽임을 당한 헤라클레스를 애도한 제우스가 그의 업적을 기리기 위하여 천상에 별자리로 올렸고, 그를 올림포스 신의 반열에 올려놓았다.

화살자리(=Y자형) : 에로스의 화살 또는 헤스페리데스의 황금사과를 찾으러 가던 중 프로메테우스의 간을 쪼아 먹고 있던 독수리를 쏜 헤라클레스의 화살이라고 한다.

가을철의 별자리

가을철에는 은하 중심부가 남쪽으로 이동하기 때문에 밝은 별들이 거의 없다. 황도 12궁에서는 물병자리, 물고기자리, 양자리, 염소자리가 밤하늘에 나타난다.

돌고래자리(=오각형) : 포세이돈의 청혼을 받은 네레우스의 딸 암피트리테가 바다 깊은 곳으로 숨자, 포세이돈의 명을 받은 돌고래가 그녀를 찾아주었다.

페르세우스자리(=S자형) : 신들의 도움을 받은 페르세우스는 메두사를 제거한 후 뮈케네를 건국하였다. 이 별자리는 페르세우스의 칼이 메두사의 머리를 내리치는 모습을 하고 있다.

페가소스자리(=사각형) : 페르세우스에 의해 머리가 잘린 메두사의 목에서 피가 흘렀고, 이 피에서 천마 페가소스와 크뤼사오르가 태어났다. 뤼키아의 왕 벨레로폰은 페가소스를 타고 천상으로 오르려다 제우스의 노여움으로 말에서 떨어져 불구가 되었다.

겨울철의 별자리

일등급 별들이 가장 많이 빛나는 겨울철 밤하늘은 호화로운 장관을 이루며 황도 12궁에서는 황소자리와 쌍둥이자리가 반짝인다.

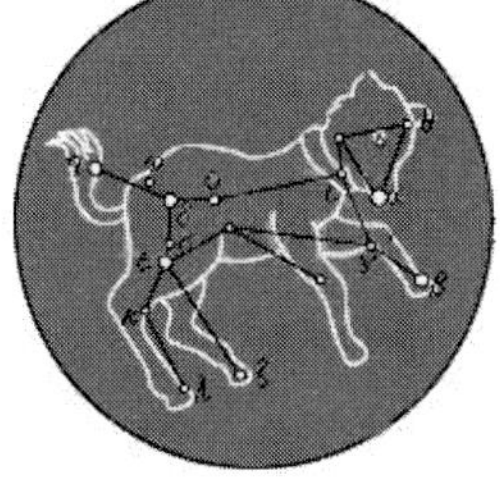

개자리 : 삼각형의 큰개자리와 일자형의 작은개자리로 구분된다. 이 별자리들은 오리온의 사냥개 세리오스, 지하세계의 케르베로스 또는 화살처럼 빠른 라이라프스 등과 연관이 있다고 한다. 라이라프스는 새벽의 여신 에오스가 프로크리스의 결혼선물로 주었던 사냥개였다. 세상에서 가장 빠른 라이라프스가 결코 잡히지 않는다는 여우를 쫓는 모습이다. 최선을 다하는 이들의 형상을 제우스가 천상으로 올려 별자리로 만들었다.

오리온자리(=장구모양) : 포세이돈의 아들 오리온이 아르테미스에게 마음을 두자 아폴론이 전갈을 보내 그를 죽였다고 한다. 그가 흠모하였던 아르테미스는 그를 불쌍히 여겨 별자리로 올렸다.

마차부자리(=오각형) : 아테나를 겁탈하려던 헤파이스토스가 여신의 허벅지에 사정을 하였다. 여신이 이를 땅에 버리자 에릭토니오스가 태어났다. 그는 인신사족으로 아테네 왕이 되어 전차를 발명하였고, 그의 기술에 감복한 헤파이스토스가 그 재능을 기리기 위하여 별자리로 올렸다고 한다.

에리다누스자리(=ㄹ자형) : 아폴론의 아들 파에톤이 태양의 마차를 몰다 제우스의 번개에 맞아 떨어져 죽은 곳이 에리다누스 강이었다. 이는 이승과 저승의 사이에서 흐르는 죽음의 강이라고 한다.

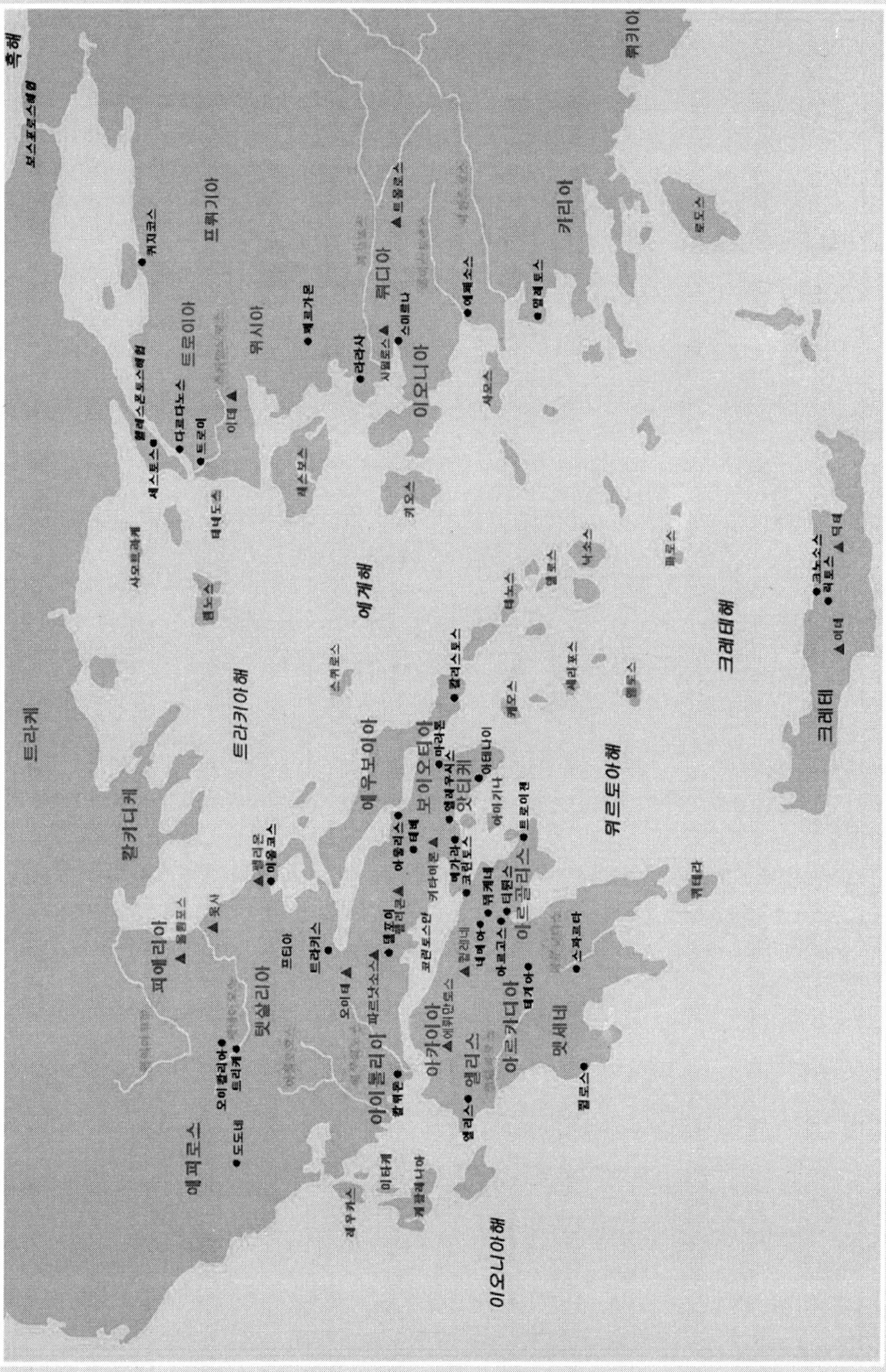

흑해
보스포로스해협
퀴지코스
프뤼기아
트로이아
뮈시아
뤼디아
이오니아
카리아
뤼키아
로도스
헬레스폰토스해협
세스토스
아뷔도스
다르다노스
트로이
이데
렘노스
사모트라케
테네도스
레스보스
페르가몬
스뮈르나
트몰로스
사르데스
에페소스
밀레토스
사모스
키오스
트라케
칼키디케
트라키아해
에게해
스퀴로스
에우보이아
칼키스
에레트리아
안드로스
테노스
델로스
낙소스
멜로스
세리포스
케오스
파로스
크레테해
크레테
크노소스
뤼토스
딕테
이데
뮈르토아해
퀴테라
피에리아
올륌포스
옷사
펠리온
이올코스
텟살리아
프티아
트라키스
오이테
파르낫소스
델포이
헬리콘
오르코메노스
보이오티아
테바이
마라톤
엘레우시스
앗티케
아테나이
아이기나
메가라
코린토스
키타이론
코린토스만
아이톨리아
칼뤼돈
아카이아
에뤼만토스
엘리스
아르카디아
네메아
뮈케네
티륀스
아르고스
아르골리스
트로이젠
테게아
멧세네
스파르타
퓔로스
에페이로스
도도네
오이칼리아
트리케
레우카스
이타케
케팔레니아
이오니아해

| 계보 1 : 태초의 신과 자연신 |

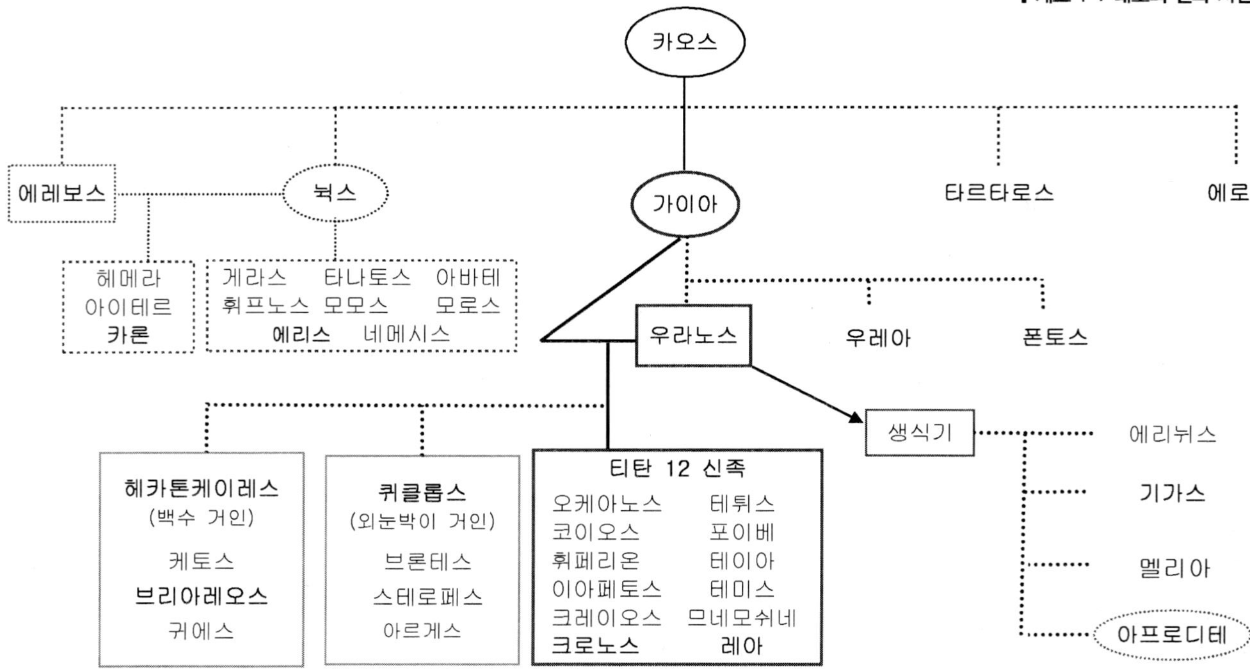

계보 2 : 태초의 신과 자연신

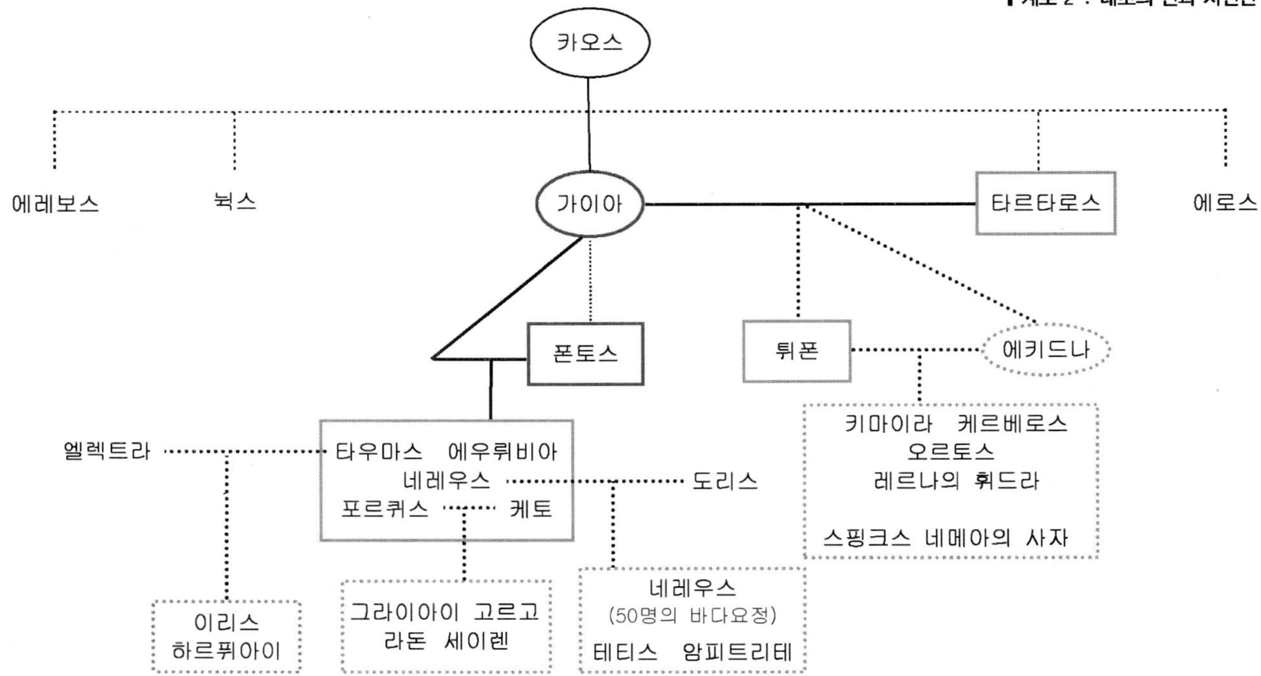

계보 3 : 티탄 12신족

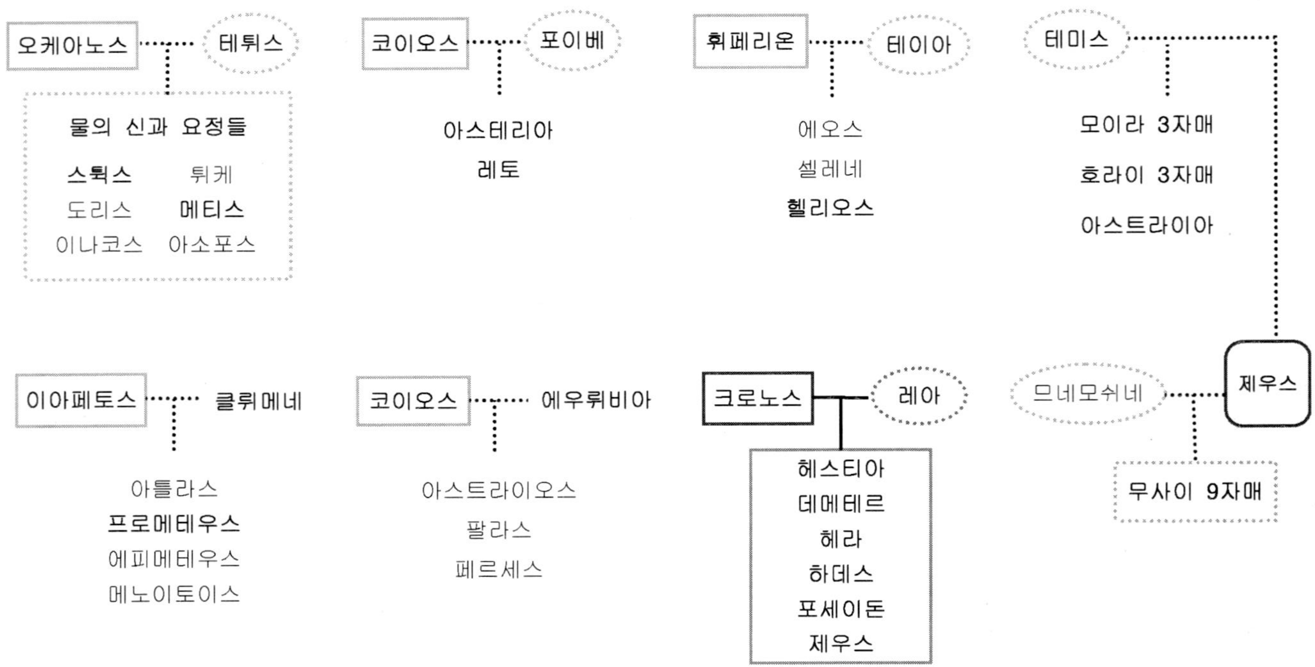
오케아노스
테튀스
물의 신과 요정들
스튁스
튀케
도리스
메티스
이나코스
아소포스
코이오스
포이베
아스테리아
레토
휘페리온
테이아
에오스
셀레네
헬리오스
테미스
모이라 3자매
호라이 3자매
아스트라이아
이아페토스
클뤼메네
아틀라스
프로메테우스
에피메테우스
메노이토이스
코이오스
에우뤼비아
아스트라이오스
팔라스
페르세스
크로노스
레아
헤스티아
데메테르
헤라
하데스
포세이돈
제우스
므네모쉬네
제우스
무사이 9자매

▍계보 4 : 크로노스와 제우스의 형제자매▐

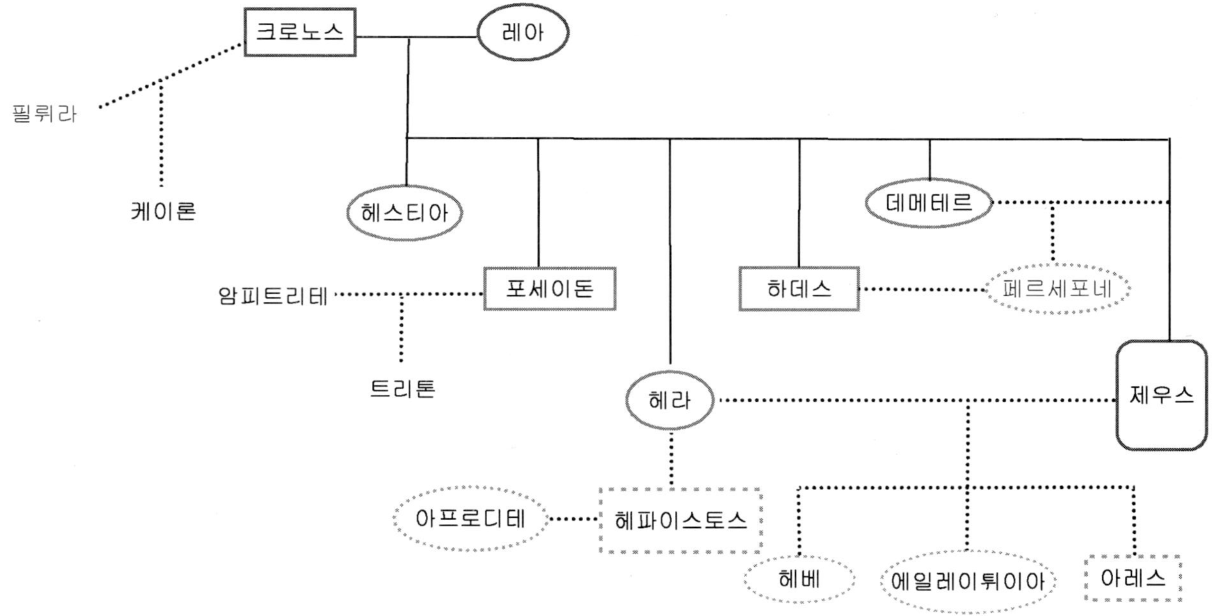

❙ 계보 5 : 제우스의 연인들 ❙

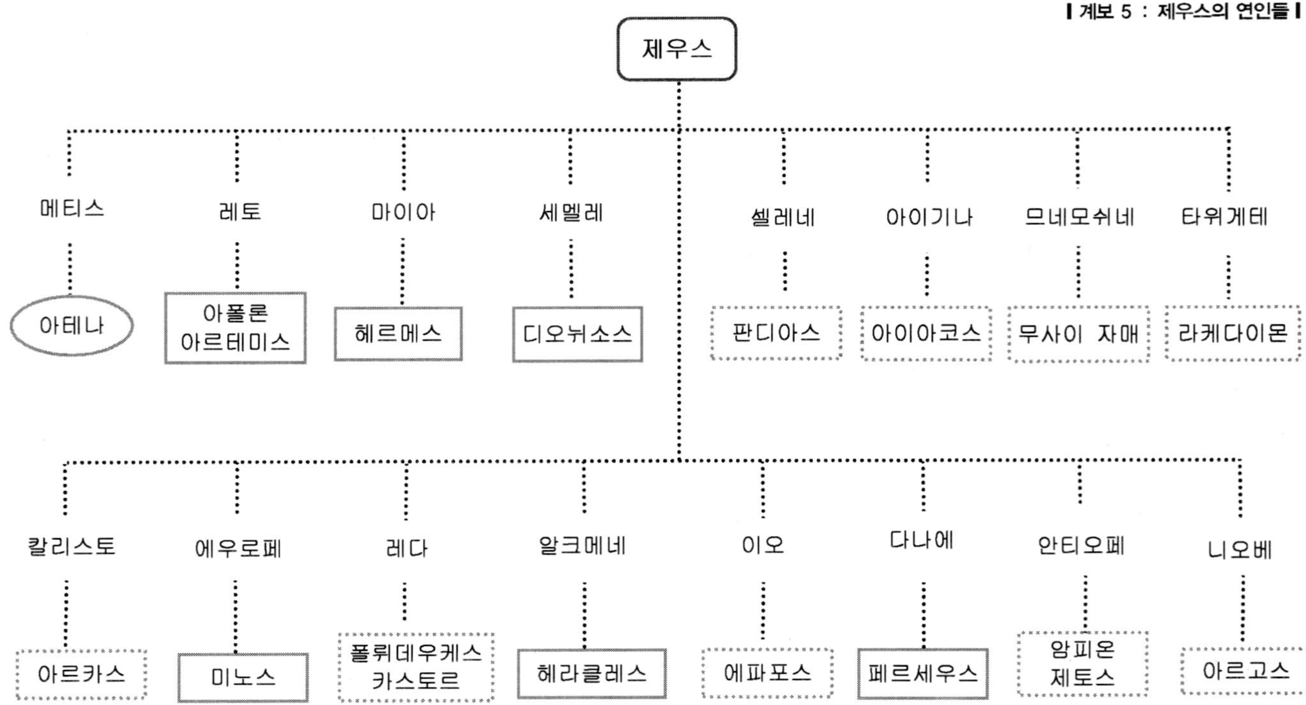
제우스
메티스
아테나
레토
아폴론
아르테미스
마이아
헤르메스
세멜레
디오뉘소스
셀레네
판디아스
아이기나
아이아코스
므네모쉬네
무사이 자매
타위게테
라케다이몬
칼리스토
아르카스
에우로페
미노스
레다
폴뤼데우케스
카스토르
알크메네
헤라클레스
이오
에파포스
다나에
페르세우스
안티오페
암피온
제토스
니오베
아르고스

계보 6 : 오케아노스의 후손

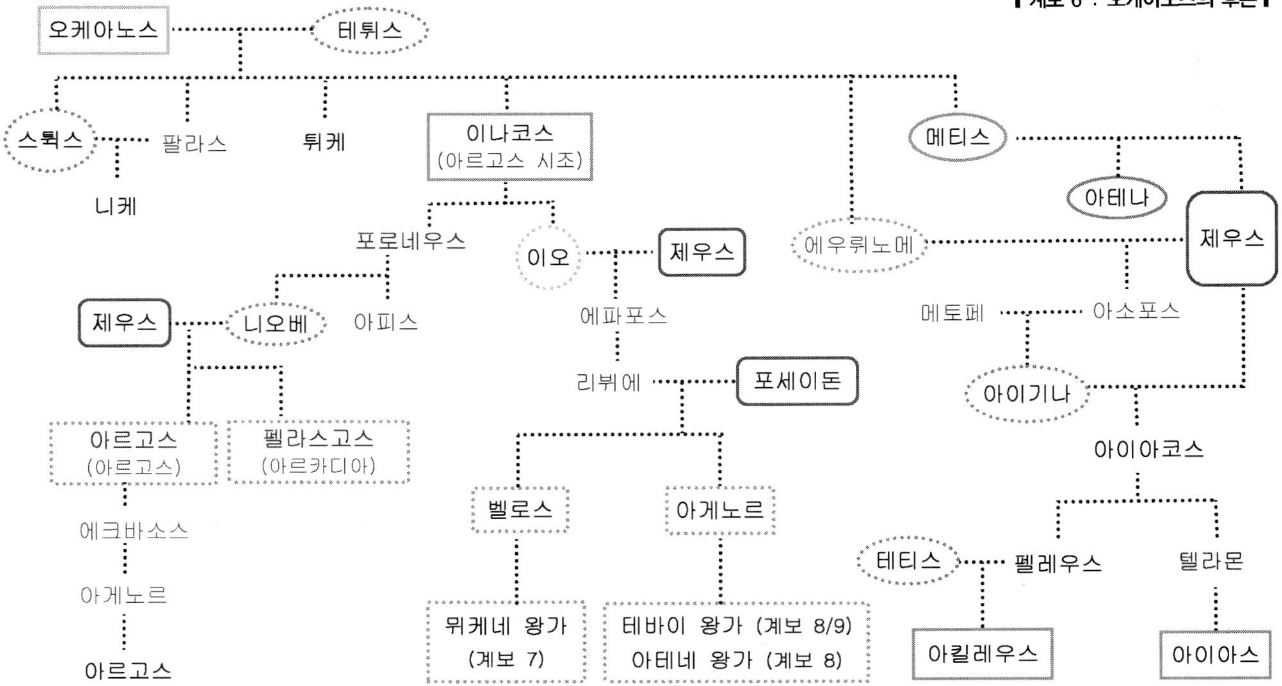

| 계보 7 : 뮈케네 왕가 1 |

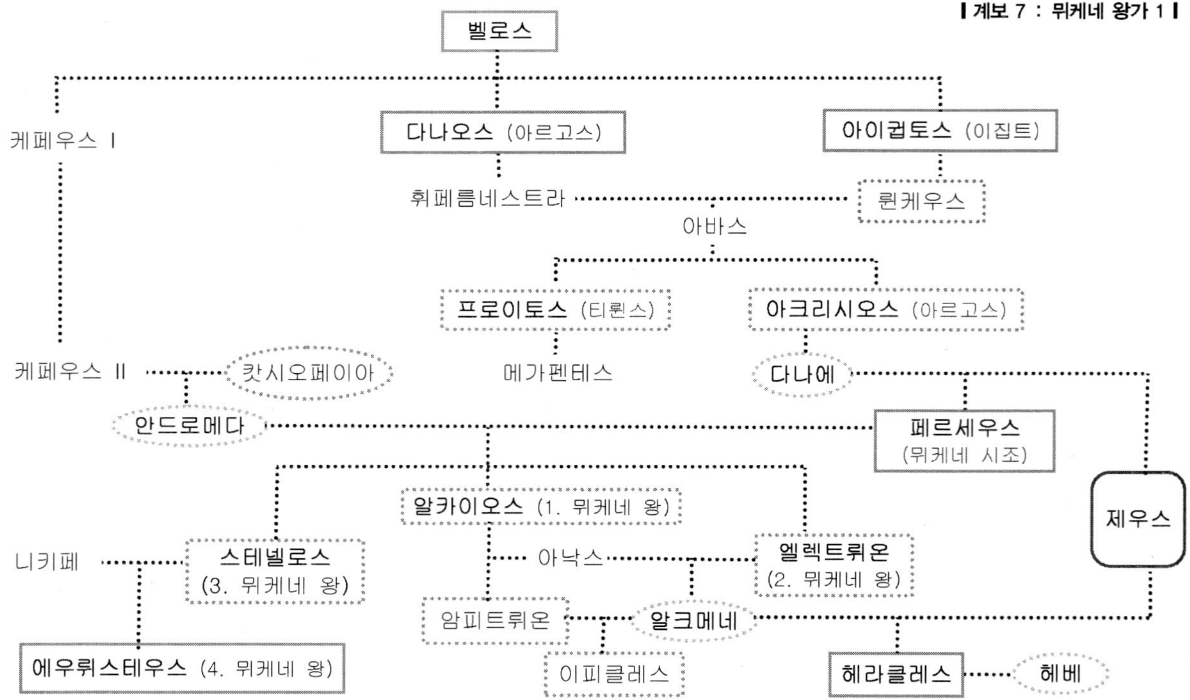
벨로스
케페우스 I
다나오스 (아르고스)
아이귑토스 (이집트)
휘페름네스트라
륀케우스
아바스
프로이토스 (티륀스)
아크리시오스 (아르고스)
케페우스 II
캇시오페이아
메가펜테스
다나에
안드로메다
페르세우스
(뮈케네 시조)
제우스
알카이오스 (1. 뮈케네 왕)
니키페
스테넬로스
(3. 뮈케네 왕)
아낙스
엘렉트뤼온
(2. 뮈케네 왕)
암피트뤼온
알크메네
에우뤼스테우스 (4. 뮈케네 왕)
이피클레스
헤라클레스
헤베

| 계보 8 : 뮈케네 왕가 2 |

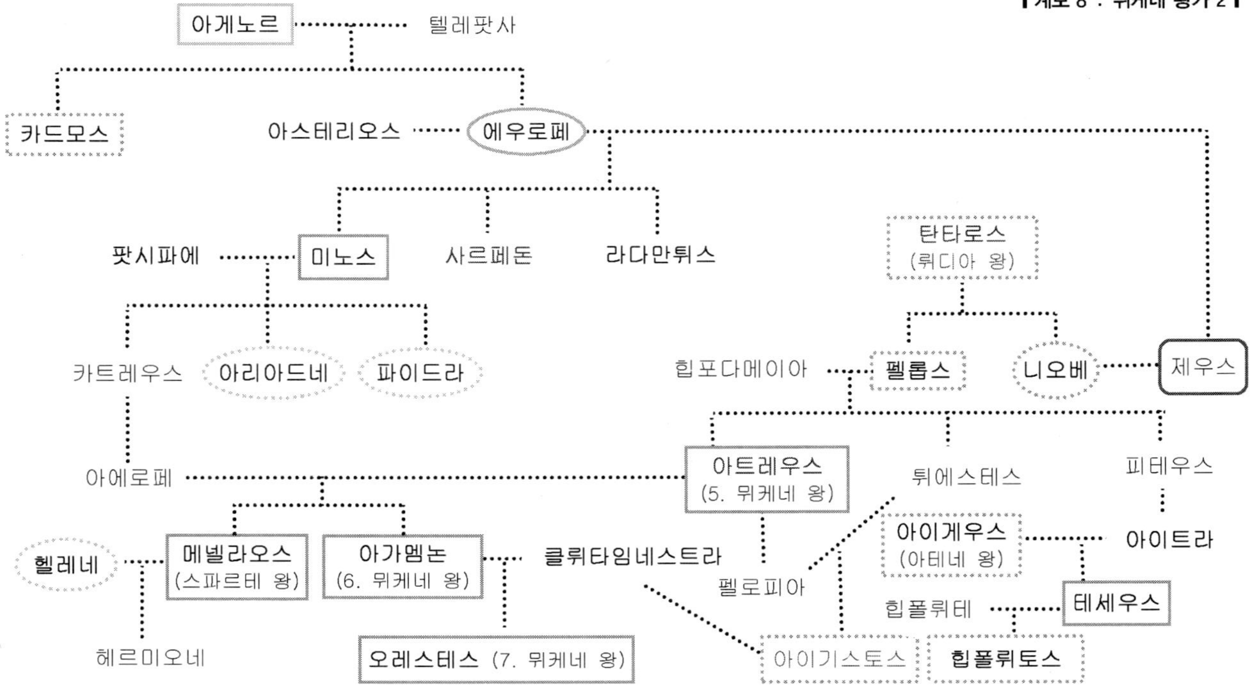
아게노르
텔레팟사
카드모스
아스테리오스
에우로페
팟시파에
미노스
사르페돈
라다만튀스
카트레우스
아리아드네
파이드라
아에로페
헬레네
메넬라오스
(스파르테 왕)
아가멤논
(6. 뮈케네 왕)
클뤼타임네스트라
헤르미오네
오레스테스 (7. 뮈케네 왕)
탄타로스
(뤼디아 왕)
힙포다메이아
펠롭스
니오베
제우스
아트레우스
(5. 뮈케네 왕)
튀에스테스
피테우스
펠로피아
아이게우스
(아테네 왕)
아이트라
힙폴뤼테
테세우스
아이기스토스
힙폴뤼토스

| 계보 9 : 테바이 왕가 |

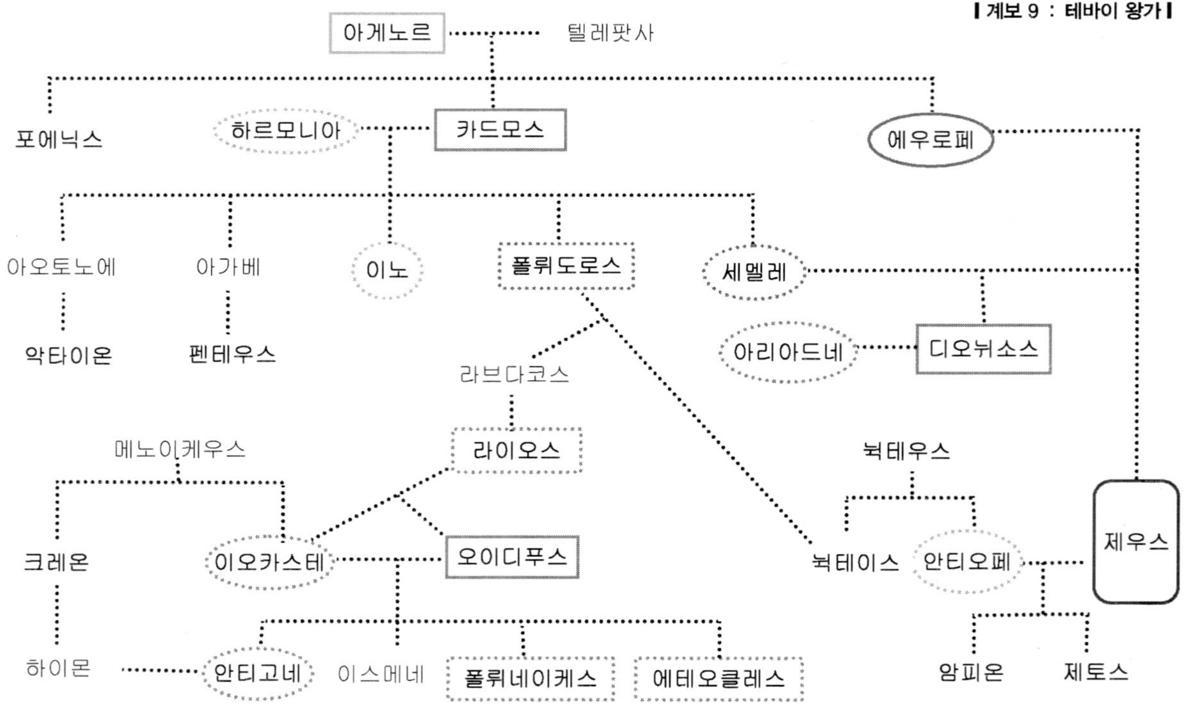
아게노르
텔레팟사
포에닉스
하르모니아
카드모스
에우로페
아오토노에
아가베
이노
폴뤼도로스
세멜레
악타이온
펜테우스
아리아드네
디오뉘소스
라브다코스
메노이케우스
라이오스
뉙테우스
크레온
이오카스테
오이디푸스
뉙테이스
안티오페
제우스
하이몬
안티고네
이스메네
폴뤼네이케스
에테오클레스
암피온
제토스

계보 10 : 이아페토스의 후손

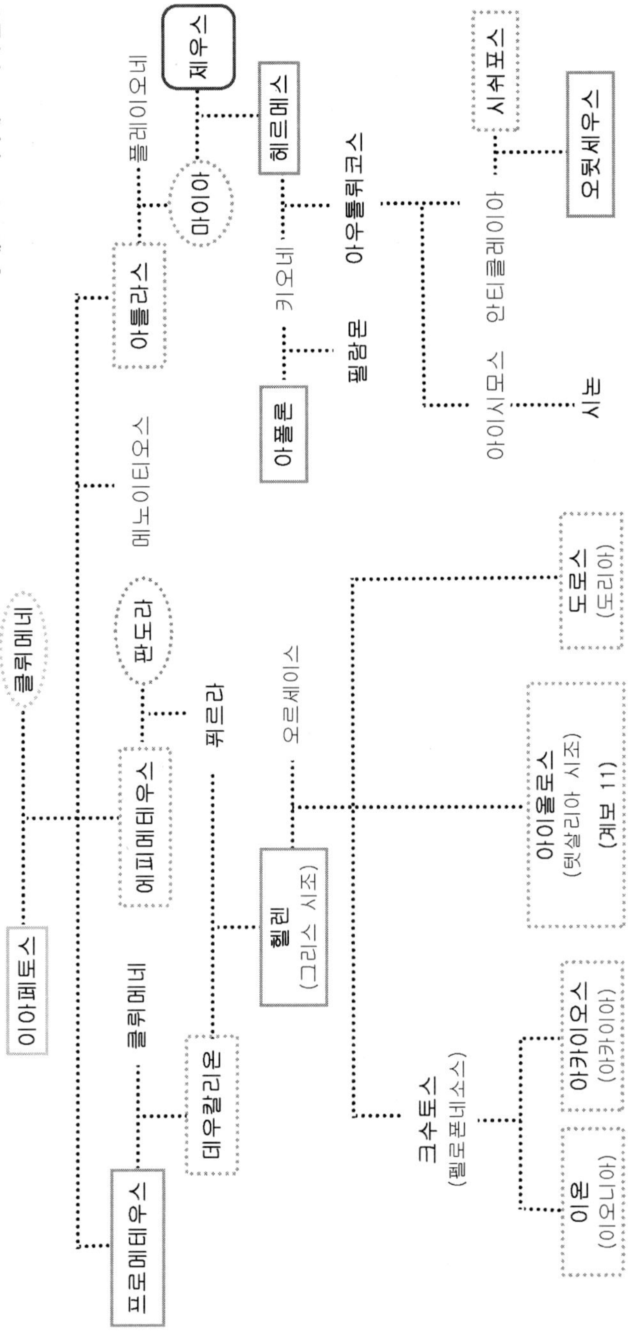

계보 11 : 아이올로스의 후손

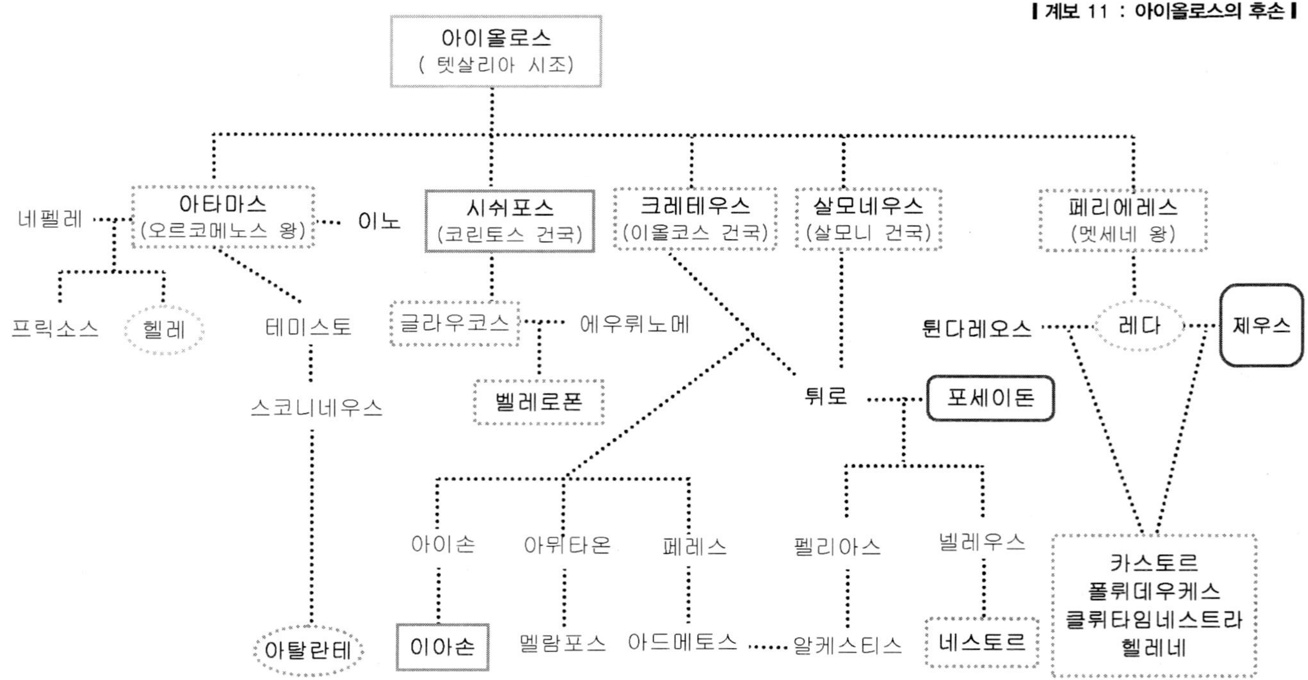

| 계보 12 : 트로이아 왕가 |

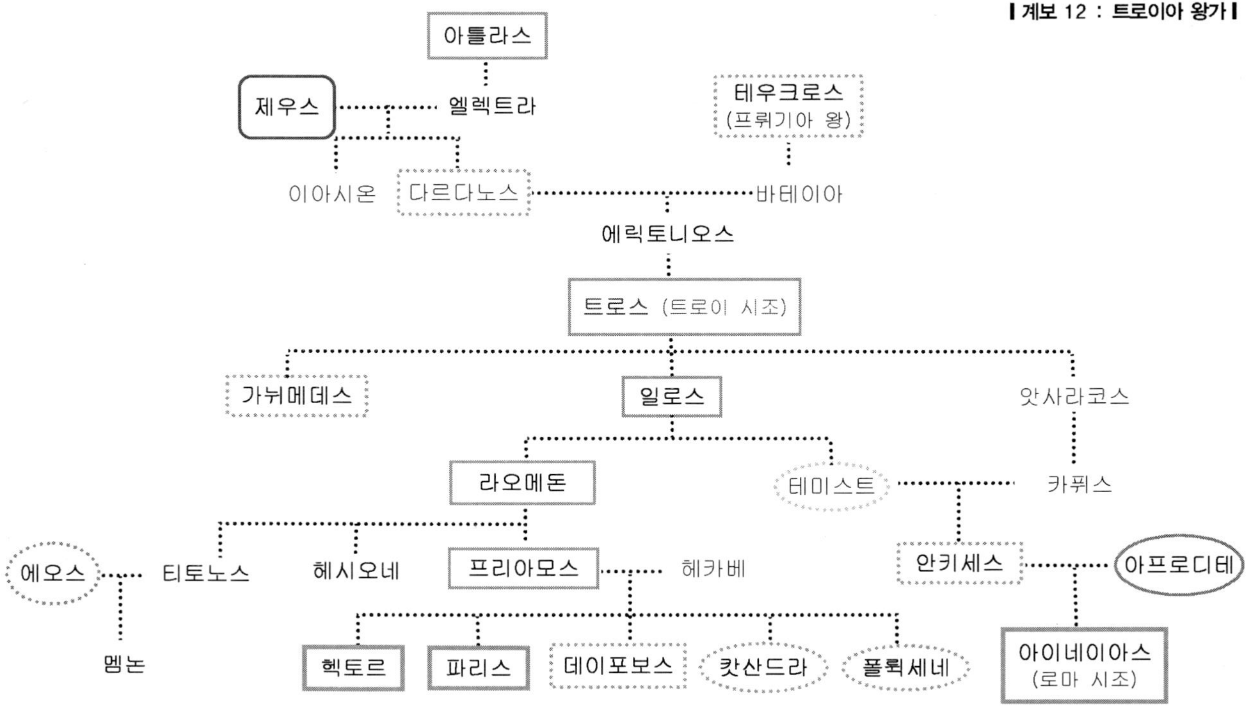

아틀라스
제우스
엘렉트라
테우크로스
(프뤼기아 왕)
이아시온
다르다노스
바테이아
에릭토니오스
트로스 (트로이 시조)
가뉘메데스
일로스
앗사라코스
라오메돈
테미스트
카퓌스
에오스
티토노스
헤시오네
프리아모스
헤카베
안키세스
아프로디테
멤논
헥토르
파리스
데이포보스
캇산드라
폴뤽세네
아이네이아스
(로마 시조)